U0928200

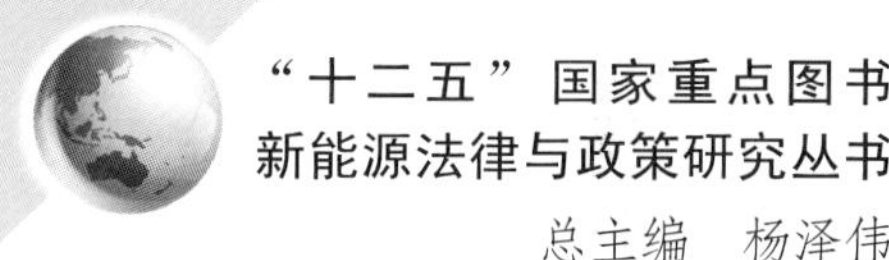

"十二五"国家重点图书
新能源法律与政策研究丛书
总主编　杨泽伟

欧盟新能源法律与政策研究

程荃　著

WUHAN UNIVERSITY PRESS
武汉大学出版社

图书在版编目(CIP)数据

欧盟新能源法律与政策研究/程荃著.—武汉：武汉大学出版社，2012.10
“十二五”国家重点图书
新能源法律与政策研究丛书/杨泽伟总主编
ISBN 978-7-307-10156-2

Ⅰ.欧…　Ⅱ.程…　Ⅲ.新能源—能源法—研究—欧洲
Ⅳ.D950.26

中国版本图书馆 CIP 数据核字(2012)第 236063 号

责任编辑:张　欣　　　责任校对:刘　欣　　　版式设计:马　佳

出版发行：**武汉大学出版社**　(430072　武昌　珞珈山)
(电子邮件：cbs22@ whu. edu. cn　网址：www. wdp. com. cn)
印刷：武汉中远印务有限公司
开本：720 × 1000　1/16　印张:21.25　字数:301 千字　插页:2
版次：2012 年 10 月第 1 版　2012 年 10 月第 1 次印刷
ISBN 978-7-307-10156-2/D · 1189　定价:44.00 元

本书获得国家社会科学基金重大招标项目“发达国家新能源法律政策研究及中国的战略选择”（项目批准号为：09&ZD048）、广东省2011年节能专项资金项目“欧盟节能与能效法律政策研究及其对广东省节能产业发展的借鉴与影响”（粤财工[2011]640号）的资助，特致谢忱!

总　序

新能源是一个广义的概念。它不但包括风能、太阳能、水能、核能、地热能和生物质能等可再生能源或清洁能源,而且包括通过新技术对传统化石能源的再利用,如从化石能源中提取氢、二甲醚和甲醇等。同时,能源资源的高效、综合利用以及节能等(如分布式能源、智能电网),也成为新能源体系中的重要组成部分。

进入21世纪以来,在能源需求增长、油价攀升和气候变化问题日益突出等因素的推动下,新能源再次引起世界各国的重视,掀起了新一轮发展高潮。特别是在2008年全球性金融危机的影响下,发展新能源已成为发达国家促进经济复苏和创造就业的重要举措。例如,美国推出了"绿"与"新"的能源新政,并在众议院通过了《2009年美国清洁能源与安全法》(American Clean Energy and Security Act 2009);英国相继出台了《低碳转型计划》(The UK Low Carbon Transition Plan: National Strategy for Climate and Energy)、《2009年英国可再生能源战略》(UK Renewable Energy Strategy 2009)和《2010年英国能源法》(UK Energy Act 2010);澳大利亚推出了《2010年可再生能源(电力)法》(Renewable Energy (Electricity) Act 2000);欧洲议会也在2009年通过了《欧盟第三次能源改革方案》(它包括三个条例和两个指令)等,引起了世界各国的广泛关注。

面对世界能源体系向新能源系统的过渡和转变,中国作为世界第二大能源消费国,在国际石油市场不断强势震荡,中国国内石油、煤炭、电力资源供应日趋紧张的形势下,特别是在温室气体减排的国际压力不断加大的背景下,开发利用绿色环保的新能源,已经成为缓解制约中国能源发展瓶颈的当务之急。

因此，研究新能源法律与政策问题，在深入比较、借鉴分析欧美发达国家和地区新能源法律与政策的基础上，根据中国新能源产业和法律发展的现状，提出我国应如何发展新能源、提高能源使用效率、制定和实施新能源发展战略、构建新能源的法律与政策体系，无疑具有重要的现实意义。

研究新能源法律与政策问题，也具有重要的理论价值。早在20世纪80年代初，国际能源法律问题就引起了学界的关注。1984年，“国际律师协会能源与自然资源法分会”（International Bar Association Section on Energy and Natural Resources Law）就出版了一本名为《国际能源法》(International Energy Law）的著作。这或许是“国际能源法”一词的首次出现与运用。近些年来，包括能源安全、国际（新）能源法律与政策问题，更是受到国内外学者们的重视。① 国际能源法（International Energy Law）也有成为一个新的、特殊的国际法分支之势。可以说，国际能源法的兴起，突破了传统部门法的分野，是国际法发展的新突破。②

首先，国际能源法体现了当今经济全球化背景下部门法的界限日益模糊的客观事实。国际能源法作为一个特殊的国际法分支，它打破了传统部门法中被人为划定的界限，其实体规范包含了国际公法、国际经济法、国际环境法、国内能源法等部门法的一些具体内容。因此，它不是任何一个传统法律部门所能涵盖的。国际能源法

---

① 英国邓迪大学“能源、石油和矿产法律与政策研究中心”沃尔德(Thomas W. Wälde)教授认为,国际能源法有狭义和广义之分:狭义的国际能源法是指调整国际法主体间有关能源活动的法律制度;而广义的国际能源法是指调整所有跨国间有关能源活动的法律制度,它由国际公法、国际经济法、比较能源法等部门法的一些内容所组成。See Thomas W. Wälde, International Energy Law: Concepts, Context and Players, available at http://www.dundee.ac.uk/cepmlp/journal/htm/vol9/vol9-21.html, last visit on April 9, 2011; Thomas W. Wälde, International Energy Law and Policy, in Cutler J. Cleveland Editor-in Chief, Encyclopedia of Energy, Vol. 3, Elsevier Inc. 2004, pp. 557-582.

② 参见杨泽伟:《国际能源法:国际法的一个新分支》,载《华冈法粹》2008年第40期，第185~205页；杨泽伟：《中国能源安全法律保障研究》，中国政法大学出版社2009年版，第226~245页。

的这一特点也是经济全球化的客观要求。

其次，国际能源法反映了国际法与国内法相互渗透、相互转化和相互影响的发展趋势。例如，国际能源法和国内能源法虽然是两个不同的法律体系，但由于国内能源法的制定者和国际能源法的制定者都是国家，因此这两个体系之间有着密切的联系，彼此不是互相对立而是互相渗透和互相补充的。一方面，国际能源法的部分内容来源于国内能源法，如一些国际能源公约的制定就参考了某些国家能源法的规定，国内能源法还是国际能源法的渊源之一。另一方面，国内能源法的制定一般也参照国际能源公约的有关规定，从而使与该国承担的国际义务相一致。此外，国际能源法有助于各国国内能源法的趋同与完善。

最后，国际能源法印证了"国际法不成体系"或曰"碎片化"（Fragmentation of International Law）的时代潮流。近些年来，国际法发展呈两种态势：一方面，国际法的调整范围不断扩大，国际法的发展日益多样化；另一方面，在国际法的一些领域或一些分支，出现了各种专门的和相对自治的规则和规则复合体。因此，国际法"不成体系成为一种现象"。国际能源法的产生和发展，就是其中一例。

为了进一步推动中国新能源法律与政策问题的研究，2009 年 9 月，全国哲学社会科学规划办公室以"美、日等西方国家新能源政策跟踪研究及我国新能源产业发展战略"作为国家社科基金重大项目，面向全国招标。在武汉大学国际法研究所的大力支持下，我以首席专家的身份，组织国家发展与改革委员会、国务院法制办、外交部、中国能源法研究会、煤炭信息研究院法律研究所、湖南省高级人民法院、中国人民大学、华北电力大学、北京理工大学、中南财经政法大学、郑州大学、辽宁大学、英国邓迪大学"能源、石油和矿产法律与政策研究中心"（Centre for Energy, Petroleum and Mineral Law & Policy）等国内外一些研究新能源问题的学者和实务部门的专家，成功申报了国家社科基金重大招标项目"发达国家新能源法律政策研究及中国的战略选择"，并获准立项。经过近几年的潜心研究，我们推出了《新能源法律与政策研究丛书》，作为该项目的阶段性研究成果之一。

《新能源法律与政策研究丛书》，以21世纪以来国际能源关系的发展为背景，从新能源涉及的主要法律与政策问题入手，兼用法学与政治学的研究方法，探讨发达国家和地区新能源的最新立法特点、发展趋势、政策取向及其对中国的启示，阐明中国新能源发展过程中的法律问题，提出完善中国新能源法律制度的若干建议等。

由于新能源法律与政策问题，是法学、特别是国际法学很少涉足的领域，加上我们研究水平的限制，因此《新能源法律与政策研究丛书》必然会存在诸多不足之处，请读者不吝指正。

杨泽伟①

2011年6月

于武汉大学国际法研究所

① 武汉大学珞珈特聘教授、法学博士、博士生导师、国家社科基金重大招标项目"发达国家新能源法律政策研究及中国的战略选择"首席专家。

目　录

绪　论

能源是现代社会和经济发展的推动力，构成人类赖以生存与繁衍的物质基础。根据能源适用的类型可分为传统能源和新能源。传统能源主要包括煤炭、石油、天然气等。新能源则是一个广义的概念，它不但包括风能、太阳能、水能、核能、地热能和生物质能等可再生能源或清洁能源，而且还包括通过新技术对传统化石能源的再利用，如从化石能源中提取氢、二甲醚和甲醇等。同时，能源资源的高效、综合利用以及节能等（如分布式能源、智能电网）也是新能源体系的重要组成部分①。

当今世界，传统化石能源的日渐耗竭，生态环境的日益恶化，使人类社会面临发展的极限，气候变化和能源安全是各国面临的挑战。使用石油、煤炭、天然气等化石燃料是产生碳排放的主要原因，而且这些化石燃料并非取之不尽、用之不竭的资源，其地理分布特点还决定了它们的供应缺乏稳定性。新能源中的太阳能、风能、地热能、海洋能、生物质能等是可再生的清洁能源，它们可以不断再生、永续利用，对环境无害或者危害极小，而且资源分布广泛，适宜就地开发利用。

一、新能源法律政策发展概况

20 世纪 70 年代以来，一方面石油危机使人们认识到化石能源供应的不稳定性，另一方面可持续发展思想成为国际社会的普遍共识，新能源的开发利用受各国高度重视。许多国家将开发、利用、

① 参见杨泽伟主编:《发达国家新能源法律与政策研究》,武汉大学出版社 2011 年版,第 1 页。

新能源作为能源战略重要部分，并提出明确的新能源发展目标，制定鼓励新能源发展的法律和政策，从而使新能源产业迅速发展。目前，国际上新能源的利用以较快速度增长，世界能源结构有向多元化发展的趋势。

（一）新能源立法的产生与发展

法律在确立能源领域的价值与规范上具有独特的地位。有关新能源的法律制度在20世纪70年代能源危机背景下逐步发展起来。最初它与热电联产一样，是节能法律制度的组成部分，各国节能法中通常包含鼓励发展新能源的宽泛的条款。随着“可持续能源”成为国际能源法以及各国能源法的新的法律目标，尤其是《京都议定书》通过前后，可再生能源配额制、固定电价、原产地证明等新的政策措施在全球范围内推广。新能源立法快速发展起来，并反过来将节能法变成它的一个组成部分，成为能源法中的一个新兴领域。基于可持续发展的目标，通过对新能源开发和利用、能源节约、能源利用效率的规制以及对能源开发过程承担经济或生态责任的规定，既能保证能源安全，也可以保护环境，因此各国都逐步进入了有关新能源立法的时代。

（二）欧盟能源状况及其新能源立法

对于欧盟而言，气候变化与能源安全的双重压力非常突出。欧盟不仅是化石燃料的主要进口方，而且占了全球二氧化碳排放量的24%左右。目前，欧盟的能源对外依存度高达50%，预计到2030年欧盟对化石能源进口的依存度将不断攀升（如下图①所示）。

面对十分严峻的能源形势，欧盟在减少化石燃料消费方面十分积极，非常重视新能源的发展，把它视为确保能源供应安全和减缓气候变化的希望所在。进入21世纪以来，受能源市场、地缘政治、国际环境乃至极端天气等一系列因素的影响，欧盟深刻认识到能源供应结构的脆弱性。从保障能源安全的角度出发，欧盟将提高能效

① See A new directive on energy efficiency-challenges addressed and solution proposed, available at http://ec.europa.eu/energy/efficiency/eed/doc/2011_directive/20110622_energy_efficiency_directive_slides_presentation_en.pdf.

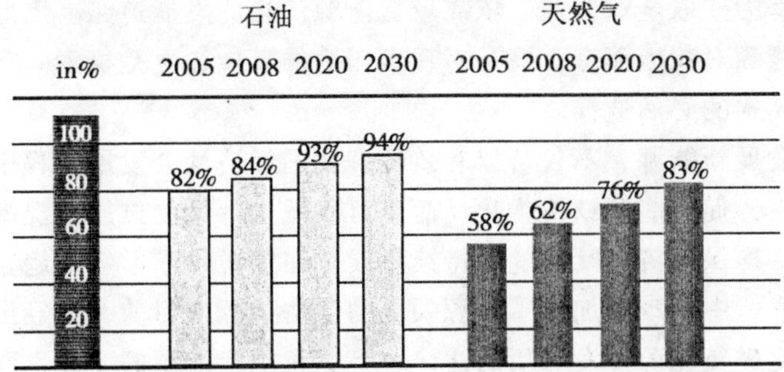

今天，欧洲所使用能源的一半以上需要进口，如果没有变化，到2030年仍需依赖化石燃料进口。

资料来源：欧委会

作为减少化石能源需求增长的最有效手段。与以往仅强调提高能效有所不同，欧盟同时将全球节能和环保意识高涨视为“第三次工业革命”的开端，提出要在其中引领潮流，发挥领导作用，以此谋求新的经济竞争优势和国际影响力。欧盟为了实现《京都议定书》规定的降低温室气体排放的目标，提出包括节能、发展可再生能源、能源结构多元化、加强能源市场竞争在内的政策规划。

欧盟被称为“能源国际规制最为先进的实验室”①。欧盟和绝大多数成员国将新能源发展确立为应对气候变化和能源安全双重挑战的关键战略之一，在促进新能源立法与政策构建上迈出重要步骤，获得了巨大成功。

（三）中国能源状况及新能源立法

改革开放以来，中国经济增长迅速，人口众多、资源相对不足、环境承载能力较弱是我国的基本国情。与发达国家相比，在相当长的时期内，我国经济发展所面临的资源和环境压力要严峻得多，这就不允许我国沿着发达国家的发展轨道，依靠高投入、高消耗、高污染、低效率的增长方式，而且我国也不能走西方国家工业

① 杨泽伟：《美国〈2009年清洁能源与安全法〉及其对中国的启示》，载《中国能源法研究报告2010》，立信会计出版社2011年版，第133页。

化过程中攫取全球资源、依靠较低能源价格的发展道路。因此，发展新能源对我国而言，既是对现实压力的反应，更是探索一条全新发展模式的必然选择。

发展新能源，不仅可以有效缓解我国经济社会发展过程中的能源约束，促进能源结构优化，而且可以减少污染物排放，提高环境质量，确保经济和社会的可持续发展。在能源供求形势日趋紧张的情况下，中国政府加快了能源领域的立法进程。目前，已经出台了一些促进新能源开发利用的法律政策，我国新能源的发展也取得了一定成绩。《清洁生产促进法》、《循环经济法》已经颁布、实施，配套政策措施陆续出台；修订后的《节约能源法》、《可再生能源法》已经公布；《能源法》正在抓紧制定；《矿产资源法》、《清洁生产促进法》、《煤炭法》和《电力法》正在修订；同时也在研究核能等领域的立法，从而有可能在较快时间内建立起与社会主义市场经济体制相适应的能源法律法规体系。但是相对于欧盟发达的能源领域法律体系而言，我国能源法律体系还很不完善。为了构建一套完整的法律与政策框架体系，我国还需要加强对国外有关法律、政策的研究，探讨发展新能源领域的法律、法规，建立相关产业政策与规划的有效途径。

二、欧盟新能源法律政策研究的意义

将欧盟新能源法律政策作为对象加以研究，具有理论和现实意义。

首先，国际能源法在产生时主要是为了应对国际能源危机，随着国际形势的发展，国际社会需要利用和承认现有的国际法对相关能源利用、环境保护等进行规制和调整，国际能源法已经开始向可持续发展原则和环境生态中心主义接近。而与可持续发展紧密联系的新能源领域的法律政策，也是世界各发达国家竞相研究的热点课题之一。探讨欧盟新能源法律与政策和可持续发展原则的关系，具有一定的理论价值。

其次，欧盟及其自成一类的法律体系，一方面在诸多领域引领国际法律秩序的变革，另一方面又给国际法律秩序在处理稳定与变革问题上带来一系列挑战①。欧盟能源法是欧盟和成员国的国际能源法以及成员国的国内能源法的一部分。欧盟近20年来在能源法制定方面异常活跃，通过对欧盟新能源法律与政策的确立背景、发展情况、政策效果的研究，可以为其他国家和地区建立共同能源市场、应对环境和气候变化的挑战提供借鉴。

最后，我国经济的迅速发展使得对能源的需求增加，传统的化石能源供应不足的矛盾日益突出，能源形势十分紧迫，开发利用新能源是构建资源节约型社会和环境友好型社会的必然选择。2009年全国能源工作会议报告中提出改善能源结构必须积极发展可再生能源和新能源，不断提高清洁能源在我国初级能源消费中的比重，积极推进水电发展、促进风电规模化发展、加快推进太阳能开发利用、发展生物质能以及加强能源法制建设和重大问题研究等几个重要目标。通过立法促进新能源可持续发展是发达国家的重要经验。大多成功国家的经验表明，通过立法手段，将发展新能源作为全民义务，是促进新能源发展的根本途径。以欧盟的新能源法律与政策为例，厘清中国在能源领域面临的挑战、问题，探讨有关新能源的法律制度安排与政策工具的选择，提出完善我国相关立法的建议，具有现实意义。

三、欧盟能源法律政策研究的现状

中国国内对欧盟能源法律与政策的研究起步较晚，著作较少。

目前从法律的角度研究欧盟能源法的主要成果有杨泽伟教授的论文《欧盟能源法律政策及其对我国的启示》，此文从国际法的角度对欧盟在能源领域所面临的挑战、欧盟能源法律政策的主要内容进行了开创性的全面分析，在此基础上提出了欧盟能源法律与政策对我国的启示。龚向前博士在《气候变化背景下能源法的变革》（中国民主法制出版社2008年版）一书中，将能源法置于气候变化背景下，提出在欧盟内部有两种可再生能源政策模式之争，研究

---

① 参见曾令良：《欧洲联盟法总论——以〈欧洲宪法条约〉为新视角》，武汉大学出版社2007年版，第78～81页。

了德国的“强制入网法”和欧盟可再生能源固定电价制的立法选择。

另有一些学者从国际政治、政策分析的角度对欧盟的能源政策进行研究，主要有三类。一类是以环境政策为视角，研究欧盟可持续能源政策，认为能源与环境具有高度相关性，应将环境保护纳入能源政策的制定和实施过程中，并指出欧盟的可持续能源政策可以为面临类似能源问题的中国提供有益借鉴，例如肖主安、陆根法的论文《欧盟可持续能源政策及其对中国的启示》。第二类是把能源安全作为研究欧盟能源战略的主线，将发展可再生能源或研究能源替代战略作为应对能源安全问题的一个方面，例如崔宏伟的博士学位论文《欧盟能源安全战略研究》，周弘的《欧盟如何应对能源安全危机》。还有一类是从欧盟一体化的角度，研究欧盟共同能源政策，例如冯建中的著作《欧盟能源战略：走向低碳经济》，以及郭志俊的博士学位论文《欧盟共同能源政策——新功能主义理论的视角》等。

近年，有一些学者开始对欧盟可再生能源政策进行研究，如李俊峰、时璟丽、王仲颖的论文《欧盟可再生能源的新政策及其对我国的启示》。也有学者对新能源中某一类型的能源政策进行研究，如姚向君、王革华、田宜水在《国外生物质能的政策与实践》一书中研究了欧盟促进可再生能源的政策措施以及生物质能的开发利用。

总体上看，国内研究的现状具有以下特征：第一，我国对于欧盟能源法律与政策的研究起步晚，主要属于介绍性和概述性的研究。第二，目前从法律角度进行研究的论著很少，从国际政治、政策分析的角度开展研究的相对较多。第三，国内还没有学者将欧盟的新能源法律与政策作为专门的研究对象，只有一些对可再生能源政策的研究，内容主要是介绍欧盟可再生能源政策概况。

国外对于能源法律与政策的研究起步早，20 世纪 70 年代石油危机发生以后，欧美学者开始高度关注能源法领域，早期的研究内容以能源安全以及化石能源和核能为主。到 20 世纪 90 年代，在对欧盟（欧共体）能源法的研究方面已经出现了一批有代表性的著作。例如，David S. Macdougall，Thomas W. Walde 在 1994 年出版的《欧共体能源法》(European Community Energy Law，Kluwer Law International) 一书中评述了欧共体能源制度，并从环境制度的角度探讨了欧共体的立法与欧洲法院的有关判例；突出了欧共体能源法在石油和天然气领域的实践意义，特别研究了石油和天然气工业面临的关键性商业议题，如能源融资新形式等。

到了 21 世纪，对于欧盟能源法律与政策的研究更加丰富。其中将欧盟能源法作为整体加以研究的有 M. Roggenkamp，C. Redgwell，I. Del Guayo 编著的《欧洲能源法：国家、欧盟和国际法律制度》(Energy law in Europe：National，EU and International Regulation，Oxford University Press)，该书 2001 年出版，2007 年修订再版。新版在旧版的基础上，在国际和欧盟的层面对欧盟能源法的重要发展进行了更新的概述，涵盖了与国际法相关的最重要的国际法原则。新增章节涉及欧盟外部能源关系和欧盟能源贸易标准。此书还聚焦于重要的能源指令的执行，探讨了欧盟成员国，例如丹麦、法国、德国、意大利、荷兰、挪威、波兰、西班牙、英国的能源制度以及各国在欧盟范围内的双边、多边合作。对于各国每个能源部门的发展都进行了分析，包括石油、天然气、核能等。

一些著名学者从应对气候变化、可持续发展、环境与能源的角度研究欧盟能源法，产生较大影响。例如，Adrian J. Bradbrook，Richard L. Ottinger 在其主编的《能源法与可持续发展》(The Law of Energy for Sustainable Development，Cambridge University Press，2005) 一书中，研究了欧盟促进可更新能源和能源效率的法律机制，并从国际机构的角度分析了欧盟在形成可持续发展国际能源法律与政策中的作用。

近年来，石油、天然气、核能仍然是欧美能源法研究的主要内容，同时可再生能源也成为国外学者研究的一个重要领域。Rex. J Zedalis 在《国际能源法：管理未来可再生资源开发、利用的规则》(International Energy Law：Rules Governing Future Exploration，Exploitation，and Use of Renewable Energy Resources，Ashgate Publish Ltd.，2001) 一书中从国际法的角度全面阐述了对可再生资源开发、利用的法律原则以及能源法律对可再生能源发展的影响。Kornelis Blok 在《欧盟的可再生能源政策》(Renewable Energy Policies in the European Union, Energy Policy, Vol. 34, No. 3, 2006)一文中，考察了欧盟可再生能源政策的发展和执行，认为可再生能源政策已经发生根本性的制度变化并取得了实质成功，但这种成功只限于特定的国家和特定的可再生能源。

除了从国际法的角度对欧盟能源问题展开研究以外，还有一些学者从政治学、经济学、人权等角度对其进行研究。例如，Janne Haaland Matlary 在《欧盟的能源政策》(Energy Policy in the European Union, Macmillan Press Ltd., 1997)中运用政府间主义的双层博弈模型作为分析框架，对欧洲能源政策作了比较全面的研究，论证了国家能源利益如何推动或阻碍共同能源政策的产生，指出欧盟内部能源市场问题促进了欧盟能源政策的制定，并分析了在欧盟能源政策制定过程中欧盟委员会、成员国政府及利益集团所扮演的角色。Frank Umbach 在《走向欧洲能源外交政策?》(Towards a European Energy Foreign Policy?, Foreign Policy in Dialogue, Vol. 8, No. 20, 2007)一文中强调了国际能源关系的政治因素及地缘政治的影响，认为可再生能源和能源新技术越来越重要；能源不能从政治因素和战略发展中分离，必须加强政策协调，采取共同政策方式，维护欧盟能源供应安全。

从国外有关欧盟能源的研究成果来看，国外的研究具有以下几方面特点：第一，起步早，研究角度丰富多彩。比较而言，国外的研究广泛而深入，无论是从法律角度还是从政策角度，对欧盟能源法律与政策的研究都领先于国内。第二，随着国际能源形势的变化，欧美国家的研究内容由能源安全走向能源合作，由传统能源领域逐步扩展到可再生能源领域，研究内容逐步扩大，具有时代特点。第三，对欧盟能源法的研究高度关注环境、气候变化和可持续发展问题。

以上列举的主要研究成果，不管是对欧盟能源法的全面系统研究，还是侧重某一角度的分析，都有较高的学术价值，给笔者很多启发。但是，国内外的研究都没有将欧盟的新能源法律与政策作为专门的研究对象。因此，笔者拟在现有研究的基础上，在可持续发展、应对气候变化的背景下突出新能源在能源领域的重要地位，对欧盟新能源法律与政策展开分析，并探讨其对中国新能源法律与政策的启示。

四、本书的基本思路

本书运用文献分析法、历史分析法、制度分析法、比较分析法以及跨学科分析等多种研究方法，对欧盟新能源法律政策的构成、目标和原则，与可持续发展的关系进行了较全面的研究，并对欧盟新能源法律政策进行了具体分类探讨，最后对中国的新能源法律政策状况进行分析，并在比较的基础上，提出欧盟新能源法律政策对我国的启示。

本书的研究框架分为五大部分。

第一部分即第一章，欧盟新能源法律政策概论。它介绍欧盟几十年来发展、形成的，用于规范能源领域各类主体行为的新能源法律政策体系；分析欧盟新能源法律政策体系的构成以及欧盟新能源法律政策的目标与原则等。

第二部分即第二章，欧盟新能源法律政策与可持续发展。本部分论述可持续发展概念与国际法的关系，认为它是国际能源法的一项基本原则；并分析可持续发展对于欧盟新能源法律政策所具有的特殊意义——既是欧盟新能源法律政策的目标，同时又是它的一项基本原则。

第三部分包括第三章、第四章、第五章、第六章，分类研究欧盟新能源法律与政策。第三章到第六章分别研究了欧盟可再生能源、核能、节能与能源效率以及新能源参与市场竞争的有关法律与政策，对最新的立法及提案作出了较为详细的评析。

第四部分即第七章，在对欧盟新能源法律政策进行了较为全面的分析的基础上，总结欧盟新能源法律政策的主要特点，探讨欧盟新能源法律政策的发展趋势。

第五部分即第八章，欧盟新能源法律政策对我国的启示。研究欧盟新能源法律政策，其目的是要为我国的新能源法律政策建设提供借鉴。因此，本章将欧盟新能源法律政策对我国的启示作为全章的落脚点，比较欧盟与我国新能源法律政策，并从六个方面提出完善我国新能源法律政策的建议。

另外需要说明的是，本书以欧盟层面上的新能源法律和政策作为研究对象，虽然对欧盟各成员国有关法律、政策会有所涉及（主要是关于具体政策工具的使用），但不作为本书的重点。

第一章　欧盟新能源法律与政策概论

对全球和地区层面上的能源活动进行规制是国际法的一项任务①。能源是欧盟最早通过法律和机制进行单独管理的部门领域之一②。欧盟积极促进新能源的发展，把它列为一项联盟的能源政策目标。欧盟采用法律与政策相结合的方式促进和规范新能源的发展，一方面发挥法律所特有的调节、控制、管理、惩罚、引导等功能③，另一方面利用政策更为灵活、多样的特点，有效引导新能源领域各类主体的行为。

第一节　欧盟新能源法律制度的构成

欧盟法的渊源可以分为两类：初级渊源（primary sources），包括由成员国制定的作为成立条约的法律（基本法）和为欧洲法院所承认的一般法律原则；次级渊源，包括欧盟制定的法律（从属法或次级法）④。

本书所探讨的欧盟新能源法律制度主要是上述渊源中所包含的两个法源，一是基本法（the Primary Law），它包括欧盟一体化进

---

① See M. Roggenkamp, C. Redgewell, I. Del Guayo and A. Ronne (eds), Energy law in Europe (2nd edition), Oxford University Press, 2007, p. 15.

② 参见曾令良:《欧洲联盟法总论——以〈欧洲宪法条约〉为新视角》,武汉大学出版社2007年版,第109页。

③ 参见杨泽伟主编:《发达国家新能源法律与政策研究》,武汉大学出版社2011年版版,第178页。

④ See Jo Shaw, Law of the European Union (3rd Edition), Hampshire: Palgrave Macmillan Ltd. 2000, pp. 240-241.

程中涉及能源问题尤其是新能源问题的各类条约，这些条约既是欧盟的基本法律文件，也是欧盟能源法的根本规范；二是从属法或次级法（the Secondary Law），它包括欧盟各机构依职权在能源领域所制定的与新能源相关的各种条例（Regulations）、指令（Directives）、决定（Decisions）及建议（Recommendations）、意见（Opinions）等。欧盟理事会和委员会的条例、指令和决定具有法律拘束力，而建议和意见则不具有法律拘束力①。

一、基本法确立欧盟新能源法律的根本规范

欧盟法律制度是建立在成文的宪法性条约基础上的②。2009年12月1日，《里斯本条约》③ 正式生效，修订了《欧洲联盟条约》与《欧洲共同体条约》，并将后者重新命名为《欧洲联盟运行条约》（the Treaty on the Fuctioning of the European Union），确立欧盟在能源领域的法律基础和正式职能。这两部条约具有宪法性结构特征，为欧盟制定了目标、原则和价值，其最重要的创新之处在于欧共体和欧盟合并成为单一的、整体的结构④。

（一）欧盟在能源领域的权能

权能问题在欧洲一体化过程中一直很棘手，欧盟长期缺乏清楚和明确的权能划分依据。为了解决这一问题，欧盟自2001年起将权能划分与限制问题作为探讨欧盟改革与制宪议题的重点之一。

① 参见杨泽伟:《欧盟能源法律与政策及其对中国的启示》,载《武大国际法评论第七卷》,武汉大学出版社2007年版,第218页。

② See P. J. G. . Kapteyn, A. M. McDonnell (eds), the Law of the European Union and the European Communities (Fourth Revised Edition), the Nitherlands: Kluwer Law International, 2008, p. 42.

③ See Treaty of Lisbon amending the Treaty on European Union and the Treaty establishing the European Community, signed at Lisbon, O J C 306, 17/12/2007.

④ See P. J. G. . Kapteyn, A. M. McDonnell (eds), the Law of the European Union and the European Communities (Fourth Revised Edition), the Nitherlands: Kluwer Law International, 2008, p. 43.

2004年签署的《欧洲宪法条约》(Treaty Establishing a Constitution for Europe)中第Ⅰ-11至18条对欧盟的权能明确进行了划分和规范①。

《欧洲联盟运行条约》保留了《欧洲宪法条约》关于权能的规定，在第一部分《原则》的第1条中就指明“本条约组织联盟的运行，并确定联盟权能的领域、界限以及行使权能的安排”。第一编《联盟权能的范畴与领域》中对欧盟权能进行了划分，分为专属权能，共享权能，共同外交与安全政策权能，协调经济和就业政策权能以及支持、协调、补充成员国活动的权能。

《欧洲联盟运行条约》第2条对权能作出如下具体规定：(1)当两部条约赋予联盟在某一特定领域享有专属权能时，只有联盟可以在该领域立法和通过具有法律约束力的法令，成员国只有在获得联盟授权或为实施联盟法令的情况下才可在此领域立法或通过具有法律约束力的法令。(2)当两部条约在某一特定领域赋予联盟一项与成员国共享的权能时，联盟与成员国均可在该领域立法和通过具有法律拘束力的法令。在联盟未行使或决定停止行使其权能的情况下，成员国可行使该项权能。(3)成员国应在本条约确定的、联盟拥有提供这种安排的权能的范围内协调其经济和就业政策。(4)联盟拥有按照《欧洲联盟条约》的条款制定和执行共同外交与安全政策的权能。(5)在某些领域及在两部条约规定条件下，联盟有权采取行动支持、协调或补充成员国行动，但并不因此取代成员国在这些领域的权能。

《欧洲联盟运行条约》第4条对共享权能的领域作出明确规定，联盟与成员国的共享权能主要适用于以下11个领域：(1)内部市场；(2)社会政策中由本条约规定的部分；(3)经济、社会与领土聚合；(4)农业及除海洋生物资源保护以外的渔业；(5)环境；(6)消费者保护；(7)运输；(8)泛欧网络；(9)能源；(10)自由、安全和公正的区域；(11)由本条约确定的公共卫生方面的共同安全问题。

---

① See Treaty establishing a Constitution for Europe, O J C 310, 16/12/2004.

因此，能源以及与之密切相关的环境、运输、跨欧网络、内部市场等都属于欧盟与成员国共同享有权能的领域。也就是说，欧盟和成员国都可以在能源领域进行立法和通过具有法律约束力的法令，而且欧盟在行使共同权能时具有优先性。成员国要行使能源领域的权能，必须是在联盟未行使或决定停止行使其权能的情况下才能进行。

（二）基础条约确立新能源法律根本规范

成员国政府对能源市场的干预被认为是国家主权范围内的问题。《欧洲联盟运行条约》第 192 条（原《欧洲共同体条约》第 175 条）规定，成员国可以自由选择其能源来源和供应结构，任何“显著影响一个成员国在不同能源资源和它的能源供应总结构”的措施，必须全体一致同意方能通过，并且要在向欧洲议会和其他特别委员会咨询会方能通过。另外，第 194 条第 2 款要求欧洲议会和理事会应根据普通立法程序，规定必要措施以实现联盟的能源政策目标，而这些措施不应影响某一成员国决定其能源开发条件、选择不同能源来源及其能源供应总体结构的权利。

《欧洲联盟运行条约》将欧盟的能源立法向前推进了一大步。它专设了《能源》编（第二十一编），其第 194 条规定了联盟能源政策的目标：（1）确保能源市场的运行；（2）确保联盟内的能源供给安全；（3）提高能源效率、促进节能和开发新能源与可再生能源；（4）增进能源网络的相互联系。

欧盟的能源立法与环境立法是相互交叉、彼此相关的领域，保护环境和自然资源、节能和能效、发展新能源都是应对气候变化的重要途径。1986 年《单一欧洲法令》（Single European Act）首次赋予欧共体在环境保护方面的特别权力①。《欧洲联盟运行条约》第 191 条（原《欧洲共同体条约》第 174 条）规定欧盟环境政策应致力于保护、改善环境，保护人类健康，谨慎合理使用自然资源以及在国际层面推动应对地区和全球环境问题的措施，尤其是应对

① See Single European Act (1986), O J L 169, 29/06/1987.

气候变化的目标。欧盟在能源生产、运输、消费等环节都必须考虑对环境的影响，这些条约赋予欧盟代表各成员国在欧盟内部和国际上行使环境方面的权力，因此这些环境条款也构成欧盟新能源法律的一部分。

另外，1957 年《建立欧洲原子能共同体条约》是新能源领域最早的基本法律文件，为欧洲和平利用核能奠定了法律基础。该条约的有关内容将在第四章中详细论述。

二、次级法使欧盟新能源法律深入和细化

《欧洲联盟运行条约》对次级法的定义和立法程序作出了规定。第 288 条（原《欧洲共同体条约》第 249 条）规定“为行使联盟的权能，联盟机构应通过条例、指令、决定、建议和意见”。这里主要探讨欧盟新能源方面具有法律拘束力的指令、条例和决定。

（一）指令（directive）

指令是指导各成员国立法的具有法律约束力的文件，它是一种具有双重弹力的立法模式，通过一个确定想要达到的目标的共同体法令，并在每个成员国国内法中通过一个达到此目标的国内法令予以转化①。指令是欧盟新能源立法最主要的形式，它对新能源领域进行了深入、细化的规定。

欧盟在可再生能源方面以指令建立了主要立法框架，包括 2001 年通过的《关于促进内部能源市场利用可再生能源发电的第 2001/77/EC 指令》(RES-Electricity，RES-E)②，通常被称为“可再生能源电力指令”；2003 年出台的《关于在运输领域推广使用生

① 参见[法]德尼·西蒙:《欧盟法律体系》,王玉芳、李滨、赵海峰译,北京大学出版社 2007 年版,第 282 页。

② See Council of the European Union, Directive 2001/77/EC of the European Parliament and of the Council of 27 September 2001 on the promotion of electricity produced from renewable energy sources in the internal electricity market, O J L 283, 27/10/2001, pp. 33-40.

物燃料和其他可再生燃料的第 2003/30/EC 指令》① (RES-Transport, RES-T), 通常被称为"生物燃料指令"(Biofuels Directive); 2009 年 4 月通过的《促进可再生能源使用的第 2009/28/EC 指令》②, 通常被称为"可再生能源指令", 该指令修订了上述"可再生能源电力指令"和"生物燃料指令", 并于 2012 年 1 月 1 日废止这两个指令, 取而代之。

在核能领域, 欧盟力图建立世界上安全和可持续利用核能的最先进法律框架。目前, 欧盟核安全法律希望以三个指令为基础, 形成较为明晰的结构, 2009/71/ Euratom "为核设施的核安全建立一个共同体框架指令"被认为是该框架的第一根支柱③; 2011 / 70/ Euratom "为核废料和放射性废物建立一个负责任和安全管理的共同体框架》指令"④ 则是其第二根支柱; 2011 年 9 月 29 日, 欧委会提出新的"基本安全标准指令"(Basic Safety Standards Directive, BSS) 提案⑤, 希望能于 2012 年获得通过, 以取代欧盟现有的关于

① See Council of the European Union, Directive 2003/30/EC of the European Parliament and of the Council of 8 May 2003 on promotion of the use of biofuels or other renewable fuels for transport, O J L123, 17/05/2003, pp. 42-46.

② See Council of the European Union, Directive 2009/28/EC of the European Parliament and of the Council on the promotion of the use of energy from renewable sources and amending and subsequently repealing Directive 2001/77/EC and 2003/30/EC, O J L 140, 05/06/2009, pp. 16-62.

③ See Council Directive 2009/71/Euratom of 25 June 2009 establishing a Community framework for the nuclear safety of nuclear installations, O J L 172, 02/07/2009, pp. 18-22.

④ See Council Directive 2011/70/Euratom of 19 July 2011 establishing a Community framework for the responsible and safe management of spent fuel and radioactive waste. O J L 199, 02/08/2011, pp. 48-56.

⑤ See Proposal for a Council Directive laying down requirements for the protection of the health of the general public with regard to radioactive substances in water intended for human consumption, COM(2011)385 final, 27/06/2011.

辐射防护的5个指令——1989年的公众信息指令①、1990年的户外工人指令②、1996年的基本安全标准指令③、1997年的医疗指令④和2003年的高活性密封源指令⑤，成为安全和可持续利用核能法律框架的第三根支柱。从2011年日本福岛第一核电站事故后，欧盟加速推进核安全立法的态势来看，欧盟在2012年顺利通过新的“基本安全标准指令”的可能性较大。

欧盟在节能和能源效率方面，也是以指令作为其二级立法的主要形式。这些节能和能源效率指令主要分为五大方面，具体包括：20世纪90年代通过的“能源标签指令”(Energy Labeling Directive)⑥、“SAVE综合指令”⑦以及2004年“热电联产指令”

---

① See Council Directive 89/618/Euratom of 27 November 1989 on informing the general public about health protection measures to be applied and steps to be taken in the event of a radiological emergency, O J L 357, 07/12/1989, pp. 31-34.

② See Council Directive 90/641/Euratom of 2 December 1990 on the operational protection of ourside workers exposed to the risk of ionising radiation during their activities in controlled areas. O J L 349, 13/12/1990, pp. 21-25.

③ See Council Directive 96/29/Euratom of 13 May 1996 laying down basic safety standards for the protection of the health of workers and the general public against the dangers arising from ionising radiation, O J L 159, 29/06/ 1996, pp. 1-114.

④ See Council Directive 97/43/Euratom of 30 June 1997 on health protection of individuals against the dangers of ionising radiation in relation to medical exposure, OJ L 180, 09/07/1997, pp. 22-27.

⑤ See Council Directive 2003/122/ Euratom of 22 December 2003 on the control of high-activity sealed radioactive sources and orphan sources, OJ L 346, 31/12/2003, pp. 57-64.

⑥ See Council Directive 92/75/EEC of 22 September 1992 on the indication by labeling and standard product information of the consumption of energy and other resources by household appliances, OJ L 297, 13/10/1992, pp. 16-19.

⑦ See Council Directive 93/76/EEC of 13 September 1993 to limit carbon dioxide emissions by improving energy efficiency (SAVE), OJ L 237, 22/9/1993, pp. 28-30.

(CHP Directive)①、2005 年"生态设计指令"(the Eco-design Directive)②、2006 年"促进能源终端效率和能源服务指令"③。随着欧盟 2020 年节能 20% 目标的提出,2009 年 10 月又发布了新的"生态设计指令"④。2010 年 5 月欧盟颁布"建筑物能源表现指令"(the Energy Performance of Buildings Directive)⑤ 和"信息与标签指令"(Information and Labeling Directive)⑥,2011 年 3 月 8 日欧盟委员会提出"能源效率计划 2011",并于 6 月 22 日提出新的能源效率立法提案,这将带来欧盟节能和能源效率法律的新一轮发展。

能源市场方面的指令致力于建立欧盟内部共同能源市场,对新能源参与市场竞争起到规范和促进。这方面主要包括 Directive 96/

① See Directive 2004/8/EC of the European Parliament and of the Council of 11 February 2004 on the promotion of cogeneration based on a useful heat demand in the internal energy market and amending Directive 92/42/EEC of 21 May 1992 on efficiency requirement for new hot-water boilers fired with liquid or gaseous fuels, O J L 52, 21/2/2004, pp. 50-60.

② See Directive 2005/32/EC of the European Parliament and of the Council of 6 July 2005 establishing a framework for the setting of eco-design requirements for energy-using products and amending Council Directive 92/42/EEC and Directives 96/57/EC and 2000/55/EC of the European Parliament and of the Council OJ L 191, 22/7/2005, pp. 29-58.

③ See Directive 2006/32 /EC of the European Parliament and of the Council of 5 April 2006 on energy end-use efficiency and energy services and repealing Council Directive 93/76/EEC, O J L 114, 24/4/2006, pp. 64-85.

④ See Directive 2009/125/EC of the European Parliament and of the Council of 21 October 2009 establishing a framework for the setting of eco-design requirements for energy-related products, O J L 285, 31/10/2009 pp. 10-35.

⑤ See Directive 2010/31/EU of the European Parliament and of the Council of 19 May 2010 on the energy performance of buildings (recast), O J L 153, 18/06/2010, p13-35. The recast Directive entered into force in July 2010, but the repeal of the current Directive will only take place on 1/02/2012.

⑥ See Directive 2010/30/EU of the European Parliament and of the Council of 19 May 2010 on the indication by labeling and standard product information of the consumption of energy and other resources by energy-related products (recast), OJ L 153, 18/06/2010, pp. 1-12.

92/EC《关于内部电力市场共同规则的指令》①、Directive2003/54/EC《关于内部电力市场共同规则及废止指令96/92/EC的指令》②，Directive2009/72/EC《关于内部电力市场共同规则及废止指令2003/54/EC的指令》③。另外，Directive 2003/96/EC《关于能源产品和电力税收框架的指令》④ 允许给予生物燃料优惠税收减免，欧盟各成员国可以根据本国实际情况，决定本国生物燃料及矿物燃料的税率。

（二）条例（regulation）

条例是欧盟规范权的最典型的表达方式。从权限分配的角度来看，条例将成员国已转移到欧盟的权限具体化，表明欧盟规制彻底代替国内规制。条例普遍的法律效力、完整的约束力，可直接适用于各成员国内，是行使欧盟立法职能的优先工具⑤。在新能源领域，欧盟的条例一方面是用于执行有关指令，这主要体现在节能和能效方面；另一方面是对新能源参与市场竞争进行规范。

欧盟在节能与能源效率方面出台了大量条例。2009—2011年，欧盟颁布了一系列具体的条例来执行“信息与标签指令”，涉及轮

① See Directive 96/92/EC of the European Parliament and of the Council of 19 December 1996 Concerning common rules for the internal market in electricity, O J L 27, 30/01/1997, pp. 20-29.

② See Directive 2003/54/EC of the European Parliament and of the Council of 26 June 2003 concerning common rules for the internal market in electricity and repealing Directive 96/92/EC-Statements made with regard to decommissioning and waste management activities, O J L 176, 15/07/2003, pp. 37-56.

③ See Directive 2009/72/EC of the European Parliament and of the Council of 13 July 2009 concerning common rules for the internal market in electricity and repealing Directive 2003/54/EC, O J L 211, 14/08/2009, pp. 55-93.

④ See Council of the European Union, Council Directive 2003/96/EC of 27 October 2003 restructuring the Community framework for the taxation of energy products and electricity, O J L 283, 31/10/2003, pp. 51-70.

⑤ 参见[法]德尼·西蒙:《欧盟法律体系》，王玉芳、李滨、赵海峰译，北京大学出版社2007年版，第277页。

胎、洗碗机、洗衣机、电视机、冰箱、空调等①；委员会同样以产品执行条例的方式实施“生态设计指令”的要求，针对的产品包括锅炉、热水器、消费电子产品、复印机、电视、待机模式、充电器、家用照明、电子马达、路灯、机顶盒标准等②。

在新能源参与市场竞争方面，欧盟为促进新能源连接及准入输送网络、确保内部市场的有效运转、提高能源供应安全先后出台了《关于跨境电力交易网络准入条件的条例》③、《关于建立能源监管合作机构的条例》④、《关于电力跨境交易网络准入条件及废止条例1228/2003 的条例》⑤ 等。

（三）决定（decision）

决定是具有个体特征的实施欧盟权限的工具，直接在其法律框

---

① 有关条例包括 Regulation（EC）No 1222/2009, Commission Delegated Regulation(EU) No 1059/2010, Commission Delegated Regulation(EU) No 1060/2010, Commission Delegated Regulation(EU) No 1061/2010, Commission Delegated Regulation(EU) No 1062/2010, Commission Delegated Regulation (EU) No 626/2011。

② 有关条例包括 Commission Regulation(EU) No 107/2009, Commission Regulation (EU) No 244/2009, Commission Regulation (EU) No 245/2009, Commission Regulation(EU) No 640/2009, Commission Regulation(EU) No 641/2009, Commission Regulation (EU) No 642/2009, Commission Regulation (EU) No 643/2009, Commission Regulation(EU) No 859/2009, Commission Regulation(EU) No 347/2010, Commission Regulation (EU) No1015/2010, Commission Regulation (EU)No 1016/2010, Commission Regulation(EU) No 327/2011。

③ See Council of the European Union, Regulation 1228/2003/EC of the European Parliament and of the Council of 26 June 2003 on the conditions for acccess to the network for cross-border exchanges in electricity, O J L 176, 15/07/2003.

④ See Regulation (EC) No 713/2009 of the European Parliament and of the Council of 13 July 2009 establishing an Agency for the Cooperation of Energy Regulators, O J L 211, 14/08/2009, pp. 1-14.

⑤ See Regulation (EC) No 714/2009 of the European Parliament and of the Council of 13 July 2009 on conditions for access to the network for cross-border exchanges in electricity and repealing Regulation (EC) No 1228/2003, O J L 211, 14/08/2009, pp. 15-35.

架内创设权利和/或义务，对于其针对的对象具有约束力，具体的对象可以是某个成员国、公司或私人①。向成员国发出的决定被认为是一种间接立法工具，在一定程度上与指令相近，但是决定具有完整的约束力，即成员国可能的国内执行措施仅限于行使相关权限②。欧盟有关新能源的决定，其内容主要是关于能源、环境或者技术研发方面的计划。

专门促进可再生能源的决定是 Altener 专项行动计划。Altener（1993—1997）计划的目的是增加可再生能源在欧盟的市场占有率，促进欧盟内外的可再生能源产品、设备和服务贸易③。Altener Ⅱ（1998—2002）计划是当时欧盟支持和监测可再生能源发展的主要工具，它鼓励公共资金和私人部门投资可再生能源，为欧盟发展可再生能源创造社会、经济和行政条件④。

在节约能源和提高能源效率方面通过决定实行了 SAVE 和 SAVEⅡ计划。1991—1995 年的 SAVE 计划主要是通过政策措施、宣传培训、示范项目以及建立本地和地区能源管理机构，在工业、家庭、运输和商业领域开展非技术性的节能和能效行动⑤。1996 年的 SAVEⅡ计划支持能源标签制度，鼓励采取多种措施刺激各部

---

① See Jo Shaw, Law of the European Union(3rd Edition), Hampshire: Palgrave Macmillan Ltd. 2000, p. 245.

② 参见[法]德尼·西蒙:《欧盟法律体系》,王玉芳、李滨、赵海峰译,北京大学出版社 2007 年版,第 290 页。

③ See Council of the European Communities, Council Decision 93/500/EEC of 13 September 1993 concerning the promotion of renewable energy sources in the Community (Altener Programme), O J L 235, 18/09/1993.

④ See Decision 646/2000/EC of the European Parliament and of the Council of 28 February 2000 adopting a multiannual programme fot the promotion of renewable energy sources in the Community (Altener) (1998-2002), O J L 79, 25/10/2000, pp. 1-5.

⑤ See Council of the European Communities, Council Decision 91/565/EEC of 29 October 1991 concerning the promotion of energy efficiency in the Community (SAVE Programme), O J L 307, 8/11/1991.

门的能源效率提高①。2000 年，欧盟将 SAVEⅡ纳入《1998—2002 共同体能源领域行动框架计划》，实施期为 1998—2002 年，其行动目标及领域与 1996 年计划相同②。

2003 年启动的欧洲聪明能源（Intelligent Energy-Europe，IEE）也是通过决定实施的一项促使能源领域可持续发展的计划，主要包括可再生能源和能源效率两个领域。欧洲聪明能源计划整合了原来的 SAVE、Altener、STEER 和 COOPENER 计划，目的是增加可再生能源的使用、提高能源效率，测评欧盟及成员国能效和可再生能源措施的效果，推广最佳可用技术以及高效、聪明的能源生产、消费方式③。

除上述主要决定外，欧盟与新能源相关决定还包括促进清洁和高效利用固体燃料的 CARNOT 计划、7 个科技研发框架 FP 计划以及环境行动 EAP 计划等。

第二节 欧盟新能源政策的构成

欧盟的新能源政策主要体现在欧盟机构发布的各种非法律的文件中。这些文件有的名称与规划性的职能有关，如白皮书(white paper)、绿皮书(green paper)、规划(programme)、行动计划(action plan)等；一些名称则与宣告性的职能相联系，如决议(resolution)、宣言(declaration)、公告 (notice)、结论(conclusion)、通报(communication)等。这些文件没有法律那种明显的确定性，一般

---

① See Council of the European Union, Council Decision 96/737/EC of 16 December 1996 concerning a multiannual programme for the promotion of energy efficiency in the Community (SAVE II), O J L 335, 24/12/1996.

② See Decision 647/2000/EC of the European Parliament and of the Council of 28 February 2000 adopting a multiannual programme for the promotion of energy efficiency (SAVE) (1998-2002), O J L 79, 25/10/2000, pp. 6-9.

③ See Decision 1230/2003/EC of the European Parliament and of the Council of 26 June 2003 adopting a multiannual programme fot the promotion for action in the field of energy: "Intelligent Energy-Europe" (2003-2006), O J L 176, 15/07/2003.

主要是用于表达政治立场或政治承诺，而不可能产生法的效力。但是欧盟很多确定立场的文件会经过立法程序，最终体现为欧盟的正式法令①。

一、新能源政策决议

欧盟通常用决议来表示对具体领域或特定任务的立场或政策意图。在能源领域，决议主要被欧盟用于指出未来工作的政策方向，也可以认为它是欧盟在能源领域表达共同意志的一种方式。欧盟的决议对于新能源的发展具有重要作用，在 20 世纪 70 年代至 90 年代初，决议是欧盟发布能源战略的方式，其中有很多内容指导了新能源的发展方向。

（一）初步形成新能源政策框架

1973 年石油危机给欧共体带来巨大影响，促使共同体考虑制定新的能源政策。1974 年至 1980 年，欧共体制定了两个共同体能源政策目标决议，即 1974 年《关于 1985 年共同体能源政策目标的决议》和 1980 年《关于 1990 年共同体能源目标及成员国政策趋同的决议》，形成了共同体新能源政策的初步框架。新能源在能源结构中的角色逐渐发生变化，从一开始仅有水电、地热能被列入目标体系，发展到鼓励可再生能源作为整体受到欧共体的重视，核能、地热、水电等占能源消费的比例显著提高，对地热能、太阳能等可再生能源项目的财政支持也大大增加②。

（二）新能源政策目标更为明晰

20 世纪 80 年代中期以后，环境保护运动对欧共体的能源政策产生了重要影响，新能源进一步得到重视。1986 年《关于 1995 年共同体能源目标及成员国政策趋同的决议》提出要在能源和环境

---

① 参见[法]德尼 · 西蒙:《欧盟法律体系》,王玉芳、李滨、赵海峰译,北京大学出版社 2007 年版,第 291 ~ 292 页。

② See Office for Official Publications of the European Communities, the European Community and the Energy Problem. 3rd ed. European Documentation 1-1983, p. 46.

之间寻找平衡的解决方案，在共同体环境领域采取更加协调的办法，并将继续发展新能源和可再生能源，包括常规水电，使其在能源结构中占有重要比例①。1986 年 11 月理事会通过了《关于发展新能源和可再生能源的共同体目标决议》，提出了发展可再生能源的原则，鼓励成员国开发可再生能源②。

此后对于有关新能源政策的一些绿皮书和白皮书，理事会也会通过决议形式予以支持，促使欧盟与成员国在新能源领域合作，确保成员国与共同体新能源目标一致③。

二、绿皮书和白皮书

欧盟以绿皮书或白皮书的形式公开发表调研结果，充分征询公众和各成员国的意见，根据成员国或其他机构、公众的意见而修改内容，形成政策文件。包括参加联合国气候变化大会等国际会议前，欧盟也会发表《绿皮书》分析问题的背景和原因，向公众征询意见，以确定欧盟在谈判中的立场和政策。从 1995 年到 2006 年，欧盟新能源政策快速发展，可持续性、竞争性和供应安全成为欧盟新能源政策目标，这一阶段的新能源政策主要体现在一系列白皮书和绿皮书中，形成了新的欧盟能源战略。

（一）《欧洲能源政策》绿皮书和白皮书

1995 年 1 月，欧委会发表《欧洲能源政策》绿皮书，提出共同体能源政策发展遇到的问题及相应的解决方案④，认为共同体应

---

① See Council of the European Communities, Council Resolution of 16 September 1986 Concerning New Community Energy Policy Objectives for 1995 and Convergence of the Policies of the Member States. O J C 241,25/09/1986,pp. 1-3.

② See Council of the European Communities, Council Resolution of 26 Novermber 1986 on a Community Orientation to Develop New and Renewable Energy Sources,86/C316/01,O J C 316,09/12/1986,pp. 1-2.

③ See Council of the European Union, Council Resolution of 8 July 1996 on the White Paper "an Energy Policy for the European Union", O J C 224,01/08/1996,pp. 1-2.

④ See European Commission, Green Paper: an Energy Policy for the European Union, COM (94) 659final,23/02/1995.

协调竞争性、能源安全和环境保护三个目标之间的关系，必须大力支持可再生能源技术的研发和利用。以此为基础，1995年12月欧委会出台《欧洲能源政策》白皮书，提出未来欧盟燃料结构的最终形态取决于气候变化政策、市场自由化和可再生能源的发展；为实现竞争性、能源安全和环境保护三个目标，欧盟应在四个领域优先行动①。

（二）《未来能源：可再生能源——共同体战略》绿皮书

1996年11月，欧委会发表题为《未来能源：可再生能源——共同体战略》的绿皮书②，引起了欧盟关于可再生能源发展的大讨论。1997年11月，欧委会出台《未来能源：可再生能源——共同体战略与行动计划》白皮书，欧盟第一次为可再生能源发展建立了全面又具体的目标，并为实现此目标制定了行动计划，提出要在2010年将可再生能源在能源总消费中的比例提高到12%，可再生能源电力装机总容量提高到22%，可再生能源到2050年在欧盟能源总结构中占50%的目标③。

（三）《走向欧洲能源供应安全战略》绿皮书

2000年11月，欧委会发表《走向欧洲能源供应安全战略》绿皮书，对欧盟的能源政策进行了评估，提出在消费方面要引导消费者选择尊重环境的消费方式，在供应方面要采取支持新能源和可再生能源的财政工具④。2005年，欧盟发布了名为《用更少的资源办更多事》的能源效率绿皮书，提出要发挥成员国政府、地方、企业和个人的积极性，建立一个所有成员国共同实现的能效目标，

① See European Commission, White Paper: an Energy Policy for the European Union, COM(95)682, 13/12/1995.

② See European Commission, Energy for Future: Renewable Sources of Energy-Green Paper for a Community Strategy, COM (96) 576 final, 20/11/1996.

③ See European Commission, Energy for Future: Renewable Sources of Energy-White Paper for a Community Strategy and Action Plan, COM (97) 599final, 26/11/1997.

④ See European Commission, Towards a European Strategy for the Security of Energy Supply, COM(2000) 769 final, 29/11/2000.

在成员国发展行动计划来实现2020年节能20%的目标①。

（四）《欧洲可持续、竞争和安全能源战略》绿皮书

欧委会于2006年3月发布了《欧洲可持续、竞争和安全能源战略》绿皮书，分析了欧盟能源供应面临的主要问题，确立了欧盟新能源政策的可持续性、竞争性和供应安全三个目标，提出采取切实措施应对气候变暖，制定可再生能源发展路线图，建立稳定的可再生能源生产和投资市场，制定战略能源技术发展计划，加大对新能源研发的投入②。

新能源政策决议和绿皮书、白皮书是欧盟新能源政策的主要构成部分，反映了欧盟新能源战略和政策方向。另外，还有许多新能源政策体现在其他类型的文件中，主要是为了一些具体任务而制定的政策。

本书根据欧盟本身对新能源相关次级立法的分类③，将欧盟新能源法律政策内容分成可再生能源、核能、节能与能源效率、新能源市场竞争四个部分，分别在第三章、第四章、第五章、第六章中加以探讨。

第三节　欧盟新能源法律政策的目标

《欧洲联盟运行条约》第194条把确保能源市场的运行、确保联盟内的能源供给安全、提高能源效率、促进节能和开发新能源与可再生能源、增进能源网络的相互联系作为欧盟能源政策的目标④。因此，促进节能和能源效率、开发新能源与可再生能源是欧

① See European Commission, Doing More with Less: Green Paper on Energy Efficiency, COM (2005) 265 final, 22/06/ 2005.

② See European Commission, Green Paper: a European Strategy for Sustainable, Competitive and Secure Energy, COM (2006) 105 final, 08/03/2006.

③ http://europa.eu/legislation_summaries/energy/index_en.htm.

④ See Treaty of Lisbon amending the Treaty on European Union and the Treaty establishing the European Community, signed at Lisbon, O J C 306, 17/12/2007.

盟能源政策的总体目标之一。但是，欧盟的新能源法律政策本身作为一个整体，也有自己的具体目标。

一、欧盟新能源法律政策目标的发展

由于能源法律与政策总是与能源形势密切联系在一起，因此欧盟新能源法律政策目标不可能是一成不变的，它也不可避免地呈现出随着能源形势不断变化的发展状态。

（一）最早确定能源供应安全目标

欧盟新能源法律以核能及能源市场法律政策为发端，在其发展过程中，能源供应安全始终是新能源法律政策的目标。虽然供应安全的概念在过去几十年也处于变动之中。

早期的能源供应安全就是指获得充足的能源供应，防止供应短缺。《建立欧洲原子能共同体条约》是成员国共同发展核能的法律基础，建立原子能共同体的重要目标就是要在一定时期内保障成员国能源满足能源需求，获得可靠的能源供应。

20 世纪 70 年代以后，欧盟的能源市场形势发生变化，欧盟不断增加对外部能源的依赖程度，能源不能自给，而且严重依赖石油、天然气等部门，能源供应的脆弱性逐步增加。这一时期，能源安全的概念包含了通过发展可再生能源、提高能源效率等新能源形式促进能源多样化的含义。

2006 年《可持续、竞争和安全的欧洲能源战略》和 2009 年第三次能源改革方案将能源供应安全发展为覆盖核能、电力、可再生能源各方面，并且包括了能源供应链的各个环节的一个新的概念。节能与能源效率、核能安全、可再生能源开发、运输网络、新能源技术发展以及国际合作都成为实现能源供应安全所要关注的因素。

（二）20 世纪 80 年代以后竞争性成为新目标

20 世纪 80 年代能源一体化和市场自由化成为欧盟能源领域的重要议题。新能源在此阶段已发展到一定规模，核能、可再生能源电力等方面都面临着参与市场竞争的障碍，必须通过立法和政策制定来消除障碍，提高新能源的竞争性。1988 年欧委会的《内部能源市场》通报，指出了能源市场的主要问题，提出要坚持竞争性规则，在能源领域实施单一市场的规定①。

1995年《欧洲能源政策》绿皮书把竞争性与能源安全、环境保护并列为三大目标，大力支持可再生能源技术的研发和利用②。1997年《未来能源：可再生能源——共同体战略与行动计划》白皮书重视发展可再生能源的竞争力，提出开展共同体可再生能源行动计划，为可再生能源参与市场竞争提供公平机会③。

从1996年到2009年欧盟出台的三次能源改革方案，无不以加强竞争性作为新能源法律政策目标，促进能源市场开放，为新能源提供更广阔的竞争平台。

（三）可持续性目标逐步进入新能源法律政策视野

1986年签署的《单一欧洲法令》为欧共体环境政策提供了法律基础，也促进了环境政策融入其他政策领域。1986年9月出台的《关于1995年共同体能源目标及成员国政策趋同的决议》虽然仍以能源供应安全为主要目标，但是着重提出继续发展新能源和可再生能源④。1986年11月理事会通过了《关于发展新能源和可再生能源的共同体目标决议》，提出了发展可再生能源的原则，鼓励成员国开发可再生能源⑤，这实际是在新能源目标中融入了环境因素。

欧委会于1990年初发表了题为《能源与环境》的通报，明确

---

① See European Commission, the Internal Energy Market, COM (88) 238 final, 02/05/1988.

② See European Commission, Green Paper: an Energy Policy for the European Union, COM (94) 659, final, 23/02/ 1995.

③ See European Commission, Energy for Future: Renewable Sources of Energy-White Paper for a Community Strategy and Action Plan, COM(97) 599final, 26/11/1997.

④ See Council of the European Communities, Council Resolution of 16 September 1986 Concerning New Community Energy Policy Objectives for 1995 and Convergence of the Policies of the Member States. O J C 241, 25/09/1986.

⑤ See Council of the European Communities, Council Resolution of 26 Novermber 1986 on a Community Orientation to Develop New and Renewable Energy Sources, 86/C316/01, O J C 316, 09/12/1986, pp. 1-2.

将环境问题纳入能源政策之中。这在共同体内引起了对能源生产、消费及其产生的环境影响，以及气候变化问题的关注，促使欧共体制定解决与能源相关的环境问题的政策以及气候变化战略。此后的一系列绿皮书和白皮书中，环境目标或环境保护都被列为欧盟新能源政策的目标之一，2006 年《可持续、竞争和安全的欧洲能源战略》中以可持续性取代了之前欧盟新能源法律政策中关于环境目标的表述。

二、当前欧盟新能源法律政策目标

在京都议定书生效，欧盟承担减排国际义务的背景下，发布了《欧盟可持续发展战略》，关注代内、代际公平，自然资源的节约以及气候变化与可持续的生产、消费等①。2006 年 3 月欧委会发布的《可持续、竞争和安全的欧洲能源战略》绿皮书正是《欧盟可持续发展战略》在能源领域的反映。《可持续、竞争和安全的欧洲能源战略》将可持续性、竞争力和供应安全作为欧盟能源政策的三大目标②，三大目标在随后的可再生能源与气候变化立法方案、第三次能源改革方案、能源效率计划 2011 等新能源法律政策中反复得到重申。这表明可持续性、竞争力和供应安全也正是欧盟新能源法律政策当前的主要目标。

（一）可持续性（Sustainability）

从 2007 年以来欧盟新能源法律政策的发展来看，其可持续性目标主要包括以下三层含义：

1. 新能源供应的可持续性。即开发可再生能源等新能源，特别是增加运输部门对生物燃料等替代能源的使用。

2. 通过新技术、新标准降低能源需求。这主要是反映在节能

---

① See European Commission, Communication from the Commission of 13 December 2005 on the review of the Sustainable Development Strategy—A platform for action, COM(2005) 658, 13/12/2005.

② See European Commission, Green Paper—A European Strategy for Sustainable, Competitive and Secure Energy, Com (2006) 105 final, 08/03/2006.

和能源效率法律政策中，提高用能产品生态设计要求、标签制度以及建筑物能耗的能效标准，都将从整体上降低欧盟的能源需求，从而实现减排和可持续发展。

3. 新能源利用的环境可持续性。即大力发展低碳新能源，减少因能源利用造成的环境污染，进而为应对全球气候变化作出贡献。

（二）竞争力（Competitiveness）

2009年的第三次能源改革方案以及可再生能源和气候变化立法方案，无不反映出增强新能源竞争力的政策目标。

第三次能源改革方案主要是消除天然气和电力内部市场存在竞争障碍，保证内部能源市场的有效运行，其核心内容——所有权拆分。通过在整个欧盟电力和天然气输送方面引入所有权拆分来刺激和形成竞争，力图使天然气、电力输送与生产供应之间明确分离，建立新的电力和天然气输送及贸易框架。该方案在市场竞争、环境影响以及市场监管等方面所采取的这些措施将大大提高欧盟新能源的竞争力。2009年的“可再生能源指令”采用新的指标刺激可再生能源在电力、供热制冷和运输方面的利用，并鼓励成员国采取投资援助、免税或减税、税收基金、绿色认证等方式引导市场增加对可再生能源的投资。

（三）供应安全（Security of Supply）

供应安全长期以来作为欧盟能源政策的主要目标，其本身的含义也在不断发生着变化。当前欧盟新能源法律政策的供应安全目标包括以下两层含义。

1. 增加新能源利用，能源供应多样化。欧盟对传统化石能源的依赖性强，增加交通、电力等各部门对新能源利用，将有助于改善欧盟能源结构，促进能源多元化，增强供应安全。

2. 开发本地新能源，减少对外依赖。一方面欧盟当前对外部能源的依存度很高，另一方面很多成员国国内拥有较为丰富的风力、地热等新能源资源，加大本地新能源的开发力度，增加能源的自给比例，将能减少对外部能源的依赖，也是保证供应安全的重要措施。

第四节　欧盟新能源法律政策的原则

欧盟新能源法律政策原则是指导欧盟新能源立法及政策制定的一般准则，构成欧盟及其成员国实现新能源法律政策目标、履行各自职权、开展新能源活动的基础①。虽然在欧盟基础条约、次级法及政策文件中没有专门对于新能源法律政策原则的论述，但是通过对有关立法和政策的分析，可以发现欧盟已经形成了一些新能源法律政策的原则，主要包括以下几点。

一、可持续发展原则

可持续发展是国际能源法的一项基本原则②，同时可持续性也是欧盟新能源法律政策的目标之一。由此可见，可持续发展对于欧盟新能源法律政策具有特殊意义，因此将在第二章详细探讨可持续发展与欧盟新能源法律政策的关系，此处不再赘述。

二、自然资源主权原则

国家对自然资源的永久主权是国家主权的不可分割的组成部分，是一国固有的、不可剥夺的权利③。能源作为一种重要的生产要素，它以自然资源作为载体。新能源，即使是来自可以再生的自然资源，如风力、潮汐、生物质等，它仍然具有一定时间、地理范围内数量上的有限性，仍然属于一国的自然资本，因此在新能源法律政策中确立自然资源主权原则，保证一国自由处置其新能源资源的权利具有十分重要的意义。

虽然欧盟是高度一体化的国际组织，但是在它的新能源法律政

---

① 参见曾令良:《欧洲联盟法总论——以〈欧洲宪法条约〉为新视角》,武汉大学出版社 2007 年版,第 109 页。

② 参见杨泽伟:《国际能源法:一个新的国际法分支》,载《华冈法粹》第 40 期,2008 年 3 月,第 195 页。

③ 参见杨泽伟:《主权论——国际法上的主权问题及其发展趋势》,北京大学出版社 2006 年版,第 97 ~ 115 页。

策中一直采取自然资源主权原则。一方面，在其作为缔约方的《能源宪章条约》中采取了自然资源的主权原则，其第 18 条规定“缔约方承认国家主权和对能源资源的至高无上的权利”①。另一方面，在《欧洲联盟运行条约》中，规定成员国可以自由选择其能源来源和供应结构，把成员国政府对能源市场的干预被认为是国家主权范围内的问题，联盟为实现能源政策目标采取的措施不应影响某一成员国决定其能源开发条件、选择不同能源来源及其能源供应总体结构的权利②。虽然欧盟在可再生能源指令、能效指令中会规定各成员国要实现的具体的新能源目标，但是这并不妨碍成员国依据自然资源主权原则，充分享有开发、勘探、管理、利用自身能源资源的权利。

三、和平利用原则

和平利用原则是指能源利用应以和平为目的、以谋求人类福祉为依归，而不能用于军事或战争目的③。在新能源方面，尤其是核能的开发利用必须遵守和平利用原则。欧盟新能源法律政策始终坚持和平利用原则。

1957 年《建立原子能共同体条约》虽然没有明确将和平利用作为一项原则来表述，但是在条约中多处体现了该原则。该条约序言“认识到原子能是保证生产发展和创新的主要资源并能促进和平事业的发展”；第 2 条第 5 款和第 8 款将“通过适当管制保证核原料不被挪用于正当用途以外的其他目的”、“和其他国家及国际组织建立一切可在和平利用原子能方面推动进步的联系”作为共同体采取的行动；为了保证和平利用核原料，条约专门用第七章来

① The Energy Charter Treaty, Dec. 17, 1997, 34 I. L. M. 360, available at http://www. encharter. org.

② See Treaty of Lisbon amending the Treaty on European Union and the Treaty establishing the European Community, signed at Lisbon, O J C 306, 17/12/2007.

③ 参见杨泽伟:《中国能源安全法律保障研究》,中国政法大学出版社 2009 年版,第 235 页。

规定成员国的“安全管制”义务，以及具体的核查措施①。

欧盟在核原料安全管制的次级立法中贯彻和平利用原则。主要有 1976 年关于欧洲原子能共同体安全管制条款适用的 3227/76 条例②以及修改该条例的 220/90 条例③和 2130/93 条例④。2005 年 2 月 8 日通过的 302/2005 条例⑤是现行核原料安全管制的最重要的法律，是在国际原子能机构的核安全管制系统加强的情况下进行的核能立法。它对安全管制范围、基本技术特征、特殊管制条款、核原料统计、国家间转移等方面都作出了具体规定，目的就是为了在新形势下贯彻和平利用原则。

四、国际合作原则

国际合作原则是国际法的一项基本原则，是现代国家间相互依存、共同发展的根本体现。“促成国际合作”是《联合国宪章》的宗旨之一，联合国会员国“务当同心协力”，维护国际和平与安全，促进人类社会进步。《国际法原则宣言》也将依照联合国宪章彼此合作作为各国必须遵守的义务，而此等合作构成“国际法的

---

① See Consolidated version of the Treaty establishing the European Atomic Energy Community, O J C 84, 30/03/2010.

② See Commission Regulation (Euratom) No 3227/76 of 19 October 1976 concerning the application of the provisions on Euratom safeguards, O J L 363, 31/12/1976, pp. 1-57.

③ See Commission Regulation (Euratom) No 220/90 of 26 January 1990 amending Commission Regulation (Euratom) No 3227/76 of 19 October 1976 concerning the application of the provisions on Euratom safeguards, OJ L 22, 27/1/1990, p. 56.

④ See Commission Regulation (Euratom) No 2130/93 of 27 July 1993 amending Regulation (Euratom) No 3227/76 concerning the application of the provisions on Euratom safeguards, OJ L 191, 31/7/1993, p. 75.

⑤ See Commission Regulation (Euratom) No 302/2005 of 8 February 2005 on the application of Euratom safeguards-Council/Commission statement, OJ L 54, 28/2/2005, pp. 1-71.

基本原则"①。

欧盟正是发端于西欧国家在能源领域进行国际合作的需要，成立欧洲煤钢共同体、原子能共同体就是建立能源国际合作的框架。欧盟新能源法在最初就体现了国际合作原则。《建立原子能共同体条约》序言中表明"愿意使其他国家参加各成员国的共同事业并愿意和致力于和平发展原子能的国际组织合作"②，其具体条款更是为成员国在共同体内进行国际合作制定了法律规范。

欧盟的新能源法律政策不仅在成员国之间贯彻国际合作原则，而且也指导着欧盟及成员国与第三国在新能源方面关系。《欧洲联盟运行条约》第 211 条（原《欧洲共同体条约第 181 条》）规定"在各自的权能范围内，联盟和成员国应与第三国及适当的国际组织合作"；"泛欧网络"（包括在能源基础设施领域建立泛欧网络）编第 171 条（原《欧共体条约》第 155 条）第 3 款规定"联盟可与第三国合作，以推动具有共同利益的项目及保证网络互通"③。在第三次能源改革方案、放射性废物和核废料安全指令、核原料安全管制条例中都对与第三国进行新能源国际合作作出了具体规定。

五、透明度原则

由于不同的能源来源对于环境的影响差别巨大，关系到节能减排、应对气候变化等重大问题，因此透明度在新能源的开发、利用、贸易、管理中非常重要。透明度原则是要确保所有利益相关者（包括国家、地方当局和公众）能得到有效的信息和机会，利益相关者能够根据国内立法和国际义务的要求参与到决策过程中去。

《欧洲联盟运行条约》"消费者保护"一编中，在第 169 条（原《欧洲共同体条约》第 153 条）第 1 款中规定"联盟应致力于

① 梁西主编：《国际法（修订第二版）》，武汉大学出版社 2003 年版，第 50～51 页。

② Consolidated version of the Treaty establishing the European Atomic Energy Community, O J C 84, 30/03/2010.

③ Treaty of Lisbon amending the Treaty on European Union and the Treaty establishing the European Community, signed at Lisbon, O J C 306, 17/12/2007.

保护消费者的健康、安全和经济利益，促进其知情权……”①，这一规定是透明度原则的体现。在欧盟新能源次级立法中，透明度原则得到很好地贯彻。2011 年“放射性废物和核废料安全指令”第 10 条规定，成员国要保证工人和公众能获得必要的核废料和放射性废物管理方面的信息。这包括保证具有法定资格的管理机构在其有权管辖的范围内告知公众信息。另外，成员国要保证公众能根据国内立法和国际义务，得到有效参与有关核废料和放射性废物管理的决策过程的机会②。2009 年电力跨境交易网络准入条件条例、内部电力市场共同规则指令都根据透明度原则提出了新的要求：配电系统运营商负有尊重系统使用者、保证透明度以及向使用者提供信息的责任；有关拆分和账户透明度的条款中，规定了电力企业必须对其所有供电、输送和配电行为采用独立的账户，成员国和竞争监管当局有权检查电力和天然气企业账户；有关电力输送网络规范的条款中，规定了电力和天然气 ENTSO 有义务发展数据交换、技术运营与交流以及透明度等方面的规则③。

综上所述，欧盟在促进和规范新能源的发展方面采用了法律和政策相结合的方式，既发挥法律的调节、控制、管理、惩罚、引导功能，又体现出政策更为灵活的特点。通过几十年的发展，欧盟形成了新能源法律政策体系，规范能源领域各类主体的行为。

---

① Treaty of Lisbon amending the Treaty on European Union and the Treaty establishing the European Community, signed at Lisbon, O J C 306, 17/12/2007.

② See Council Directive 2011/70/Euratom of 19 July 2011 establishing a Community framework for the responsible and safe management of spent fuel and radioactive waste. O J L 199, 02/08/2011, p. 54.

③ See Regulation (EC) No 714/2009 of the European Parliament and of the Council of 13 July 2009 on conditions for access to the network for cross-border exchanges in electricity and repealing Regulation (EC) No 1228/2003, O J L 211, 14/08/2009, pp. 15-35.

Directive 2009/72/EC of the European Parliament and of the Council of 13 July 2009 concerning common rules for the internal market in electricity and repealing Directive 2003/54/EC, O J L 211, 14/08/2009, pp. 55-93.

欧盟新能源法律制度主要包含两个法源，基本法和次级法。基本法划分了欧盟在能源领域的权能，并确立欧盟新能源法律的根本规范；次级法使欧盟新能源法律深入和细化。欧盟理事会和委员会的条例、指令和决定具有法律拘束力。其中指令是欧盟新能源立法的最主要形式，在可再生能源、核能、节能和能源效率以及市场竞争方面都形成了内容丰富的指令框架；新能源条例是用于执行有关指令，或对新能源参与市场竞争进行规范；欧盟有关新能源的决定，其内容主要是关于能源、环境或者技术研发方面的计划。

欧盟的新能源政策主要体现在欧盟机构发布的各种非法律的文件中，没有法律那种明显的确定性，主要用于表达政治立场或战略方向。其中决议主要被欧盟用于指出未来新能源领域的政策方向，20 世纪 70 年代至 90 年代初决议是欧盟发布能源战略的方式，其中有很多内容指导了新能源的发展。绿皮书或白皮书欧盟公开发表调研结果的形式，充分征询公众和各成员国的意见，以确定欧盟的政策立场。1995 年以后，欧盟新的欧盟能源战略主要体现在一系列白皮书和绿皮书中。

欧盟新能源法律政策目标呈现出随着能源形势不断变化的发展状态。煤钢共同体和原子能共同体成立初期，就确定能源供应安全目标；20 世纪 80 年代能源一体化和市场自由化成为欧盟能源领域的重要议题，竞争力成为新能源法律政策的新目标；2006 年《可持续、竞争和安全的欧洲能源战略》将可持续性、竞争力和供应安全作为欧盟能源政策的三大目标。

欧盟新能源法律政策原则是指导欧盟新能源立法及政策制定的一般准则。通过对有关立法和政策的分析，可以发现欧盟已经形成了可持续发展原则、自然资源主权原则、和平利用原则、国际合作原则、透明度原则等一些新能源法律政策的原则。这些原则有的是国际法、国际能源法原则在欧盟新能源领域的反映，有的欧盟新能源法律政策自身形成的、特有的原则。

第二章　欧盟新能源法律政策与可持续发展

能源问题处于可持续发展的前沿，改革能源法是各国和全球经济、社会实现可持续发展的一个基本要素。可持续发展成为各国制定能源供应多元化以及减少能源生产对环境负面影响等方面法律与政策的推动力。

第一节　可持续发展与国际法

可持续发展涉及环境、经济、社会、能源、人权等各个领域，其在法律中的地位日益受到重视，这离不开国际法为其奠定的坚实基础，尤其是国际条约和其他国际文件的反复重申。

一、国际法领域可持续发展概念的发展

（一）可持续发展概念在国际法领域的提出

在国际法领域确立可持续发展概念所用的时间并不长。20世纪70年代，“可持续发展”理念初步体现在联合国大会通过的一些重要决议中，例如1972年联合国大会2996（XXVII）号决议规定了国家对全球环境负有主要责任①，并依据2997（XXVII）号决

① See International Responsibility of States in Regard to the Enviroment, General Assembly resolution 2996 (XXVII), 2112th plenary meeting, 15December 1972. available at http://daccess-dds-ny. un. org/doc/RESOLUTION/GEN/NR0/270/26/IMG/NR027026. pdf? OpenElement.

议成立了联合国环境规划署（UNEP）负责环境和自然资源保护①。

随后，“可持续发展”的思想在更多的国际文件中反映出来。1972年斯德哥尔摩联合国人类环境会议《斯德哥尔摩人类环境宣言》中提出了26条原则，其中原则1和原则2指出“人类……有保护和改善当代及将来后代人的环境的庄严责任”，应“为了当代和将来后代人的利益”保护环境②。1982年联合国大会通过的《世界自然宪章》(World Charter for Nature）中提到“为人类所利用的生态系统和有机体，以及陆地、海洋和大气资源，必须加以管理以达到和保持最优化的可持续生产力，不能危害这些生态系统或物种共同生存的整体性”③。虽然在这一阶段还没有把“可持续发展”作为一个明确的概念提出来，但是由于它体现了国际社会的发展趋势和要求，从而不断得到国际法律文件的确认。

1987年，布伦特兰委员会（Brundtland Commission)④在其题为《我们共同的未来》(Our Common Future）的报告中，正式提出了“可持续发展”（sustainable development）这一概念，即“可持续发展是既满足当代人的需要，又不威胁后代人满足其需要的能力的发展”⑤。这个定义不仅考虑了当代人，尤其是不发达地区人民的基本需要，也考虑到后代人的需求。报告提出要使各国从破坏性的增长和发展过程转向可持续发展的道路，不能任由工业化国家的

---

① See Institutional and Finacial Arrangements for International Environmental Cooperation, General Assembly resolution 2997 (XXVII), 2112th plenary meeting, 15December 1972. available at http://daccess-dds-ny. un. org/doc/RESOLUTION/GEN/NR0/270/27/IMG/NR027027. pdf? OpenElement.

② (1972) UNYB318, L. B. Sohn, The Stockholm Declaration on the Human Environment, (1973) 14 Harvard International Law Journal 423.

③ World Charter for Nature, A/RES/37/7, 48th plenary meeting, 28 October 1982, available at http://www. un. org/documents/ga/res/37/a37r007. htm.

④ 即根据第38届联合国大会38/461号决议于1984年10月成立的联合国世界环境与发展委员会(the World Commission on Environment and Development, WCED)，由挪威布伦特兰博士(Gro Harlem Brundtland)担任主席。

⑤ World Commission on Environment and Development, Our Common Future, U. N. Doc. A/42/427 (1987), pp. 43-54 .

少部分人消耗掉地球上的自然资源。布伦特兰报告为可持续发展理念奠定了基础。根据该报告，联合国大会决定召开联合国环境与发展大会（United Nations Conference on Environment and Development, UNCED）或者叫做地球峰会（Earth Summit），目标是进一步发展国际环境法，并为该会议建立了一个颇具野心的议程，内容包括一个作为《斯德哥尔摩宣言》后续的《地球宪章》(Earth Charter)、《21 世纪议程》(Agenda 21) 行动计划、生物多样性公约和气候变化框架公约的仪式性签署①。

（二）可持续发展成为国际社会的根本目标

联合国环境与发展大会 1992 年在里约热内卢召开，180 多个国家与会，超过 100 个国家的元首出席会议，被认为是历史上最高层次的峰会，对于"可持续发展"具有里程碑式的意义。会议通过了《里约宣言》、《21 世纪议程》、《关于森林问题的原则声明》，开放签署《气候变化框架公约》和《生物多样性公约》。在这次会议上，可持续发展从国际社会议题的外围走向中心，并成为国际社会的根本目标。

《里约宣言》中宣布的 27 项原则大多与可持续发展直接相关，它提出为今世后代的利益，必须实现健康环境权和发展权；各国在根除贫穷方面进行合作是实现可持续发展必不可少的条件；应采取国际政策措施以减少不可持续的生产和消费模式，促进技术的研发，建立更开放的国际经济制度促进可持续发展。宣言在最终原则中还呼吁"进一步推动可持续发展领域内的国际法"②。《21 世纪议程》则是可持续发展的全球行动计划，其核心是建立全球伙伴关系，提倡可持续发展领域内国际法的平衡和全面发展，为各国遵

① See Lakshman Guruswamy, Energy Justice and Sustainable Development, Colorado Journal of International Environment Law and Policy, Vol. 21, No. 2, 2010, pp. 249-250.

② U. N. Conference on Environment and Development, June 3-14, 1992, Rio Declaration on Environment and Development, U. N. Doc. A/CONF. 151/26 (1992).

守《里约宣言》原则及实现可持续发展提供指南①。

虽然联合国大会的有关决议和1992年世界环境与发展大会通过的《里约宣言》、《21世纪议程》等文件不具有法律拘束力，但是它们对于国际条约和国际习惯法的形成具有重大影响。《联合国气候变化框架公约》(United Nations Framework Convention on Climate Change，UNFCCC）确定了可持续发展的核心内容，其第三条规定缔约国有义务为人类当代和后代的利益保护气候系统，缔约国有义务采取措施预测、防止和减少会导致气候变化的因素，并明确规定缔约国的强制性法律义务：应当根据他们共同但有区别的责任和各自能力来承担义务②。此后，可持续发展被规定在诸多双边和多边条约以及其他国际法律文件中。

（三）可持续发展体现国际社会的核心价值

在2002年世界可持续发展峰会（the World Summit on Sustainable Development，WSSD）之前，可持续发展的概念通常被认为包含两个因素：环境保护和经济发展，社会发展没有被作为可持续发展的一个明确的因素。2002年世界可持续发展峰会通过了关于水、渔业资源、海洋、生物多样性、能源、可持续生产与消费以及可持续发展战略的新的目标、工作计划和时间表。约翰内斯堡峰会产生了两个重要文件：一个政治宣言和一个实施计划。其中约翰内斯堡宣言确认了“在地方、国家、地区和全球层面提高和增强相互依存和彼此支持的可持续发展的支柱——经济发展、社会发展和环境保护——的集体责任”③。因此，可持续发展是一个从政治、社会、经济的总结构出发，融汇生态学、经济学等科学理论和思想的综合性法律概念。其核心内容是要解决国际社会经济、文化

---

① See U. N. Conference on Environment and Development, June 3-14, 1992, Agenda 21, U. N. Doc . A/CONF. 151/26 (1992).

② See U. N. Framework Convention on Climate Change, May 9, 1992, S. Treaty Doc. No. 102-38(1992), 1771 U. N. T. S. 108.

③ World Summit on Sustainable Development, Aug. 26-Sept. 4, 2002, Johannesburg Declaration on Sustainable Development, U. N. Doc. A/CONF. 199/20 (Sept. 4, 2002).

及人类与其他物种持续发展的国际问题，反映了国际社会发展的趋势和要求，体现了国际社会的核心价值①。

可持续发展作为国际社会的核心价值，在国际法领域主要从两个方面体现出来。一方面涉及可持续发展及有关环境、资源、能源等方面的国际条约和协议显著增加。据统计，目前全球约有二百多项环境方面的条约②，如《联合国气候变化框架公约》及《京都议定书》、《生物多样性公约》、《保护臭氧层维也纳公约》、《防止沙漠化公约》、《濒危野生动植物物种国际贸易公约》等。另一方面，国际文件在目标、原则方面更加突出可持续发展的价值和理念。1994年《能源宪章条约》规定各缔约国在追求可持续发展的过程中，应考虑到关于环境的国际协定的义务，以经济有效的方式减少有害的环境影响③。后来的2000年《卡特赫纳生物安全议定书》④和2001年《植物遗传资源条约》⑤进一步发展了此项原则。

通过联合国决议、宣言的反复重申，以及广泛的国际条约实践，可持续发展已作为核心价值观念体现在国际法中。它不再只是以宣言、计划的方式发挥作用，而且正在转化为可以执行的规则、制度，为国际社会提供了现实的法律工具⑥。

二、可持续发展的国际法原则

可持续发展是一个内涵极其丰富的概念，其本身的发展经历了

---

① 参见胡德胜:《可持续发展是国际法的一项基本原则》,载《郑州大学学报(哲学社会科学版)》2001年第2期,第50~54页。

② 参见赵爽:《能源法律制度生态化研究》,法律出版社2010年版,第109页。

③ See Energy Charter Treaty, available at http://www.encharter.org.

④ See Cartagena Protocol on Biosafety, Convention on Biological Diversity, 29 January 2000, available at http://bch.cbd.int/protocol/background/.

⑤ See The International Treaty on Plant Genetic Resourses for Food and Agriculture, Commission on Genetic Resourses for Food and Agriculture, FAO, available at http://www.fao.org/AG/cgrfa/itpgr.htm.

⑥ 参见[荷兰]尼科·斯赫雷弗:《可持续发展在国际法中的演进:起源、涵义及地位》,汪习根、黄海滨译,社会科学文献出版社2010年版,第7~8页。

从防止自然资源过度开发使用到融入发展权和健康环境权以及代际公平，乃至追求环境、发展、人权等因素合理平衡等几个阶段①，因此与它有关的国际法原则也处于不断发展之中。1992 年的世界环境与发展大会提出了自然资源主权原则、代际公平原则、预防原则和共同但有区别的责任原则。而国际法协会 2002 年 4 月通过的《关于可持续发展的国际法原则的新德里宣言》，指出可持续发展的目标涉及经济、社会和政治进程中的全面和综合的措施，该措施是要在可持续利用地球自然资源，保护自然、人类生活以及社会和经济发展所赖以存在的环境，在全人类积极、自由、有意义地参与发展并公平享受因此产生的福利的基础上，实现全人类获得适当的生活水平的权利，同时适当顾及后代的需求和利益，并提出了可持续发展的 7 项国际法原则：可持续利用自然资源原则、公平及消除贫困原则、共同但有区别的责任原则、预防原则及环境影响评价、公众参与原则、善治原则及一体化与相互联系原则②。

21 世纪，可持续发展理论涉及国际社会的方方面面，其具体内容也将与时俱进，向前发展。从目前国际法的发展情况来看，与可持续发展密切相关的国际法原则至少应包括以下几点：

（一）自然资源主权原则（sovereignty over natural resources）

自然资源是指自然界中具有利用价值、可以为人类带来财富的自然条件和自然要素，是社会物质财富的源泉，是人类可持续发展的物质基础。国家对自然资源的永久主权是国家主权的不可分割的组成部分，是一国固有的、不可剥夺的权利。1962 年联合国大会通过 1803（XVII）决议《关于天然资源之永久主权宣言》，阐述了国家对自然资源享有主权的原则，即各国有权自由处置其自然资

① 参见黄颖：《跨界自然资源国际法规则的新发展——从可持续发展原则说起》，载《云南师范大学学报（哲学社会科学版）》2011 年第 3 期，第 124～129 页。

② See Report of the 70th Conference New Deli, ILA, London, 2002, available at http://www. ila-hq. org.

源。该原则在国际法上具有重要地位①。由自然资源永久主权派生的主权权利的内容十分丰富。在经济全球化背景下，对自然资源永久主权更加重视对人类共同利益的关怀，自然资源永久主权是国际可持续发展法的基石②。1994 年《能源宪章条约》也采取了自然资源的主权原则，其第 18 条规定“缔约方承认国家主权和对能源资源的至高无上的权利”③。

一国在享有对自然资源的永久主权时，也必须承担相应的义务。由于当今世界人类活动影响范围的扩大以及科技技术的进步，保护和养护自然环境，尤其是地球的气候系统、生物多样性以及动植物，被称为“人类共同关切事项”，自然资源逐步凸显出其全球公益物（public goods）的属性。而全球公益物属性与国家对自然资源的永久主权原则之间存在冲突。联合国秘书长潘基文在 2009 年联合国工作报告中积极呼吁必须确保全球公益物的供给④。各国有责任以可持续的方式管理自然资源，避免自然资源的浪费并减少污染。

（二）代内公平原则（intra generational equity）

可持续发展领域的代内公平原则要求的是实质上的公平，同代人无论国籍、种族、经济文化发展水平如何，都应享有利用自然资源和良好环境的平等权利。国际法调整的主要是国家之间的关系，以法律的形式来维护国家之间的公平。对于自然资源的开发和利用，国际法要求国家承担相应的国际义务，包括跨界的资源影响。由于当代发达国家的发展是建立在数百年对发展中国家自然资源剥

① See Permanent sovereignty over natural resources, General Assembly resolution 1803 (XVII) 1194th plenary meeting, 14 December 1962, available at http://daccess-dds-ny. un. org/doc/RESOLUTION/GEN/NR0/193/11/PDF/NR019311. pdf? OpenElement.

② 参见杨泽伟:《主权论——国际法上的主权问题及其发展趋势》,北京大学出版社 2006 年版,第 97 ~ 115 页。

③ Energy Charter Treaty, available at http://www. encharter. org.

④ 参见 2009 年联合国秘书长关于联合国工作的报告,A/64/1(SUPP), available at http://www. un. org/zh/ga/64/docs/1/3. html#2.

削的基础上的，发达国家与发展中国家的经济发展程度、自然资源利用水平都存在巨大差异。发达国家应正视其发展过程中给全球环境造成的压力，对其社会、经济发展乃至人民生活方式都作出调整，以实现可持续发展的代内公平。

目前，南北与环境条约已经规定发展援助、技术转让以及其他形式的发展合作，但代内公平原则多属于软法的范畴①，还需要进一步发展具有法律约束力的国际法规则。

（三）代际公平原则（inter generational equity）

代际公平是指当代人和未来的后代人之间在开发、利用资源方面享有平等权利。当代人不能浪费自然资源或者对环境造成损害，导致未来的环境和资源不能满足后代人的需求。代际公平最早由美国国际法学家魏伊丝（Edith Brown Weiss）提出，其“行星托管”概念认为每一代人都是后代人类的受托人，在后代人的委托之下，当代人有责任保护地球环境并将它完好地交给后代人②。《里约宣言》原则 3 提出为了今世后代的利益，必须实现健康环境权和发展权③。

代际公平作为可持续发展原则的一个重要部分，在国际法领域已经被广泛接受，体现在很多国际条约中，例如《濒危野生动植物物种国际贸易公约》、《保护野生动植物迁徙物种公约》、《保护和利用跨界水道和国际湖泊公约》、《联合国气候变化框架公约》，等等。

（四）共同但有区别的责任原则（common and differentiated responsibility）

共同但有区别的责任原则是在人权法、《关贸总协定》及《海

---

① 参见［荷兰］尼科·斯赫雷弗：《可持续发展在国际法中的演进：起源、涵义及地位》，汪习根、黄海滨译，社会科学文献出版社 2010 年版，第 152 页。

② 参见［美］爱蒂丝·布朗·魏伊丝：《公平地对待未来人类：国际法、共同遗产与世代间平衡》，汪劲等译，法律出版社 2000 年版，第 18 页。

③ See U. N. Conference on Environment and Development, June 3-14, 1992, Rio Declaration on Environment and Development, U. N. Doc. A/CONF. 151/26 (1992).

洋法公约》中的对发展中国家给予积极区别对待或优惠待遇的较早原则的基础上建立的。《里约宣言》原则7中提出，鉴于导致全球环境退化的各种不同因素，各国负有共同但是又有区别的责任①。该项原则最后通过《气候变化框架公约》得到确立。

发达国家在200多年的工业化过程中排放了大量温室气体，是造成当前全球气候变化的主要原因，理应承担率先大幅减排的历史责任。从现实能力看，发达国家拥有雄厚的经济实力，掌握着先进的低碳技术，而发展中国家缺乏应对气候变化的财力和技术手段，还面临着发展经济、消除贫困、应对气候变化等多重艰巨任务。《气候变化框架公约》第三条规定发达国家应当在应对气候变化行动中承担主要责任，并提供额外的资金和技术帮助发展中国家应对气候变化；应当对发展中国家的具体需要以及容易受到气候变化带来不利影响的发展中国家，以及那些承担公约义务将增加它们不适当或不正常负担的发展中国家予以充分考虑②。联合国秘书长潘基文将气候变化称为"我们这一时代的人面临的最突出挑战"。因此，控制气候变化虽然是所有国家的共同责任，但是发达国家应率先大幅度减排，同时要向发展中国家提供资金、转让技术。发展中国家在发展经济、消除贫困的过程中，在发达国家的支持下根据各国国情积极采取适应和减缓气候变化的措施。即发达国家和发展中国家在平等基础上应进行区别对待。《气候变化框架公约》及《京都议定书》要求发达国家采取措施将其在2008—2012年排放的温室气体降至1990年的水平，该量化义务并不适用于发展中国家。

虽然可持续发展在国际法领域不断发展，但是我们也要认识到，它仍是一个还需要得到更为准确阐述的法律概念。有关可持续发展的国际法呈现出零散的发展状态，其很多内容以"软法"的

① See U. N. Conference on Environment and Development, June 3-14, 1992, Rio Declaration on Environment and Development, U. N. Doc. A/CONF. 151/26 (1992).

② See U. N. Framework Convention on Climate Change, May 9, 1992, S. Treaty Doc. No. 102-38 (1992), 1771 U. N. T. S. 108.

形式存在。这些都还需要国际社会加强对国际法中的可持续发展问题的关注，促进可持续发展国际法的巩固和发展。

第二节　可持续发展与国际能源法

可持续发展是从能源、经济到卫生、粮食、发展和安全等各个人类领域活动领域的主题。而在当今世界，能源是振兴全球经济和确保可持续繁荣密切相关的最根本因素之一，也是关系当代和后世人类生存不可或缺的物质基础。

一、可持续发展与能源

（一）能源问题已经处于可持续发展的前沿

当今世界，人类的生存与发展依赖于可获得的廉价能源。交通运输业、农业、制造业、采矿业、信息技术以及各种服务产业都离不开能源，大部分地区还需要能源进行供热和制冷。能源不仅是一个扩大供应以满足越来越多的人的需要的问题，它更是一个人类社会、环境和未来发展的问题。国际上对于能源获取问题的关注正在增加，联合国已宣布 2012 年为“人人享有可持续能源国际年”①。

（二）能源可持续性影响国家生命力

无论是发达国家还是发展中国家，能源的可持续性都影响到国家的生命力。特别是发展中国家，急需更多更好的能源。现在世界上仍有大约 13 亿人，主要位于发展中国家、约占世界人口的 20%，无法获得电力②。没有电力，这些国家想获得可持续发展是不可能的。

另外，世界上有 24 亿人依赖柴草和动物粪便作为做饭和取暖

① See IEA, World Energy Outlook 2011, available at www. worldenergyoutlook. org.

② See IEA, World Energy Outlook 2011, available at www. worldenergyoutlook. org.

的燃料①，这种利用方式并非集约化的生物质能源，会带来生物多样性缺失和环境退化，因此需要研究新的可持续的初级能源②。由于能源的可持续发展关乎全球正义、代际公平以及环境责任，所以各国探索新的可持续能源还必须坚持能源保护和效率的宗旨。

（三）可持续能源需求促进国际法发展

可持续发展已经成为引导各方面国家和国际法律政策发展的一个概念。探索新的能源资源来减轻当前全球对传统能源的依赖，以及解决能源利用的跨界影响问题是一种国际挑战，这项任务不可能由哪一个国家单独完成，必须在国际层面加以应对。应对可持续能源需求的挑战必须着重考虑这样几个因素：当前能源需求的迅速发展，特别是发展中国家需求的发展；使用化石燃料作为能源的环境后果；石油和天然气储量的有限性；石油依赖导致的能源不安全；国际法对可持续能源不足的反应不够；缺乏应对以上问题的技术、法律、经济、社会机制等。

因此，要迈向可持续的能源未来，必须有新的国际法律工具，也就是要形成新的国际文件。这些文件包括多边和双边的协议、协定、条约、议定书和公约，内容主要涉及能源科技、贸易、投资、研发、技术转让以及可持续发展等方面，主要目标就是促进初级能源、能源保护、能源转换和终端分配的可持续发展。而正是可持续能源对国际法发展提出的新要求，促使了国际法的新分支——国际能源法的产生。

二、国际能源法的概念与发展

国际能源法是晚近出现的一个新的、特殊的国际法部门，其兴

① See Lakshman D. Guruswamy, Energy, Environment and Sustainable Development, Chapman Law Review, Vol. 8, No. 1, 2005, pp. 77-78.

② 初级能源是指自然资源中诸如煤、天然气、原油、阳光和铀等能够被认为转换和改造以满足现代人类需要的能源。可持续初级能源是指不会造成明显、有害的环境影响的能源。

起是国际法发展的新突破①。

（一）国际能源法的概念

国际能源法（International Energy Law）是指调整跨国间关于能源勘探、开发、生产、运输、贸易、储备以及利用等方面关系的原则、规则和制度的总和②。

（二）国际能源法与可持续发展同步兴起

国际能源法几乎是与可持续发展同时兴起的。20世纪70年代爆发的石油危机促使各国重新思考能源问题，尤其是石油消费国意识到单个国家无法有效解决石油依赖和能源安全等问题，必须联合起来通过成立国际组织、发展国际能源法律和政策来应对能源问题。而国际社会也是在这一时期，开始认识到对包括能源在内的自然资源的开发和利用必须保护和改善当代及将来后代人的环境③。

在应对石油危机的国际形势下，1974年经济合作组织（the Organization for Economic Cooperation and Development，OECD）国家决定建立国际能源机构（the International Energy Agency，IEA），签署《关于国际能源计划的协议》（Agreement on the International Energy Program，IEP）。该协议除了强调要建立共同的石油供应自足体系和紧急情况下的石油分配措施外，还提出要通过节能、开发替代能源、能源研发来减少对石油的长期依赖④。这在某种程度上反映了国际社会通过合作促进能源可持续发展，应对能源危机的趋势。

（三）可持续发展贯穿国际能源法的发展过程

现代社会，能源是发展的先决条件。在可持续发展原则产生之

---

① 参见杨泽伟：《国际能源法：一个新的国际法分支》，载《华冈法粹第四十期》，2008年3月，第187页。

② 参见杨泽伟：《中国能源安全法律保障研究》，中国政法大学出版社2009年版，第226页。

③ See (1972) UNYB318, L. B. Sohn, The Stockholm Declaration on the Human Environment, (1973) 14 Harvard International Law Journal 423.

④ See Richard Scot, the History of the IEA—the First 20 years, Volume 1: the Origins and Structures of the IEA, OECD/IEA, 1994, p. 407.

前，能源法强调保证能源的供给，重视能源利用在短期所产生的效益；能源立法更多关注有权使用能源和平等分配能源的社会正义问题，而忽视能源的长期环境影响，很少有环境关切。

随着可持续发展观念的建立，国际能源法同时勃兴。此时，国际能源法考虑的因素更加复杂，不但是世界各地区能源分配不公平、发达国家与发展中国家能源消费差异，而且某些能源资源日益枯竭、燃烧矿物燃料排放温室气体等都成为国际能源法所要协调和解决的问题。

20 世纪 80—90 年代，能源利用过程中出现的酸雨现象、温室效应、石油污染、核泄漏事故等跨越国界的影响引起国家重视，同时也要求各国采取超国家的合作行动①。在联合国等国家组织的倡导下，出台了《里约宣言》、《联合国气候变化框架公约》、《能源宪章条约》、《京都议定书》等与能源相关的重要国际文件，而可持续发展正是这些文件的核心目标。

可持续发展原则还反映在国际法院和其他国际法庭、仲裁庭的判例中，它们也是可持续发展原则作为国际能源基本原则的最重要的习惯法证据。一些司法判例是关于环境保护与发展之间的冲突，涉及可持续发展在争端中的地位问题。在新西兰和法国的“核试验案”②中，新西兰要求国际法院审查早前针对法国的程序，声称法国核试验违反其国际法权利，法国在没有进行国际标准的环境评估的情况下进行核试验是违法的。虽然法庭由于法国采取了替代性测试方法而驳回了新西兰的请求。但是，Weeramantry 法官认为，法国核试验违反了代际公平原则、预防原则以及环评要求。Palmer 法官认为，预防原则迅速发展，应该成为一项与环境有关的习惯国际法原则。另外，Weeramantry 法官和 Koroma 还依据了斯德哥尔摩

---

① 参见杨泽伟:《国际能源法:一个新的国际法分支》,载《华冈法粹第四十期》2008 年 3 月,第 190 页。

② Request for an Examination of the Situation in Accordance with Paragraph 63 of the Court's Judgement of 20 December 1974 in the Nuclear Tests (New Zealand v. France) Case, 1995 I. C. J. 288-347 (Order of Sept. 22), available at http://www. icj-cij. org.

宣言的原则 21 和防止跨界损坏的义务，肯定其具有习惯法的地位。另外，匈牙利与斯洛伐克之间的“Gabcikovo-Nagymaros 工程案”是关于建筑一系列船闸和大坝的争端。该案涉及发展与环境保护的关系，国际法院依据双方之间现有的条约法进行裁判。虽然没有适用正在形成中的可持续发展原则，但是由于环境损害的不可挽回性，法庭深切注意到对此需加以“警惕和预防”；而 Weeramantry 法官的意见更为积极，他认为可持续发展已构成现代国际法的组成部分，发展和环境保护应并重①。

三、可持续发展是国际能源法的基本原则

国际能源法基本原则（Basic Principles of International Energy Law）是指国际能源法体系中那些被国际社会公认的，具有普遍约束力的，适用于国际能源法各领域并构成国际能源法基础的法律原则②。可持续发展概念已成为国际法的一部分，它为国际能源法奠定了解释法律、运用法律和发展法律的基础③，成为国际能源法的一项基本原则。

在国际能源法领域，可持续发展原则是指国际能源法对能源利用的规范，既要满足人民生活的能源需求，有效保障国家的能源安全；又要最大限度地减少能源生产转换利用对环境和健康的影响，形成能源可持续发展机制，为今后更长远的发展奠定基础④。可持续发展原则要求能源利用遵守以下规则：

---

① See Stathis N. Palassis, Beyond the Global Summits: Reflecting on the Environmental Principles of Sustainable Development, Colorado Journal of International Environment Law and Policy, Vol. 22, No. 1, 2011, pp. 68-69.

② 参见杨泽伟:《国际能源法:一个新的国际法分支》,载《华冈法粹第四十期》2008 年 3 月,第 194 页。

③ 参见[新西兰]克劳斯·鲍斯曼:《能源可持续发展的伦理学蕴含》,载《比较法研究》2004 年第 4 期,第 151 页。

④ 参见杨泽伟:《国际能源法:一个新的国际法分支》,载《华冈法粹第四十期》2008 年 3 月,第 195 页。

（一）能源的可持续性

国际能源法对能源利用进行规范，可持续发展作为其一项基本原则，首先就要求能源具有可持续性。人类的活动离不开能源，但是不能在科学技术的基础上过量使用矿物燃料或会导致气候变化的其他能源，必须改变不可持续的能源消耗和生产模式，研究、开发可再生能源并提高能源效率，用无风险、无污染、可持久获得、不危害地球生态的方式开发利用能源，实现能源的可持续性。

（二）能源的公平分配

可持续发展原则下，能源公平分配包括多重含义。首先，在发达国家与发展中国家之间、不同地区之间，能源得到公平分配，个人可以在平等基础上按一定标准获得能源，这涉及全球正义问题；其次，能源应该能公平地满足当代人的需要，而且不危害后代人满足能源需要的能力；再次，在人类与其他物种之间公平分配，人类开发和利用能源不能危及其他物种的生存环境，对生物多样性产生负面影响。

（三）能源的环境责任

可持续发展原则要求减少能源开发利用的环境影响，必须在国际能源法律框架内把环境和社会关切统一到可持续发展的进程中。鉴于人类社会给全球环境带来的压力，以及导致全球环境退化的各种不同因素，各国对环境负有共同的但是又有差别的责任①。各国还应遵循预防原则②，谨慎对待其领域内的能源活动，防止造成环境损害。开发、利用能源必须预见、防止和消除导致环境恶化的情况，遇有严重或不可逆转损害的威胁时，不得以缺乏科学充分确定证据为理由，延迟采取防止环境恶化的措施。

---

① See U. N. Framework Convention on Climate Change, May 9, 1992, S. Treaty Doc. No. 102-38(1992),1771 U. N. T. S. 108.

② See U. N. Conference on Environment and Development, June 3-14, 1992, Rio Declaration on Environment and Development, U. N. Doc. A/CONF. 151/26 (1992).

四、可持续发展与国际能源条约

可持续发展原则在国际能源领域大量的能源条约中被广泛重申，其中有三个条约最为重要，它们是《关于国际能源计划的协议》(IEP)、《能源宪章条约》(ECT) 和《联合国气候变化框架公约》(UNFCCC)。这三个条约都围绕可持续能源目标，要求缔约国遵循可持续发展的各项国际法原则，对确立可持续发展在国际能源法领域基本原则的地位具有重要意义。

（一）关于国际能源计划的协议

《关于国际能源计划的协议》是 OECD 国家共同应对 1973—1974 年石油危机的产物，它们希望通过一个新的国际条约，保证合理价格水平上石油的充足供应。《关于国际能源计划的协议》建立了一个新的国际组织——国际能源机构，作为它的实施机构①。

保证稳定和安全的石油供应是国际能源机构的首要目标。国际能源机构在历次应对石油危机中经受了考验，在应对能源供应中断方面积累了丰富经验②。虽然由于可持续发展的概念在 20 世纪 70 年代还未正式确立，《关于国际能源计划的协议》没有直接将可持续发展作为主要目标，但是一系列从属于能源保护、发展替代能源、可再生能源研发的环境目标③，这实际上是对能源可持续发展的反映。作为对稳定石油供应这一目标进行补充的这些环境目标，被认为更具有实践重要性，引导国际能源机构建立了一些常设小组 (Standing Group) 和工作班子 (Working Parties) 来处理能源-环境相结合的不同方面的问题。从国际层面来看，国际能源机构成为了可再生能源发展方面的发动引擎。它在可再生能源领域，包括高级

---

① See Agreement on the International Energy Program, 18 November 1974, available at http://www.iea.org.

② 参见肖兴利:《国际能源机构能源安全法律制度研究》,中国政法大学出版社 2009 年版,第 9 页。

③ See Lakshman Guruswamy, a New Framework: Post-Kyoto Energy and Environmental Secutity, Colorado Journal of International Environment Law and Policy, Vol. 16, No. 2, 2005, p. 346.

燃料电池、光伏发电系统、氢能和风力涡轮系统等方面，主持订立实施协议。

但是，由于《关于国际能源计划的协议》中的可再生能源目标是激励性的而非命令性的，因此在地位上次于保障可靠的石油供应这一主要目标，没有包含任何要求生产、转换、发展可再生能源以应对能源和环境不稳定的有法律拘束力的义务。而且国际能源机构是由发达国家组成的国际组织，成员国不包括中国、印度这样的发展中国家①，都影响了国际能源机构发挥其作用。因此，需要有发展中国家参与的、新的国际协议，更加清楚地阐明和界定《关于国际能源计划的协议》中较为模糊的可再生能源要求，使之更为具体、可行。

（二）能源宪章条约

1994 年的《能源宪章条约》于 1998 年生效，为促进能源领域的长期合作建立了一个法律框架，力图为国际能源合作提供一个非歧视性的法律基础。其内容包括投资保护、能源贸易、能源流动自由以及提高能效。到目前为止，欧亚大陆有 52 个成员方签署了该条约及其议定书（51 个国家和欧盟），其中 47 个成员批准了该条约。5 个国家（澳大利亚、白俄罗斯、冰岛、挪威和俄罗斯）签署但是没有批准能源宪章条约。俄罗斯和白俄罗斯临时适用该条约。ECT 的成员地理位置广泛，已经发展为全世界参加国家最多的国际能源多边条约。②《能源宪章条约》主要关注能源贸易和投资，保护外国投资，帮助确保在不同社会、文化、经济和法律背景国家跨境投资的稳定性。

《能源宪章条约》明确提出“为了可持续发展，考虑到缔约方参加的有关国际条约的义务，缔约方应采取经济可行的方法，将其领域内所有能源循环对环境的有害影响，无论是其区域内还是区域

---

① 中国和印度即将成为化石燃料最大消费国，两国的二氧化碳排放量将在 2015 年有可能超过国际能源机构成员国排放量的总和。

② 参见白中红：《〈能源宪章条约〉的争端解决机制研究》，武汉大学 2011 年博士学位论文，第 15～16 页。

外，降至最低，要适当考虑安全”。它还要求缔约方在能源政策的形成和实施过程中考虑环境因素，考虑提高能源效率，促进研究、开发、运用节能和环境友好型技术以及提高国际认识，促进缔约方交换相关环境信息，等等。《能源宪章条约》还确立了“污染者付费”（polluter payer）原则，这是环境成本效益的反映①。

1998年《能源宪章条约》的缔约方又签署了《能源效率及相关问题的议定书》(Protocol on Energy Efficiency and Related Environmental Aspects)，为发展能源效率合作提供了平台。该议定书将“促成与可持续发展一致的能源效率政策；创设框架条件，引导生产者和消费者尽可能经济、高效、环保地适用能源，尤其是通过组建有效的能源市场、更加完整地反映环境成本效益；鼓励能源效率领域合作”作为其目标②。

（三）联合国气候变化框架公约

1992年6月4日《联合国气候变化框架公约》在巴西里约热内卢举行的联合国环境与发展大会上通过。它是世界上第一个为全面控制温室气体排放，应对气候变暖给人类经济和社会带来的不利影响的国际公约。《联合国气候变化框架公约》是国际社会对全球气候变化的反应，包含了一系列较不确定的法律义务，是国际社会在对付全球气候变化问题上进行国际合作的一个基本框架。世界上所有国家都批准了该公约。

《联合国气候变化框架公约》在目标和原则中都有关于可持续发展的规定。条约最终目标是：“根据本公约的各项有关规定，将大气中温室气体的浓度稳定在防止气候系统受到危险的人为干扰的水平上。这一水平应当在足以使生态系统能够自然地适应气候变化、确保粮食生产免受威胁并使经济发展能够可持续地进行的时间范围内实现。”在条约第3条第4款中规定“各缔约方有权并且应

① See Energy Charter Treaty, available at http://www.encharter.org.

② See Protocol on Energy Efficiency and Related Environmental Aspects, available at http://www.encharter.org./fileadmin/user_upload/document/EN.pdf#page=141.

当促进可持续发展。保护气候系统免遭人为变化的政策和措施应当适合每个缔约方的具体情况，并应当结合到国家的发展计划中去，同时考虑到经济发展对于采取措施应付气候变化是至关重要的”。第5款规定“各缔约方应当合作促进有利的和开放的国际经济体系，这种体系将促成所有缔约方特别是发展中国家缔约方的可持续经济增长和发展，从而使它们有能力更好地应付气候变化的问题”①。条约将“公平原则”、“合作原则”、“预防原则”、“共同但有区别的责任”作为各缔约方在为实现公约的目标和履行其各项规定而采取行动中应该遵循的指导原则。这些规定对于可持续发展在国际法领域确立其原则性地位具有重要意义。

1997年召开的《联合国气候变化框架公约》第三次缔约方大会上通过的《京都议定书》(Kyoto Protocol) 于2005年2月16日开始生效，到2009年2月，一共有183个国家通过了该条约（超过全球排放量的61%）。《京都议定书》为各国的二氧化碳排放量规定了标准，即：在2008年至2012年间，全球主要工业国家的工业二氧化碳排放量比1990年的排放量平均要低5.2%②。《京都议定书》遵循“共同但有区别的责任”原则，要求排放大量温室气体排放的发达国家采取具体措施限制温室气体排放，而发展中国家不承担具有法律约束力的温室气体限制排放义务。它建立的3个合作机制——国际排放贸易机制（Emission Trading，ET）、联合履行机制（Joint Implementation，JI）和清洁发展机制（Clean Development Mechanism，CDM），允许发达国家通过碳交易市场等灵活措施完

① U. N. Framework Convention on Climate Change, May 9, 1992, S. Treaty Doc. No. 102-38(1992),1771 U. N. T. S. 108.

② 2011年11月28日-12月11日在南非德班召开的联合国气候变化大会达成协议,主要内容包括欧盟将在《京都议定书》的主要条款在2012年到期之后,承诺在该协定的框架下执行第二轮减排；全球从2012年启动2020年后,对所有缔约国都有法律约束力的减排谈判,并在2015年达成新协议；以及批准成立“绿色气候基金”,要求到2020年,发达国家要向发展中国家提供1000亿美元的资金以帮助后者适应气候变化。

成减排任务，发展中国家可以获得相关技术和资金①。

第三节　可持续发展——欧盟新能源法律政策的目标与原则

欧委会把可持续发展定义为：指短期、中期，尤其是长期，能满足社会福利方面需要的一种经济增长方式，它是建立在发展必须满足今天的需要，又不能危害未来世代的发展预期的基础上的②。这与布伦特兰委员会在《我们共同的未来》报告中的概念基本一致。可持续发展是欧盟新能源法律政策的目标，同时又是它的一项基本原则。

一、欧盟法是可持续发展法律的先驱

欧盟致力于环境保护和可持续发展，是可持续发展法律的先驱。

（一）履行关于能源可持续发展的国际条约

可持续发展作为国际社会的根本目标，被纳入各种国际条约中。欧盟除了关注欧洲本身的环境保护，还承诺应对全球性的环境问题，推动全球的可持续发展。欧盟及成员国是能源可持续发展方面国际条约的倡导者与积极参加者，并在履行相关国际义务方面有一定的示范作用。

1. 关于国际能源计划的协议

在1973—1974年能源危机背景下，1974年2月欧共体9个成员国参加了“华盛顿能源会议”，除了法国外，都签署了会议公报。11月，OECD在巴黎召开理事会，通过《关于建立欧洲经济合作与发展组织国际能源机构的理事会决定》，欧共体8个成员国

① See Kyoto Protocol to the U. N. Framework Convention on Climate Change, Dec. 10, 1997, 37 I. L. M. 32.

② 参见欧委会条约办公室数据网址 http://ec.europa.eu/world/agreements/glossary/glossary.jsp#summary。

签署了《关于国际能源计划的协议》，协议于 1976 年 1 月正式生效①。

虽然欧委会不是国际能源机构的成员，但是它从 1974 年开始参加该机构活动，协调共同体各成员国之间以及共同体与国际能源机构的行动②。欧共体成员国在共同体框架内采取措施，落实其根据《关于国际能源计划的协议》所承担的国际义务。

2. 能源宪章条约

《能源宪章条约》是在《欧洲能源宪章》所载的原则基础上，建立一个促进能源部门长期合作的法律框架。1990 年 6 月在都柏林欧洲理事会上，为了刺激经济增长和提高欧盟能源安全，荷兰首相建议在能源部门与东欧和前苏联国家合作。理事会请欧委会寻求建立合作的最佳方式，1991 年欧委会提出《欧洲能源宪章》(The European Energy Charter) 提案。1991 年 7 月在布鲁塞尔开始《宪章》谈判，12 月在海牙签署了最后文件，该《宪章》把能源效率和保护环境定为其三大目标之一，并具体提出了开发可再生能源、提高能源效率等能源可持续发展措施③。欧共体和欧共体成员国、其他西欧国家、中东欧国家、12 个前苏联独立国家以及美国、日本等 50 个国家作为《欧洲能源宪章》的缔约方同意追求该《宪章》所设立的目标，并在有法律拘束力的基础协议下合作。

1994 年 12 月 17 日，除了美国、加拿大之外的所有《欧洲能源宪章》的缔约方在里斯本签署了《能源宪章条约》及议定书，欧盟及其成员国是这两个文件的缔约方④。《能源宪章条约》为欧

① See Richard Scot, the History of the IEA—the First 20 Years, Volume One: the Origins and Structures of the IEA, 1994, pp. 46-57.

② 参见冯建中:《欧盟能源战略——走向低碳经济》,时事出版社 2010 年版,第 48 页。

③ See The EuropeanEnergy Charter, available at http://europa. eu/legislation_summaries/energy/external_dimension_enlargement/l27028_en. htm.

④ See 98/181/EC, ECSC, Euratom: Council and Commission Decision of 23 September 1997 on the conclusion, by the European Communities, of the Energy Charter Treaty and the Energy Charter Protocol on energy efficiency and related environmental aspects, OJ L 69, 09/03/1998, pp. 1-116.

洲国家和其他工业国家发展中东欧国家能源潜力、保证欧盟能源安全奠定了国际合作框架。作为缔约方，欧盟及其成员国承担制定能源效率政策、建立法律框架、促进有效市场机制的义务。

3. 气候变化框架公约及京都议定书

《联合国气候变化框架公约》规定国际社会应采取行动减排温室气体，其《京都议定书》为发达缔约方和经济转轨缔约方规定了有法律约束力的量化减排指标，其中欧共体承担2008—2012年温室气体减排8%的义务①。由于欧共体和成员国都是《京都议定书》的缔约方，成员国有义务完成议定书规定的目标，共同体必须完善和支持成员国的行动，保证其行动与条约规定相一致。

欧盟首先通过一系列的通报勾画出实现《京都议定书》中减排目标的战略。1998年、1999年欧委会分别发表了题为《气候变化——走向一个欧盟京都后策略》② 和《准备履行京都议定书》③的通报，为共同体履行议定书义务打下基础。1998年通报对产生污染的所有部门都提出了战略，并设立了2005年的临时性目标。1999年通报指出，1994年以来欧共体总体和大部分成员国的排放都增加了，如果没有新的政策措施，2010年温室气体排放将比1990年高8%，并且在各相关经济部门有很大差异；共同体必须在能源部门促进使用可再生能源以及理性使用能源，在工业部门要促进清洁技术创新，在交通部门要减少乘用车的排放等。随后，欧盟又制定具体的指令，从可再生能源、能源效率与节能、能源税收、碳排放交易等方面入手，将各种措施结合起来，构建了一个履行《京都议定书》的法律政策框架，并定期进行审查评估。

---

① See Kyoto Protocol to the U. N. Framework Convention on Climate Change, Dec. 10, 1997, 37 I. L. M. 32.

② See Communication from the Commission to the Council and the European Parliament, Climate change-Towards an EU post-Kyoto strategy, COM(98)353 final, 03/06/1998.

③ See Communication from the Commission to the Council and the European Parliament, Preparing for implementation of the Kyoto Protocol, COM(99)230 final, 19/05/1999.

2005年欧盟发表《打赢应对全球气候变化之战》通报①，在分析气候变化影响和此领域行动的成本效益的基础上，欧委会为未来欧盟气候变化战略建立框架，该战略将在执行现有政策的基础上，筹备与其他欧洲政策相结合的新的措施，进行更多的研究和国际合作，并增加公众的了解程度。2007年欧盟启动第三次能源改革方案、气候行动与可再生能源立法方案，并于2009年通过新的指令，这些都是欧盟根据自身的减排现状来调整法律政策措施，以期完成减排义务。

4. 科努托协定

欧盟在可持续发展领域的目标也体现在欧盟与发展中国家签订的各种合作协定内，尤其是2000年的《科托努协定》，其前言规定伙伴关系的主要目标之一是“为了消除贫困、可持续发展以及非加太国家逐步融入世界经济体的目标而进行合作”。在《科托努协定》中，环境保护与自然资源的管理过程与性别平等、增进制度构建能力一起，作为三大相互影响的主体，在整个政策领域内始终予以关注。协定第32条还具体提及“自然资源的可持续利用和管理”以及“环境的可持续性”②。

（二）欧盟基础条约中的可持续发展取向

欧盟法是关于可持续发展法律的先驱，可持续发展思想和概念反复出现在欧盟的基础条约中。

1. 三个共同体条约

虽然《建立欧洲煤钢共同体条约》、《建立原子能共同体条约》、《建立欧洲经济共同体条约》中没有提及可持续发展概念，但是其中却包含了一些可持续发展的思想。

《建立欧洲煤钢共同体条约》要在成员国间建立共同市场，促进成员国经济增长，创造条件保证生产合理分布，维持持续就业，

① See Commission Communication of 9 February 2005 “Winning the battle against global climate change”, COM(2005)35, O J C 125, 21/05/2005.

② ［荷兰］尼科·斯赫雷弗：《可持续发展在国际法中的演进：起源、涵义及地位》，汪习根、黄海滨译，社会科学文献出版社2010年版，第118～119页。

提高居民生活水平，实际上起到了帮助成员国实现发展权的作用；《建立原子能共同体条约》规定原子能共同体的任务是为迅速建立和发展核工业创造条件，对提高成员国的生活水平以及发展与其他国家的关系作出贡献，这也可以看作是从另外的角度促进成员国发展权的实现；《建立欧洲经济共同体条约》则通过建立货币联盟和共同市场，促进共同体内经济活动平衡发展，保护环境的可持续性与经济增长，为进一步促进成员国实现发展权提供了法律基础①。

2. 《单一欧洲法令》和《欧洲联盟条约》

1986 年的《单一欧洲法令》蕴含着可持续发展理念，在第七编中明确提出共同体环境方面的目标：维持、保护和改善环境质量；为保护人类健康作出贡献；保证节约和合理利用自然资源②。《单一欧洲法令》肯定了保护环境的要求是共同体政策的组成部分，并且制定了采取环境行动所应遵循的原则：制定预防措施，优先根治破坏环境的源头以及污染者付费等，而这些均与可持续发展的国际法原则相吻合，反映了欧盟立法的可持续发展价值取向。

1992 年《欧洲联盟条约》是欧盟历史上重大的法律制度改革，它直接将可持续发展列为欧盟的目标之一。条约第 2 条联盟的目标第 1 款提出“建立一个没有内部边界的区域，通过加强经济和社会发展的协调一致，以及通过依照本条约建立起最终包括单一货币在内的经济和货币联盟，来促进经济和社会的可持续与平衡发展”③。

3. 里斯本条约

2004 年《欧洲宪法条约》也纳入了可持续发展的概念④，但该条约最终未获得批准。2007 年《里斯本条约》修订了《欧洲联盟条约》和《欧洲共同体条约》，修订后的《欧洲共同体条约》被

---

① 参见何志鹏:《发展权与欧盟的法律体制》,吉林大学出版社 2009 年版,第 20 页。

② See Single European Act, OJ L 169, 29/06/1987.

③ Treaty on European Union (Maastricht Treaty), OJ C 191, 29/07/1992.

④ See Treaty establishing a Constitution for Europe, O J C 310, 16/12/2004.

重新命名为《欧洲联盟运行条约》(the Treaty on the Functioning of the European Union)①。

《里斯本条约》仍将可持续发展作为其原则，在修订的《欧洲联盟条约》序言中提出“在考虑可持续发展原则的基础上，在完成内部市场，加强凝聚力以及实现环境保护的背景下，促进经济和社会进步，并实施其他旨在保证一体化进程和其他领域进步同步发展的政策”。第3条第3款则制定建立内部市场的目标，“努力实现建立在平衡的经济增长和价格稳定以及极具竞争力的社会市场经济基础上的欧洲的可持续发展，从而实现充分就业、社会进步，以及高水平保护和改善环境质量；第3条第5款指明欧盟“将致力于和平、安全、全球可持续发展、各国人民间的团结和相互尊重……严格遵守国际法，包括遵守《联合国宪章》的原则”。在第五编“联盟对外行动一般条款与共同外交与安全政策特别条款”第21条第2款第4段中，提出“促进发展中国家经济、社会和环境的可持续发展，首要目标是消除贫困”；第6段提出“帮助形成国际措施以维护和改善环境质量以及全球自然资源的可持续管理，确保可持续发展”。这表明欧盟不仅在其市场一体化等内部政策中以促进可持续发展为目标，在它的对外政策中也将采取共同政策与行动，在可持续发展领域进行全球合作，特别是帮助发展中国家实现可持续发展。

《欧洲联盟运行条约》的能源和环境条款都将促进可持续发展作为价值取向。首先，它保留了原《欧洲共同体条约》环境方面可持续发展的有关条款。第11条（原《欧洲共同体条约》第6条）规定“环境保护要求必须纳入联盟政策及行动的确定和实施中，特别是要考虑促进可持续发展”；第191条（原《欧洲共同体条约》第174条）规定欧盟环境政策应致力于保护、改善环境，保护人类健康，谨慎合理使用自然资源以及在国际层面推动应对地

① See Treaty of Lisbon amending the Treaty on European Union and the Treaty establishing the European Community, signed at Lisbon, O J C 306, 17/12/2007.

区和全球环境问题的措施，尤其是应对气候变化的目标。另外，《欧洲联盟运行条约》第一次在基础条约中设置了“能源”编，第194条要求考虑到保护和改善环境的需要，提出欧盟的能源政策目标，包括提高能源效率、促进节能和开发新能源与可再生能源。

（三）欧盟的可持续发展战略

2001年欧盟形成了一个把环境、社会及环境可持续发展结合起来的长期战略——《一个为了更美好世界的可持续的欧洲：欧盟可持续发展战略》①，其目标是可持续地提高当代人和后代人的福利及生活标准。这一战略为实现可持续发展提供了欧盟范围内的政策框架，它由经济、社会、环境、全球治理作为相互支持的四根支柱。该战略的基本指导原则是：保护基础人权；促进同代人和不同代人团结一致；保证一个开放、民主的社会；促进公众、商业、社会参与；提高政策协调性、一体化和治理；利用最佳可用知识；预防原则及污染者付费原则。

该战略的首要长期目标就是通过履行《京都议定书》义务控制气候变化及其影响。新能源领域的可再生能源和能源效率都属于要特别加以努力的范围。还要求运用财政和经济工具来建立更少污染产品和服务的市场，价格要反映真实的环境和社会成本，改变消费者行为。财政措施必须应用于能源消费和污染。战略要求对所有政策的经济、社会、环境后果都要进行审查，并且在起草和通过政策时就要对此进行考虑。欧盟也从民主、和平、安全和自由等方面对其可持续发展的国际责任进行评估。

二、可持续发展是新能源法律政策的目标

可持续发展是欧盟新能源法律和政策的三大目标之一，这一政策目标是在欧盟环境与能源立法的交互发展中逐步确立的。

---

① See Commission Communication, ‘A Sustainable Europe for a Better World: A European Union Strategy for Sustainable Development’ (Commission proposal to the Gothenburg European Council), COM(2001)264 final, 15/05/2001.

（一）环境目标融入欧盟政策战略

早在1986年的《单一欧洲法令》，就已提出要将环境关切融入欧盟其他政策。欧委会于1990年初发表了题为《能源与环境》的通报，首次把环境问题纳入能源政策之中①。这在共同体内引起了对能源生产、消费及其产生的环境影响以及气候变化问题的关注，促使欧共体制定解决与能源相关的环境问题的政策以及气候变化战略。1997年欧盟把环境目标融入欧盟政策发展为一项战略。

欧委会1997年5月27日发表通报《一个将环境融入欧盟政策的战略》②，确立了环境目标融入其他政策的指导方针，主要包括以下几个方面：通过共同体机构将环境融入所有的行动；对现有政策进行评价；起草如何将环境目标成功融入成员国其他政策的理事会报告；为监测执行情况确定优先行动和机制；由理事会对环境融入部门政策情况进行评价；理事会、议会和委员会联合研究实施指导方针及监督其执行的机制的发展。在1997年修订的《建立欧洲共同体条约》第6条中规定，必须将环境保护要求融入共同体政策和行动的制定和执行，特别是要“促进可持续发展”③。

1998年加的夫峰会（Cardiff Summit）为欧盟采取合作行动把环境目标融入其他政策奠定了基础，阐明了理事会和欧委会将环境议题融入所有共同体政策的愿望，强调要评估委员会有重大影响力的提案的环境影响。环境目标全面融入所有的欧盟政策是一个长期挑战。在短期内，欧委会提出一个基于《议程2000》和《京都议定书》基础上的渐进方案，提出需要一个融合环境目标的一体化

---

① See Commission, Energy and the Environment, COM (89) 369final, Brussels, 08/02/1990.

② See Communication from the Commission to the European Council on a partnership for integration: a strategy for integrating the environment into EU policies (Cardiff-June 1998), COM(1998) 333, 27/05/1998.

③ Consolidated Version of the Treaty Establishing the European Community, O J C 340, 10/11/1997.

的措施来履行《京都议定书》义务①。2004年欧委会发布工作文件《将环境考虑融入其他政策领域——加的夫进程评价》，认为加的夫进程取得了积极成果，列举了欧盟和成员国层面上支持执行加的夫进程的一系列措施，并指出要抓住即将到来的融入环境目标的机会②。在2007年《欧盟基本权利宪章》第37条中也作出规定：高水平的环境保护以及改善环境质量必须纳入欧盟政策之内，并根据可持续发展的原则予以保障③。

为了促进可持续发展，欧盟通过立法和政策制定把环境目标融入欧盟政策发展为一项战略，指导着欧盟的法律、政策发展方向。此后，欧盟能源法律、政策与环境紧密结合，尤其在新能源领域，更是将环境保护作为其主要目标之一。

（二）可持续发展是可再生能源法律政策目标

20世纪90年代中期全球能源供应再次紧张。从1995年到2006年，欧盟可再生能源政策进入快速发展时期，可再生能源在欧盟能源结构中的比例也逐步增加，发挥的作用不断增强，可持续性、竞争性和供应安全成为欧盟可再生能源政策的目标。此后出台的欧盟可再生能源法律政策无不将环境关切融入其中。

1995年12月欧委会出台《欧洲能源政策》白皮书，提出未来欧盟燃料结构的最终形态取决于气候变化政策、市场自由化和可再生能源的发展，并将环境保护作为能源政策的三个目标④。2000年11月，欧委会发表《走向欧洲能源供应安全战略》绿皮书，对

---

① See Communication from the Commission to the European Council-Partnership for integration-A strategy for Integrating Environment into EU Policies-Cardiff-June 1998, COM/98/0333 final, 27/05/1998.

② See Commission working document of 1 June 2004 entitled "Integrating environmental considerations into other policy areas-a stocktaking of the Cardiff process", COM(2004) 394, O J C 49, 28/02/ 2006.

③ See Charter of Fundamental Rights of the European Union, OJ C 303, 14/12/2007.

④ See European Commission, White Paper: an Energy Policy for the European Union, COM(95)682 final, 13/12/1995.

欧盟的能源政策进行了评估，提出在消费方面要引导消费者选择尊重环境的消费方式，在供应方面要采取支持新能源和可再生能源的财政工具①。

为了促进可持续发展，减少能源利用对环境的不利影响，进入20世纪初以来欧盟出台了三个可再生能源指令，为欧盟可再生能源逐步确立了有法律拘束力的目标。2001年通过的《关于促进内部能源市场利用可再生能源发电的第2001/77 /EC指令》(RES-Electricity, RES-E)，提出了到2010年提高绿色电力以及可再生能源在能源消费总量中比例的目标，以及投资补贴、财政措施、可再生能源入网保证价、配额和可交易证书、招标制度五项国家政策措施。② 2003年出台的《关于在运输领域推广使用生物燃料和其他可再生燃料的第2003/30/EC指令》(RES-Transport, RES-T)，通常被称为“生物燃料指令”(Biofuels Directive)。它鼓励生物燃料与成本较低的矿物燃料进行竞争，对成员国使用生物燃料和其他可再生燃料占运输领域燃料市场的份额作出规定，并要求各成员国根据该指标制定出本国生物燃料的消费目标③。2009年4月，欧洲议会《促进可再生能源使用的第2009/28/EC指令》，制定了到2020年可再生能源至少占欧盟最终能源总消费的20%，至少占成员国运输领域最终能源总消费的10%的有法律拘束力的目标④。这些具体目标必将提高可再生能源的开发和利用，从而产生环境效益，

---

① See European Commission, Towards a European Strategy for the Security of Energy Supply, COM (2000) 769 final, 29/11/2000.

② See Directive 2011/77/EC of the European Parliament and of the Council of 27 September 2001 on the promotion of electricity from renewable energy sources in the internal electricity market, O J L283, 27/10/2001, pp. 33-40.

③ See Directive 2003/30/EC of the European Parliament and of the Council of 8 May 2003 on the promotion of the use of biofuels or other renewable fuels for transport, O J L123, 17/05/2003, pp. 42-46.

④ See Directive 2009/28/ECof the European Parliament and of the Council of 23 April 2009 on the promotion of the use of energy from renewable sources and amending and subsequently repealing Directives 2001/77/EC and 2003/30/EC, OJ l 140, 05/06/2009, pp. 16-62.

促进可持续发展。

（三）可持续发展是节能与能效法律政策目标

能源效率位于欧盟的智能、可持续和绝对增长的欧洲 2020 战略以及专项资源有效经济（resource efficient economy）的核心，也是实现能源供应安全的最有成本效益的途径之一，并能减少温室气体排放和其他污染。在许多方面，能源效率可以被视为欧洲最大的能源资源①。

20 世纪 90 年代，环境问题日益受到国际社会的关注，欧盟也继 20 世纪 70 年代之后再次开始关注能源消费。欧盟于 1990 年出台《能源与环境》通报，在其中强调了能源效率的作用，并把它作为未来减少能源对环境负面影响的政策基础②。

用能产品的生产、销售、使用和报废管理对环境有重大影响，即能源消费及其他材料、资源的消费会对环境产生废弃物和释放有害物质。生态设计能够通过产品早期设计阶段环境方面的系统性一体化，来提高产品将来使用中的整体环境表现。2005 年，欧盟通过生态设计指令（Eco-design Directive）③，为用能产品制定生态设计要求建立框架，目标是从所有依赖电力运行的消费产品方面提高节能水平，不符合要求的产品将禁止上市销售。2008 年，欧盟通过 2008/28/EC 指令④对 2005 年的指令进行了修订，并在 2009 年

---

① See European Commission, Energy Efficiency Plan 2011, COM (2011) 109final, Brussels, 8/3/2011, p. 1.

② See Commission, Energy and the Environment, COM (89) 369final, Brussels, 08/02/1990.

③ See Directive 2005/32/EC of the European Parliament and of the Council of 6 July 2005, establishing a framework for the setting of eco-design requirements for energy-using products and amending Council Directive 92/42/EEC and Directive 96/57/EC and 2000/55/EC of the European Parliament and of the Council, O J L 191/29, 22/7/2005, pp. 29-58.

④ See Directive 2008/28/EC of the European Parliament and of the Council of 11 March 2008 amending Directive 2005/32/EC establishing a framework for the setting of eco-design requirements for energy-using products, as well as Council Directive 92/42/EEC and Directives 96/57/EC and 2000/55/EC, as regards the implementing powers conferred on the Commission, O J L 081, 20/03/2008, pp. 48-50.

10月21日出台2009/125/EC用能产品生态设计指令（Eco-design for Energy-using Products Directive）① 取代旧指令，以提高该领域各国国内立法的协调性，并将其范围扩大到所有用能产品。

欧委会2011年3月8日出台的“能源效率计划2011”提出在所有经济部门为达到进一步节能应采取的广泛的能效措施。这一计划是建立在欧洲议会近期的自我主动（own-initiative）能源效率报告②，一些利益相关者的贡献和2006能源效率行动计划所获得经验的基础上。计划称“能源效率措施将作为欧盟更广泛的资源效率目标的一部分来实施，该目标包含所有自然资源的有效使用和保证环保高标准”③，这是可持续发展在节能与能效领域政策的最新反映。

（四）环境目标融入新能源市场竞争政策

2006年3月欧盟《可持续、竞争和安全的欧洲能源战略》绿皮书提出了欧盟能源战略的三大目标——可持续性、竞争性和供应安全，这为欧盟能源立法进一步确定了发展方向。而天然气和电力是重要的动力能源，在欧盟的能源总量结构中的比重迅速上升，已成为欧洲能源一体化的焦点内容，绿皮书因此将“完善欧洲内部电力和天然气市场”作为首要关注的问题之一④。欧盟此后的能源市场制度法律设计，无疑必须围绕着能源的可持续发展、竞争性和供应安全来进行，需要利用一系列立法和政策措施，减少成员国之间的差异，推进欧盟能源战略目标的实现。

2007年，欧盟委员会提出了“20-20-20目标”，即到2020年，

---

① See Directive 2009/125/EC of the European Parliament and of the Council of 21 October 2009 establishing a framework for setting of eco-design requirements for energy-related products (recast) O J L 285,31/10/2009,pp. 10-35.

② See 2010/2107 (INI): European Parliament own initiative report on Revision of the Energy Efficiency Action Plan.

③ See European Commission, Energy Efficiency Plan 2011, COM (2011) 109final, Brussels, 8/3/2011, p. 1.

④ See European Commission, Green Paper: a European Strategy for Sustainable, Competitive and Secure Energy, COM(2006)105 final, 08/03/2006.

温室气体排放与1990年相比减少20%，能源效率提高20%，新能源占能源生产总量的20%①。欧盟认为实施可持续发展战略的关键是坚持“能源与环境协调原则”，在能源活动中融入环境目标②。在欧盟2009年第三次能源改革方案中多次述及要建立环境可持续发展的电力和天然气市场的目标，规定了电力和天然气供应商有义务告知终端客户每种能源的贡献率及对环境造成的影响等，要求成员国为实现“20-20-20目标”而努力。

三、可持续发展是欧盟新能源法律政策的基本原则

欧盟新能源法律政策原则是指导欧盟新能源立法及政策制定的一般准则，构成欧盟及其成员国实现新能源法律政策目标、履行各自职权、开展新能源活动的基础③。欧盟发展新能源法律政策，并与气候变化政策相结合，促进可持续、竞争性、供应安全目标的实现，始终坚持以可持续发展为原则。

（一）坚持可持续发展，履行国际义务

欧盟始终将履行国际义务，应对气候变化，将可持续发展放在其能源议程基本原则的重要位置。欧盟当前的能源供应主要依靠化石燃料。燃烧化石燃料排放出温室气体，而可再生能源在其生命周期中不排放或仅排放极少量的温室气体。在能源结构中增加可再生能源的比例有助于减少温室气体排放，减少欧盟整体的“碳脚印”。如果欧盟2020年实现可再生能源占能源总消费20%的目标，则每年能减少6亿至9亿吨二氧化碳的排放④。因此，改变获取能

---

① See Communication from the Commission to the European Council and the European Parliament of 10 January 2007, “An energy policy for Europe”, COM (2007) 1 final, 10/01/2007.

② 参见杨泽伟：《欧盟能源法律与政策及其对中国的启示》，载《武大国际法评论（第七卷）》，武汉大学出版社2007年版，第135～142页。

③ 参见曾令良：《欧洲联盟法总论——以〈欧洲宪法条约〉为新视角》，武汉大学出版社2007年版，第109页。

④ See European Commission, Renewables Make the Difference, Luxembourge: Publications Office of the European Union, October 2010, p. 1.

源的方式是欧盟应对气候变化和减少污染的核心。

2005 年 8 月《京都议定书》生效①，2006 年爆发了俄罗斯、乌克兰天然气争端，促使欧盟必须重新评估其能源形势及能源政策。欧委会于 2006 年 3 月发布了《欧洲可持续、竞争和安全能源战略》绿皮书，分析了欧盟能源供应面临的主要问题，确立了欧盟能源政策的可持续性、竞争性和供应安全三个目标，提出采取切实措施应对气候变暖，制定可再生能源发展路线图，建立稳定的可再生能源生产和投资市场②。

欧盟在有关法律文件中明确指出，增加可再生能源发电是执行联合国气候变化框架公约京都议定书和一揽子措施的重要组成部分。为确保可再生能源电力更多地进入市场，欧盟要求所有成员国就可再生能源电力消费制定国家目标，该目标应与京都议定书气候变化的国家义务保持一致③。

(二) 坚持可持续发展，执行新能源法律政策

1992 年开始欧委会就将开发、利用可再生能源以及提高能源效率等新能源政策工作作为应对气候变化的措施④。1997 年 5 月，欧委会发布了题为《气候变化的能源维度》的通报⑤。这是欧盟为当年 12 月在京都召开的《联合国气候变化框架公约》第三次缔约方会议所作的准备。该通报体现了欧盟将能源政策与气候变化政策紧密结合，为实现温室气体减排寻找有效途径。

欧委会在通报中列举了欧盟所面临的挑战，并提出在一些行动领域进行应对，希望公众就是否及如何到 2010 年实现减排 15% 温

---

① 2002 年 4 月 25 日欧盟理事会已正式批准了《京都议定书》。

② See European Commission, Green Paper: a European Strategy for Sustainable, Competitive and Secure Energy, COM(2006)105 final, 08/03/2006.

③ 参见赵爽:《能源法律制度生态化研究》,法律出版社 2010 年版,第 114 页。

④ See European Commission, A Community Strategy to Limit Carbon Dioxide Emission and to Improve Energy Efficiency, COM(92)246, 01/06/1992.

⑤ See European Commission, the Energy Dimension of Climate Change, COM (97)196 final, 14/05/1997.

室气体展开讨论。通报强调欧盟要通过提高能源管理和减少消费降低能源密度；通过更多使用可再生能源来降低碳密度；把立法与自愿性政策工具相结合；促进一体化，将欧盟、成员国、地区机构和产业团结在一起。为此，通报提出一些具体措施作为京都会议上讨论的基础：提高能源效率和节能；环境协议的地位；加强可再生能源的渗透力；促进热电联产；考虑其他政策中的能源维度、技术、创新、财政工具和资源等。

（三）坚持可持续发展，发展新能源立法

2008 年 1 月，欧委会为实施 20-20-20 目标提出了有拘束力的立法提案，“气候行动和可再生能源法案”，欧洲议会 2008 年 12 月通过，2009 年 6 月正式成为法律①。欧洲议会通过气候行动和可再生能源法案，为欧盟实现温室气体减排目标提供了一个立法框架，包括《促进可再生能源使用的第 2009/28/EC 指令》② 和《提高和扩展温室气体排放交易计划的第 2009/29/EC 指令》③。

《促进可再生能源使用的第 2009/28/EC 指令》为成员国生产和促进可再生能源建立共同的法律基础，要求成员国能够保证提供利用可再生能源发电、供热和制冷的原产地证明，在交通部门为可再生能源建立必要的基础设施，可通过数据转换“交流”可再生能源等。其中与气候变化相结合最重要的一点就是对生物燃料与生物液体燃料的规定，要求生物液体燃料必须至少对温室气体减排贡献率达到 35%，到 2017 年两者在减排中的份额要增加到 50%。同时还规定，生物燃料与生物液体燃料不能使用具有高生物多样性价

① 参见欧委会气候行动网址 http://ec.europa.eu/clima/policies/package/index_en.htm。

② See Directive 2009/28/ECof the European Parliament and of the Council of 23 April 2009 on the promotion of the use of energy from renewable sources and amending and subsequently repealing Directives 2001/77/EC and 2003/30/EC, OJ L 140, 05/06/2009, pp. 1-62.

③ See Directive 2009/29/EC of the European Parliament and of the Council of 23 April 2009 amending Directive 2003/87/EC so as to improve and extend the greenhouse gas emission allowance trading scheme of the Community, OJ L 140, 05/06/2009, pp. 63-87.

值或高碳贮存的陆地生物质生产，两者要想获得财政支持，必须具有“可持续”的质量。这些规定体现了欧盟新能源法律结合了气候变化要求，以此来促进可持续发展。

《提高和扩展温室气体排放交易计划的第2009/29/EC指令》旨在改进和加强排放交易系统（the Emissions Trading System, ETS）。单一的欧洲范围排放限额将从2013年起开始适用，并逐年递减，到2020年可交易的配额将比2005年减少21%。而配额的自由分配也将逐步被拍卖所取代，并将拓宽该系统所覆盖的部门和气体范围。这些要求都将对欧盟新能源领域产生影响，促使各成员国采取政策措施大力推进减排温室气体的能源效率技术以及排放量极小的可再生能源的发展。

总之，可持续发展涉及环境、经济、社会、能源、人权等各个领域，其在法律中日益受到重视。可持续发展被规定在诸多双边和多边条约以及其他国际法律文件中，成为国际社会的根本目标，体现国际社会的核心价值。可持续发展是一个内涵极其丰富的概念，与其有关的国际法原则也处于不断发展之中。可持续发展的国际法原则包括自然资源主权原则、代际公平原则、代内公平原则和共同但有区别的责任原则等。

国际能源法几乎与可持续发展同时兴起，可持续发展原则在国际能源领域大量的能源条约中被广泛重申。可持续发展概念已成为国际法的一部分，它为国际能源法奠定了解释法律、运用法律和发展法律的基础，成为国际能源法的一项基本原则。

欧盟致力于环境保护和可持续发展，是可持续发展法律的先驱。欧盟及成员国是能源可持续发展方面国际条约的倡导者与积极参加者，并在履行相关国际义务方面有一定的示范作用。可持续发展是欧盟新能源法律和政策的三大目标之一，欧盟发展新能源法律政策，并与气候变化政策相结合，促进可持续、竞争性、供应安全目标的实现，始终坚持以可持续发展为原则。因此，可持续发展对于欧盟新能源法律政策具有特殊意义，既是它的目标，同时又是它的一项基本原则。

第三章 欧盟可再生能源法律政策

可再生能源是指可再生的非化石能源（风能、太阳能、地热、潮汐、水电、生物质、垃圾填埋池的气体、污水处理厂的气体和生物气）①。可再生能源在减少温室气体排放和其他形式污染、能源供应多样化和提高供应安全等方面扮演着重要角色，是欧盟能源战略举足轻重的组成部分。长期以来，欧盟试图通过立法、政策制定，消除可再生能源发展中存在的经济和法律障碍，建立正确的市场价格信号，健全法律框架，使欧盟走向更加可持续的能源供应。

第一节 欧盟可再生能源概况

一、欧盟可再生能源概况

（一）2010 年可再生能源目标未实现

直到 2008 年，欧盟可再生能源的发展都是由一个松散的法律框架所驱动，框架设置的是没有约束力的目标。“可再生能源指令”和“生物燃料指令”设立了国家指示性目标：欧盟到 2010 年在电力生产中可再生能源份额要达到 21%②，在运输部门可再生

---

① See Directive 2001/77/EC of the European Parliament and of the Council of 27 September 2001 on the promotion of electricity produced from renewable energy sources in the internal electricity market, OJ L 283, 27/10/2001, pp. 33-40.

② See Directive 2001/77/EC of the European Parliament and of the Council of 27 September 2001 on the promotion of electricity produced from renewable energy sources in the internal electricity market, OJ L 283, 27/10/2001, pp. 33-40.

能源代替汽油和柴油的份额要达到5.75%①。

虽然可再生能源在电力、运输、供热等部门都持续增长，但是2010年的可再生能源目标未能实现。到2008年，只有几个成员国，丹麦、德国、匈牙利、爱尔兰、立陶宛、波兰、葡萄牙有望达到2010年可再生能源发电目标；与此类似的是，运输部门只有奥地利、芬兰、德国、马耳他、荷兰、波兰、罗马利亚、西班牙和瑞典有望达到可再生能源目标，发展情况如图3-1②所示。

从目前成员国开展国家行动计划的情况来看，2011年到2020年可再生能源将比以往更快增长。几乎一半的成员国（奥地利、保加利亚、捷克、丹麦、德国、希腊、西班牙、法国、立陶宛、马耳他、荷兰、斯洛文尼亚、瑞典）正计划超过他们自己的目标，并能向其他成员国提供剩余部分；两个成员国（意大利和卢森堡），一小部分需要达到他们目标的可再生能源计划从有剩余的成员国或第三国通过统计转换的形式“进口”③。2012年1月5日，欧盟委员会主席巴罗佐表示，欧盟在发展可再生能源方面成绩显著，有望在2020年实现将能源消耗中可再生能源的比例提高到20%的目标④。

总体上欧盟希望把可再生能源最终总消费的总量翻倍，由2005年的103Mtoe（million tonnes of oil equivalent，百万吨石油当量）发展到2020年的217Mtoe。其中电力部门增长45%，供热部门增长37%，运输部门增长18%；生物燃料和风力（2/3陆上风

① See Directive 2003/30/EC of the European Parliament and of the Council of 8 May 2003 on the promotion of the use of biofuels or other renewable fuels for transport, O J L 123, 17/05/2003, pp. 42-46.

② See Communication from the Commission to the Parliament and Council, Renewable Energy: Progressing towards the 2020 Target, COM (2011) 31 final, 31/01/2011.

③ See Communication from the Commission to the Parliament and Council, Renewable Energy: Progressing towards the 2020 Target, COM (2011) 31 final, 31/01/2011.

④ See http://news.66wz.com/system/2011/01/06/102324308.shtml.

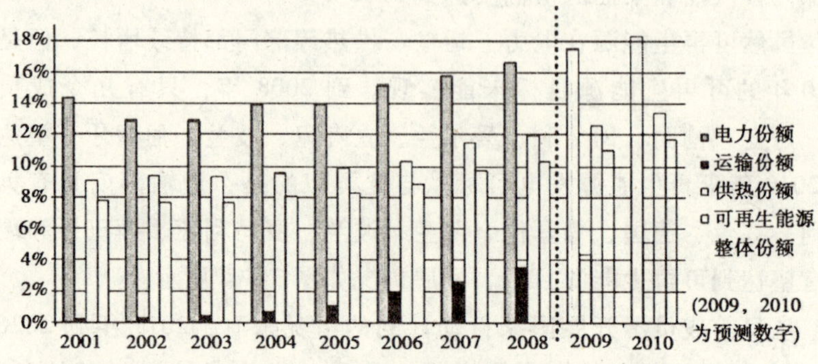

图 3-1　欧盟可再生能源分部门及整体发展情况

力，1/3 离岸风力）在可再生能源消费的增长中预计占 27%；太阳能产业将增长，特别是太阳能光伏；其他现在使用量很小的技术将有更高的增长率①。因此，欧洲的可再生能源产业将在未来十年较快发展。

（二）可再生能源分部门发展趋势

1. 电力部门

欧盟要加速电网现代化。在成员国国家行动计划的基础上，可再生能源在 2020 年欧洲的电力结构中要占 37%，如图 3-2② 所示。2010 年《一体化的欧洲能源网络蓝图》通报③强调必须采取紧急行动来为可再生能源生产的电力巨大容量的一体化准备电网，促进电网平衡、灵活性和分布式发电。欧盟的电力系统需要加强内部连接和灵活性，有必要发展和加强新的基础设施，包括聪明电网技术

① See European Commission, Renewables Make the Difference, Luxembourge: Publications Office of the European Union, October 2010, p. 22.

② Communication from the Commission to the Parliament and Council, Renewable Energy: Progressing towards the 2020 Target, COM (2011) 31 final, 31/01/2011.

③ See Communication from the Commission to the Parliament, the Council, the European Economic and Social Committee, and the Committee of the Regions, Energy Infrastructure Priorities for 2020 and beyond-A Blueprint for an Integrated European Energy Network, COM (2010) 677 final, 17/11/2010.

的发展。电网基础设施的最大挑战之一是连接欧洲北海预知的离岸潜能，主要是风力，发展离岸和陆上的电力网络。

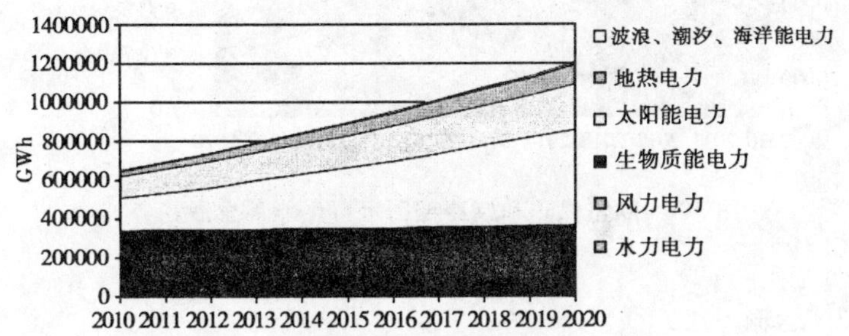

图 3-2 欧盟电力部门可再生能源发展趋势

2. 供热和制冷

在 2010 年以前，由于在大部分成员国缺乏足够的支持框架，供热和制冷的市场发展很不充分。但是，2009 年可再生能源指令①把供热和制冷部门包含进欧盟可再生能源框架以后这种情况将发生显著变化。成员国已经计划对其拨款、收购价格制度及供热部门的其他政策工具进行改革。因此，将促进发展和投资欧盟生物质颗粒燃料产业，生物质锅炉技术，生物质与煤炭共燃电厂技术和生物燃料提炼。

对于供热和制冷部门，未来 10 年技术增长情况将是：生物质将保持主导技术地位，到 2020 年由生物质生产的能源将增长 50%（一半在供热，1/3 在运输，余下的是电力），如图 3-3② 所示。

① See Directive 2009/28/EC of the European Parliament and of the Council of 23 April 2009 on the promotion of the use of energy from renewable sources and amending and subsequently repealing Directives 2001/77/EC and 2003/30/EC, O J L 140, 05/06/2009, pp. 16-62.

② Communication from the Commission to the Parliament, the Council, the European Economic and Social Committee, and the Committee of the Regions, Energy Infrastructure Priorities for 2020 and beyond-A Blueprint for an Integrated European Energy Network, COM(2010)677 final, 17/11/2010.

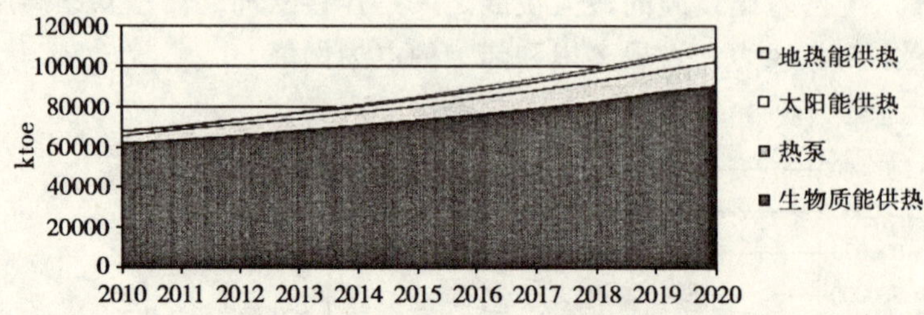

图 3-3 欧盟供热和制冷部门可再生能源发展趋势

3. 运输

在运输部门，欧盟 2020 年要达到的目标是可再生能源占该部门总能源消费的 10%。到 2020 年，生物柴油和生物酒精等第一代生物燃料将成为运输部门的主导能源资源。欧洲采用了世界上最严格的生物燃料标准，2010 年 6 月欧委会通报已经提出了该标准适用方面的指导方针①，通报的相关附加报告还包括了对符合可持续标准（称做质量平衡系统）的核查方法操作情况的评估。从图 3-4② 可以看出，规划中氢和其他第二代生物燃料以及电动车辆到 2020 年所占的比例仍然很小。

二、发展可再生能源对欧盟的意义

发展可再生能源使欧盟的能源资源多样化，是既减少排放又提高能源供应安全性的可靠方法。另外，可再生能源技术产业的持续增长，为欧盟各国提供大量就业机会并帮助欧洲继续处于全球工业创新的前沿地位。

---

① See Communication from the Commission on the practical implementation of the EU biofuels and bioliquids sustainability scheme and on counting rules for biofuels, O J C 160, 19/06/2010, pp. 8-16.

② Communication from the Commission to the Parliament, the Council, the European Economic and Social Committee, and the Committee of the Regions, Energy Infrastructure Priorities for 2020 and beyond-A Blueprint for an Integrated European Energy Network, COM(2010)677 final, 17/11/2010.

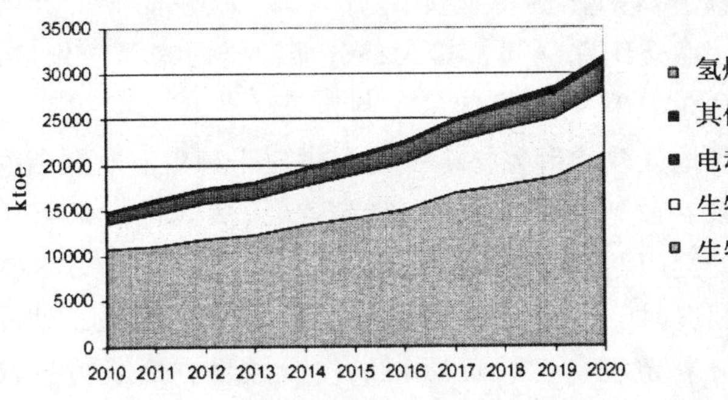

图 3-4　欧盟运输部门可再生能源发展趋势

（一）保护环境和履行国际义务

欧盟当前的能源供应主要依靠化石燃料。燃烧化石燃料排放出温室气体，而可再生能源在其生命周期中不排放或仅排放极少量的温室气体。在能源结构中增加可再生能源的比例有助于减少温室气体排放，减少欧盟整体的“碳脚印”。因此，改变获取能源的方式是欧盟应对气候变化和减少污染的核心。如果欧盟 2020 年实现可再生能源占能源总消费 20% 的目标，则每年能减少 6 亿至 9 亿吨二氧化碳的排放①。欧盟在有关法律文件中明确指出，增加可再生能源发电是执行联合国气候变化框架公约京都议定书和一揽子措施的重要组成部分。为确保可再生能源电力更多地进入市场，欧盟要求所有成员国就可再生能源电力消费制定国家目标，该目标应与京都议定书气候变化的国家义务保持一致②。

（二）保障能源供应安全

欧盟总能源消费中化石燃料占 79%，在运输和发电方面高度依赖化石燃料（特别是石油和天然气）进口，预测未来二十年，

① See European Commission, Renewables Make the Difference, Luxembourge: Publications Office of the European Union, October 2010, p. 1.

② 参见赵爽：《能源法律制度生态化研究》，法律出版社 2010 年版，第 114 页。

其能源需求依赖进口的比例将上升到70%①。欧盟能源依赖问题还与地缘政治利益交织在一起，其大部分能源资源来源于俄罗斯、沙特阿拉伯、阿尔及利亚、尼日尔、利比亚、伊朗、伊拉克等国家，这些国家和地区政治形势复杂，能源供应不稳定。欧盟国家能源高依赖性以及在欧盟层面上的石油储备、天然气供应缺乏协调性，能源供应安全问题只有提高到欧盟层面上加以处理，才能提高成员国在危机情况时的稳定性。欧盟通过可再生能源立法，使欧洲在生产能源的燃料范围、燃料资源和供应商数目方面获得较快增长。如果2020年达到可再生能源占能源总消费20%份额的目标，每年将能减少200Mtoe化石燃料进口②。这将增加能源部门的竞争性，减少供应中断和价格波动的危险，提高能源效率，保障供应安全。

（三）增强竞争力、繁荣经济

欧盟的竞争力在全球化浪潮中呈下降趋势，不仅与美国的差距拉大，而且还受到中国、印度等发展中国家迅速崛起的影响。尤其是金融危机以后，欧盟成员国失业、罢工等社会问题屡屡发生，急需通过鼓励创新、发展新兴产业来带动经济发展。可再生能源为欧洲工业力量带来新的价值及“绿色”就业，是增强欧洲工业竞争力的高新技术产业。保持可再生能源技术的前沿地位是繁荣欧洲经济的重要手段。欧洲公司目前处于全球可再生能源制造部门的控制地位，拥有全世界36.7%的可再生能源技术专利③，占据世界能源环保技术设备市场的40%，雇佣了超过150万人，营业额超过500亿欧元④。该部门如果持续强劲增长，到2020年营业额能翻倍

① See European Commission, Renewables Make the Difference, Luxembourg: Publications Office of the European Union, October 2010, p. 5.

② See European Commission, Renewables Make the Difference, Luxembourg: Publications Office of the European Union, October 2010, p. 5.

③ 参见张焕波：《中国、美国和欧盟气候政策分析》，社会科学文献出版社2010年版，第90页。

④ See European Commission, An Energy Policy for Europe, COM (2007) 1final, 10/01/2007, p. 16.

或达到3倍，将能够再提供100万个就业岗位①，从而推动欧盟经济增长。

第二节　欧盟可再生能源法律政策的主要内容

一、欧盟可再生能源次级立法②

欧盟各机构依职权在可再生能源领域制定了相关的各种条例、指令、决定及建议、意见等。欧盟理事会和委员会的条例、指令和决定具有法律拘束力，而建议和意见则不具有法律拘束力。欧盟可再生能源次级立法主要包括以下指令、决定和条例。

（一）指令

指令是指导各成员国立法的具有法律约束力的文件，也是欧盟可再生能源次级立法最主要的形式，它对可再生能源领域进行了深入、细化的规定。

1. 可再生能源电力指令

由于发展来自可再生能源的电力，涉及能源供应安全、多样性、环境保护以及社会、经济协调发展等多方面，因此在欧盟促进可再生能源生产电力具有高度优先性。2001年欧盟通过的《关于促进内部能源市场利用可再生能源发电的第2001/77/EC指令》③（RES-Electricity，RES-E）。指令中所指的电力来源于非化石可再生能源资源：风力、太阳能、地热、波浪、潮汐、水电、生物质、填埋气、垃圾处理气体和生物气能源。

RES-E指令根据1997年可再生能源白皮书的要求，提出了到

① See European Commission, Renewable Energy: Progressing towards the 2020 target, COM(2011)31 final, 31/01 /2011, p. 2.

② 由于在第一章中已经对欧盟基础条约的相关内容进行过论述，因此本章只探讨欧盟可再生能源的次级立法以及有关政策。

③ See Directive 2001/77/EC of the European Parliament and of the Council of 27 September 2001 on the promotion of electricity produced from renewable energy sources in the internal electricity market, OJ L 283, 27/10/2001, pp. 33-40.

2010 年提高绿色电力以及可再生能源在能源消费总量中比例的目标，以及投资补贴、财政措施、可再生能源入网保证价、配额和可交易证书、招标制度五项国家政策措施。指令规定在欧盟和成员国两个层面定期进行评估，成员国必须参照指令附件一中列出的参考值制定国家来自可再生能源电力的指示性目标，并按时提交报告，说明为实现国家指示性目标已采取的或将采取的措施；欧委会则在国家报告的基础上发布双年度报告，评估成员国为实现国家目标所取得的进展。这一立法促使了全欧各国可再生能源立法框架的发展。该指令后来也成为欧盟遵守《京都议定书》减排承诺而采取措施的重要组成部分。

2012 年 1 月 1 日，RES-E 指令为新的 2009/28/EC 可再生能源指令所取代。

2. 生物燃料指令

由于促进生物燃料的使用可以降低对化石燃料的依赖，增加能源供应安全，减少温室气体排放及运输部门的环境影响，欧盟于 2003 年出台了《关于在运输领域推广使用生物燃料和其他可再生燃料的第 2003/30/EC 指令》①（RES-Transport，RES-T），通常又被称为“生物燃料指令”（Biofuels Directive）。

生物燃料指令鼓励生物燃料与成本较低的矿物燃料进行竞争，对成员国使用生物燃料和其他可再生燃料占运输领域燃料市场的份额作出规定，并要求各成员国立法和采取必要措施保证生物燃料（用于运输的和来自生物质的液体或气体燃料，例如生物可降解垃圾，农业、林业废料等）在其境内销售的燃料中所占的最小比例（最小比例为 5.75%）。发展生物燃料促使农产品和林业废料转变为一种可持续的产品，因而生物燃料指令通过创造新的收入和就业渠道，刺激了欧盟农村经济的发展。

根据生物指令要求，成员国每年 7 月 1 日前必须向欧委会提交

---

① See Directive 2003/30/EC of the European Parliament and of the Council of 8 May 2003 on the promotion of the use of biofuels or other renewable fuels for transport, O J L 123, 17/05/2003, pp. 42-46.

报告，内容包括本国所采取的促进生物燃料和其他可再生能源燃料的措施；除运输部门外，分配给用于能源目的的生物质生产的国家资源情况；一年中国内销售的运输燃料的总量。

2012 年 1 月 1 日，RES-T 指令为新的 2009/28/EC 可再生能源指令所取代。

3. 可再生能源指令

2009 年 4 月，欧洲议会通过了“气候行动和可再生能源法案”，其中包括《促进可再生能源使用的第 2009/28/EC 指令》①，制定了到 2020 年可再生能源至少占欧盟最终能源总消费的 20%，至少占成员国运输领域最终能源总消费的 10% 的目标。

可再生能源指令要求成员国采取国家可再生能源行动计划(National renewable energy action plans)，在运输、电力和供热制冷部门设立 2020 年可再生能源所占份额的目标，而且这些行动计划必须考虑在能源总消费中其他能源效率措施的影响（能源消费减少，满足目标所需的可再生能源也越少）。成员国之间可通过数据转换“交换”一些可再生能源，建立一些可再生能源电力和供热的共同项目，在满足一定条件的情况下可与第三国合作。

该指令对原产地证明、电网准入和运营以及生物燃料等作出规定，修订了上述“可再生能源电力指令”和“生物燃料指令”，并于 2012 年 1 月 1 日废止这两个指令。

4. 其他相关指令

欧盟还有大量指令与可再生能源相关。电力市场规则方面的指令致力于欧盟能源一体化和建立内部能源市场，包括 Directive 96/92/EC《关于内部电力市场共同规则的指令》②、Directive2003/54/

① See Directive 2009/28/EC of the European Parliament and of the Council of 23 April 2009 on the promotion of the use of energy from renewable sources and amending and subsequently repealing Directives 2001/77/EC and 2003/30/EC, O J L 140, 05/06/2009, pp. 16-62.

② See Directive 96/92/EC of the European Parliament and of the Council of 19 December 1996 concerning common rules for the internal market in electricity, O J L 27, 30/01/1997, pp. 20-29.

EC《关于内部电力市场共同规则及废止指令98/30/EC的指令》①，Directive2009/72/EC《关于内部电力市场共同规则及废止指令2003/54/EC的指令》②。Directive 2003/96/EC《关于能源产品和电力的税收的框架的指令》允许给予生物燃料优惠税收减免，欧盟各成员国可以根据本国实际情况，决定本国生物燃料及矿物燃料的税率③。

（二）决定

决定对于其针对的对象具有约束力，具体的对象可以是某个成员国、公司或私人。欧盟有关可再生能源的决定，其内容主要是关于能源、环境或者技术研发方面的计划。

1. Altener计划

Altener是专门促进可再生能源的专项行动计划。Altener（1993—1997）计划④的目的是增加可再生能源在欧盟的市场占有率，促进欧盟内外的可再生能源产品、设备和服务贸易，涉及的可再生能源包括小水电、风能、太阳能、太阳能光伏、地热能、生物质能和生物燃料等。Altener Ⅱ（1998—2002）计划⑤是当时欧盟支

---

① See Directive 2003/54/EC of the European Parliament and of the Council of 26 June 2003 concerning common rules for the internal market in electricity and repealing Directive 96/92/EC-Statements made with regard to decommissioning and waste management activities, OJ L 176, 15/07/2003, pp. 37-56.

② See Directive 2009/72/EC of the European Parliament and of the Council of 13 July 2009 concerning common rules for the internal market in electricity and repealing Directive 2003/54/EC, O J L 211, 14/08/2009, pp. 55-93.

③ See Council Directive 2003/96/EC of 27 October 2003 restructuring the Community framework for the taxation of energy products and electricity, O J L 283, 31/10/2003, pp. 51-70.

④ See 93/500/EEC: Council Decision of 13 September 1993 concerning the promotion of renewable energy sources in the Community (Altener programme), O J L 235, 18/09/1993, pp. 41-44.

⑤ See Decision No 646/2000/EC of the European Parliament and of the Council of 28 February 2000 adopting a multiannual programme for the promotion of renewable energy sources in the Community (Altener) (1998 to 2002), O J L 79, 30/03/2000, pp. 1-5.

持和监测可再生能源发展的主要工具，它鼓励公共资金和私人部门投资可再生能源，为欧盟发展可再生能源创造社会、经济和行政条件。

2. 其他有关计划

包含可再生能源相关内容的其他决定主要有：提高能源效率的SAVE和SAVEⅡ计划，定期研究、分析、预测能源市场的ETAP计划，与第三国能源合作的SYNERGY计划，促进清洁和高效利用固体燃料的CARNOT计划，欧洲聪明能源IEE计划等能源部门计划；7个科技研发框架FP计划以及环境行动EAP计划。

（三）条例

条例具有约束力和普遍适用性，直接适用于各成员国内。虽然欧盟暂时还没有专门针对可再生能源的条例，但是在促进能源运输网络连接及准入、确保内部市场的有效运转、提高能源供应安全方面先后出台了Regulation（EC）No1228/2003《关于跨境电力交易网络准入条件的条例》①、Regulation（EC）No713/2009《关于建立能源监管合作机构的条例》②、Regulation（EC）No714/2009《关于电力跨境交易网络准入条件及废止条例1228/2003的条例》③ 等，这些都与可再生能源的发展有着密切联系。

二、欧盟可再生能源政策

从20世纪70年代至今，欧盟可再生能源政策经过了三大发展

① See Regulation（EC）No 1228/2003 of the European Parliament and of the Council of 26 June 2003 on conditions for access to the network for cross-border exchanges in electricity, O J L 176, 15/07/2003, pp. 1-10.

② See Regulation（EC）No 713/2009 of the European Parliament and of the Council of 13 July 2009 establishing an Agency for the Cooperation of Energy Regulators, O J L 211, 14/08/2009, pp. 1-14.

③ See Regulation（EC）No 714/2009 of the European Parliament and of the Council of 13 July 2009 on conditions for access to the network for cross-border exchanges in electricity and repealing Regulation（EC）No 1228/2003, OJ L 211, 14/08/2009, pp. 15-35.

阶段，每个阶段的政策变化都反映了当时能源形势的特点。

（一）应对石油危机的共同体可再生能源政策

1974 年至 1980 年，欧共体制定了两个共同体能源政策目标决议，形成了共同能源政策的初步框架。这两个政策文件反映了欧共体在两次世界石油危机中所采取的应对措施及能源政策主导思想。这一时期，为实现能源供应安全的目标，可再生能源在能源结构中的角色逐渐发生变化，从一开始仅有水电、地热能被列入目标体系，发展到鼓励可再生能源作为整体受到欧共体的重视。

1. 1974 年《关于 1985 年共同体能源政策目标的决议》

1973 年石油危机给欧共体带来巨大影响，促使共同体开始思考制定新的能源政策。为此，欧共体于 1974 年 1 月成立了能源委员会，协调成员国贯彻共同体措施，在成员国之间就能源供应条件及供应形势交换信息，展开合作①。1974 年理事会通过《关于共同体一项新的能源政策战略的决议》，表示要制定和实施共同体能源政策，并确立了发展共同体能源政策的原则②。1974 年 12 月通过的《关于 1985 年共同体能源政策目标的决议》规定了到 1985 年共同体要达到的能源政策目标，要求减少对石油的过度依赖，大力提高电力在能源消费中的比例，促进能源供应多样化。其中就对可再生能源中的水电和地热能提出具体目标：要建立和发展水电及地热能基地，将产量提高到 4500 万吨石油当量③。此后，欧共体将太阳能和地热能等新能源列入 JRC 多年研发计划，投入了大量研

---

① 参见冯建中:《欧盟能源战略——走向低碳经济》,时事出版社 2010 年版,第 49 页。

② See Council of the European Communities, Council Resolution of 17 Septemper 1974 concerning a new energy policy strategy for the Community, O J L 153, 09/07/1975, pp. 1-2.

③ See Council of the European Communities, Council Resolution of 17 December 1974 concerning Community energy policy objectives for 1985, O J L 153, 09/07/1975, pp. 2-4.

究资金①。

2. 1980年《关于1990年共同体能源目标及成员国政策趋同的决议》

实施1985年共同体能源目标政策以后，欧共体到1978年能源结构发生了变化，核能、地热、水电等占能源消费的比例显著提高。但是，距离1985年目标仍有差距。1978年伊朗发生政治危机，进而引起第二次世界石油危机，欧共体为了应对危机，再次提出新的能源目标和政策。1980年6月理事会通过《关于1990年共同体能源目标及成员国政策趋同的决议》②，要求进一步降低石油消费的比例，明确提出鼓励和扩大可再生能源的使用，增加其在能源消费中的比例。欧委会在1981年的提案中③再次提出减少石油依赖，加强能源供应多元化，发展可再生能源。1980—1983年，地热能和太阳能项目获得了欧委会5100万埃居的财政支持④。

（二）环保目标纳入可再生能源政策

为了应对石油危机而产生的1974年和1980年能源政策，都是以能源供应安全为主要目标。20世纪80年代中期以后，能源供应形势好转，能源供需矛盾不再像以前那么突出，而此时世界上兴起的环境保护运动对欧共体的能源政策也产生了重要影响，环境保护被纳入欧盟可再生能源政策的目标中。尤其是《单一欧洲法令》促使欧盟的能源政策与环境政策逐步融合。

---

① JCR是欧共体1957年成立的“联合研究中心”，负责共同体能源研发计划。See European Commission, Energy Policy in the European Community-Perspectives and Achievements, COM(80) 397 final, pp. 18-19.

② See Council of the European Communities, Council Resolution of 9 June 1980 concerning Community Energy Policy Objectives for 1990 and Convergence of Policies of the Member States, Council of the European Communities Press Releases, Presidency: Italy, Meeting and Press Releases May-June 1980, p. 6.

③ See European Commission, the Development of an Energy Strategy for the Community, COM(81) 540 final, 02/10/ 1981.

④ See Office for Official Publications of the European Communities, the European Community and the Energy Problem. 3rd ed. European Documentation 1-1983, p. 46.

1. 1986年《关于发展新能源和可再生能源的共同体目标决议》

理事会于1986年9月通过了一个《关于1995年共同体能源目标及成员国政策趋同的决议》，该决议虽然仍以能源供应安全为主要目标，但是在其中提到了要在能源和环境之间寻找平衡的解决方案，在共同体环境领域采取更加协调的办法，并将继续发展新能源和可再生能源，包括常规水电，使其在能源结构中占有重要比例①。同年签署的《单一欧洲法令》为欧共体环境政策提供了法律基础，也促进了环境政策融入其他政策领域。虽然由于能源供应形势缓和，欧共体内部在这一时期发展能源政策的动力不足，但是环境政策的发展及环境保护需求还是为欧共体可再生能源的发展注入新的活力。1986年11月理事会通过了《关于发展新能源和可再生能源的共同体目标决议》，提出了发展可再生能源的原则，鼓励成员国开发可再生能源②。

2. 1990年《能源与环境》通报

欧委会于1990年初发表了题为《能源与环境》的通报，首次把环境问题纳入能源政策之中③。这在共同体内引起了对能源生产、消费及其产生的环境影响以及气候变化问题的关注，促使欧共体制定解决与能源相关的环境问题的政策以及气候变化战略。1993年9月，欧委会在1992年《共同体限制二氧化碳排放和提高能源效率战略》的基础上④，提出了促进可再生能源的Altener指令等

① See Council of the European Communities, Council Resolution of 16 September 1986 Concerning New Community Energy Policy Objectives for 1995 and Convergence of the Policies of the Member States. O J C 241,25/09/1986,pp. 1-3.

② See Council of the European Communities, Council Resolution of 26 Novervmber 1986 on a Community Orientation to Develop New and Renewable Energy Sources,86/C316/01,O J C 316,09/12/1986,pp. 1-2.

③ See Commission, Energy and the Environment, COM (89) 369final, Brussels,08/02/1990.

④ See European Commission, Community Strategy to Limit Carbon Dioxide Emissions and to Improve Energy Efficiency,COM(1992)246 final,01/06/1992.

立法提案①，涉及风能、太阳能、生物质能、小水电、生物燃料、地热能等可再生能源。

（三）可再生能源政策新目标的形成与发展

1992 年联合国环境与发展大会以后，可持续发展提上世界各国的政策议程。欧盟也采取行动制定更为积极的环境保护政策，并在 1993 年发布的第五个环境行动计划中把能源政策列为实现可持续发展的关键领域②。此时，全球能源供应再次紧张，能源安全问题重新成为回到欧盟能源战略的中心，而内部能源市场的竞争性也日益受到重视。从 1995 年到 2006 年，欧盟可再生能源政策进入快速发展时期，可再生能源在欧盟能源结构中的比例也逐步增加，发挥的作用不断增强，可持续性、竞争性和供应安全成为欧盟可再生能源政策的目标。

1. 1995 年《欧洲能源政策》白皮书

1995 年 1 月，欧委会首先发表了一个题为《欧洲能源政策》的绿皮书，提出共同体能源政策发展遇到的问题及相应的解决方案③，认为共同体应协调竞争性、能源安全和环境保护三个目标之间的关系，必须大力支持可再生能源技术的研发和利用。该绿皮书在共同体内引起了强烈反响，各成员国展开激烈讨论，欧洲议会也要求成员国制定促进能源效率和可再生能源的计划。以此为基础，1995 年 12 月欧委会出台《欧洲能源政策》白皮书，提出未来欧盟燃料结构的最终形态取决于气候变化政策、市场自由化和可再生能源的发展；为实现竞争性、能源安全和环境保护三个目标，欧盟应

---

① See European Commission, Specific Actions for Greater Penetration for Remewable Energy Resources-ALTENER, COM (92) 180 final, 29/06/1992.

② See European Commission, A European Community programme of policy and action in relation to the environment and sustainable development, O J C 138, 17/05/1993, pp. 5-98.

③ See European Commission, Green Paper: an Energy Policy for the European Union, COM (94) 659 final, 23 /02/ 1995.

在四个领域优先行动①。理事会于 1996 年 7 月通过决议支持欧委会的建议，要求欧委会启动共同体与成员国的合作进程，确保成员国与共同体能源目标一致②。

2. 1997 年《未来能源：可再生能源——共同体战略与行动计划》白皮书

确立了能源发展三大目标后，由于可再生能源在应对气候变化、减少二氧化碳排放、促进能源结构多元化方面具有不可取代的作用，引起欧盟对可再生能源政策的重视，1996 年 11 月，欧委会发表题为《未来能源：可再生能源——共同体战略》的绿皮书③，引起了欧盟关于可再生能源发展的大讨论，欧洲议会对绿皮书表示支持。1997 年 11 月，欧委会出台《未来能源：可再生能源——共同体战略与行动计划》白皮书，提出要在 2010 年将可再生能源在能源总消费中的比例提高到 12%，可再生能源电力装机总容量提高到 22%，可再生能源到 2050 年在欧盟能源总结构中占 50% 的目标④。这是欧盟第一次为可再生能源发展建立了如此全面又具体的目标，并为实现此目标制定了行动计划。

3. 2000 年《欧洲能源供应安全战略》

20 世纪末，随着欧盟能源对外依存度的不断增高，以及国际油价的暴涨，欧盟的能源供应安全问题再次成为能源议程的中心议题。同时，欧盟在《气候变化框架公约》1997 年《京都议定书》中作出承诺要减排温室气体。这种情况下，欧盟的能源政策面临再

---

① See European Commission, White Paper: an Energy Policy for the European Union, COM(95)682 final, 13/12/1995.

② See Council of the European Union, Council Resolution of 8 July 1996 on the White Paper "an Energy Policy for the European Union", O J C 224, 01/08/1996, pp. 1-2.

③ See European Commission, Energy for Future: Renewable Sources of Energy-Green Paper for a Community Strategy, COM(96) 576 final, 20/11/1996.

④ See European Commission, Energy for Future: Renewable Sources of Energy-White Paper for a Community Strategy and Action Plan, COM(97) 599 final, 26/11/1997.

次调整。2000 年 11 月，欧委会发表《走向欧洲能源供应安全战略》绿皮书，对欧盟的能源政策进行了评估，提出在消费方面要引导消费者选择尊重环境的消费方式，在供应方面要采取支持新能源和可再生能源的财政工具①。

4. 2006 年《欧洲可持续、竞争和安全能源战略》

进入 21 世纪以后，世界经济开始新一轮的快速增长，新兴经济体对能源的需求大幅度增加，全球能源形势再趋紧张。2005 年 8 月《京都议定书》生效，2006 年爆发的俄罗斯、乌克兰天然气争端促使欧盟必须重新评估其能源形势及能源政策。欧委会于 2006 年 3 月发布了《欧洲可持续、竞争和安全能源战略》绿皮书，分析了欧盟能源供应面临的主要问题，确立了欧盟能源政策的可持续性、竞争性和供应安全三个目标，提出采取切实措施应对气候变暖，制定可再生能源发展路线图，建立稳定的可再生能源生产和投资市场②。2007 年 1 月，在绿皮书基础上欧委会公布了战略性能源评估报告，其中包括《生物燃料进展报告》③、《可再生能源路线图——21 世纪的可再生能源：建立一个更加可持续的未来》④和《可再生能源发电进展报告》⑤，为可再生能源政策的发展提供

---

① See European Commission, Towards a European Strategy for the Security of Energy Supply, COM(2000) 769 final, 29/11/2000.

② See European Commission, Green Paper: a European Strategy for Sustainable, Competitive and Secure Energy, COM(2006)105 final, 08/03/2006.

③ See Communication from the Commission to the Council and the European Parliament-Biofuels Progress Report-Report on the progress made in the use of biofuels and other renewable fuels in the Member States of the European Union, COM (2006)845 final, 10/01/2007.

④ See Communication from the Commission to the Council and the European Parliament-Renewable energy road map-Renewable energies in the 21st century: building a more sustainable future, COM(2006)848 final, 10/01/ 2007 .

⑤ See Communication from the Commission to the Council and the European Parliament, Green Paper Follow-up Action: Report on Progress in Renewable Electricity, COM(2006)849 final, 10/01/2007.

了新的建议和解决方案，也促使欧盟最终形成 2009 年新的可再生能源立法方案。

5. 2010 新能源战略

2010 年 3 月欧盟启动《欧洲 2020——智能、可持续及包容性增长战略》，该文件为了克服金融危机影响，将欧盟带回经济增长的轨道上，而制定了欧盟未来十年要在就业、教育、能源使用和创新领域实现的目标，其中能源领域依然提出到 2020 年减少碳排放 20%（如果条件允许，将减少 30%）以及将可再生能源份额增加到 20% 的目标。

欧委会于 2010 年 11 月 10 日发布了《能源 2020：一个竞争性、可持续、安全的能源战略》的通报①，这是《欧洲 2020——智能、可持续及包容性增长战略》在能源领域的反映。通报提出的能源战略由 5 个优先方面②组成，并表明欧盟要开展新的大规模项目，其中包括大规模生产可持续的生物燃料，支持启动“高水平低碳技术创新”的欧洲市场。

这份通报也反映了按照目前所采取的措施来看，欧盟实现“20-20-20 目标”有困难，因此有必要采取新的政策工具，使欧盟走上竞争性、安全、可持续的能源发展轨道。

第三节　欧盟可再生能源财政政策工具分析

2009 年全球经济危机促使价值数十亿的“清洁技术”刺激方案在美国和中国实施。实际上，在美国和中国以及其他亚洲国家该

① See Communication from the Commission to the European Parliament, the Council, the European Economic and Social Committee and the Committee of the Regions of 10 November 2010-Energy 2020 A Strategy for competitive, sustainable and secure energy, COM(2010) 639 final, 10/11/2010.

② 5 个优先方面是指欧洲限制能源使用；建设泛欧一体化能源市场；授权消费者并达到安全和保障的最高水平；拓展欧洲在能源技术与创新发展方面的领导地位；加强欧盟能源市场的外部维度。

部门的增长表明，世界范围内，可再生能源产业被视做一个对于未来实现创新、能源安全、低碳经济极其重要的产业。正如2010年新的欧盟能源战略中所提到的，欧洲面临的挑战是保持居于这一产业的前沿，保证它的增长①。

2010年《一体化的欧洲能源网络蓝图》通报②预计，为了达到欧盟能源政策目标，从2010年起到2020年欧洲需要超过1万亿欧元的投资。其中，可再生能源资本投资年均350亿欧元，需要尽快翻倍到700亿欧元，才能保证欧盟实现可再生能源目标。

2010年新的欧盟能源战略提出应给予可再生电力投资优先权——达到比2009年占所有新增电力设施62%还要高的水平，上述1万亿欧元的投资中大约一半是用来更换或者投资新的发电容量③。因此可再生能源发电必须获得资金支持，主要通过私人部门投资，最终由能源消费者付费。

在受到财政方面限制的情况下，需要有法律政策来保证资金花在可再生能源上具有成本效益。在成员国和欧盟层面上财政政策工具的有效选择和组合非常重要，支持可再生能源发展的财政工具的选择，还依赖于技术和项目的情况。

可再生能源财政政策工具包括拨款、贷款和担保贷款、股权基

① See Communication from the Commission to the European Parliament, the Council, the European Economic and Social Committee and the Committee of the Regions of 10 November 2010-Energy 2020 A Strategy for competitive, sustainable and secure energy, COM(2010) 639 final, 10/11/2010.

② See Communication from the Commission to the Parliament, the Council, the European Economic and Social Committee, and the Committee of theRegions, Energy Infrastructure Priorities for 2020 and beyond-A Blueprint for an Integrated European Energy Network, COM(2010)677 final, 17/11/2010.

③ See Communication from the Commission to the European Parliament, the Council, the European Economic and Social Committee and the Committee of the Regions of 10 November 2010-Energy 2020 A Strategy for competitive, sustainable and secure energy, COM(2010) 639 final, 10/11/2010.

金、收购价格、津贴、配额/认证计划、财政刺激和投标等。所有这些工具在不扭曲市场竞争、良好的环境中发挥应有的作用。成员国为了达到欧盟可再生能源目标，根据各自能源结构特点、国家环境资源状况，灵活采用符合自身特点的政策工具。

一、税务减免

直接的税收和金融刺激有助于消除可再生能源生产者准入的壁垒，吸引长期投资者。虽然税收属于欧盟成员国主权范围内的事项，但为了维护欧盟共同市场上的公平竞争，各成员国也会在一定程度上进行协调。正是基于这一目的，Directive2003/96/EC 能源税收指令为欧盟成员国对能源产品征税规定了最低税率，并允许给予生物燃料优惠税收减免①。2011 年 4 月 13 日，欧盟委员会出台立法建议，旨在修改欧盟 2003 年通过的能源税收指令。根据这份立法建议，欧盟成员国今后对汽油、柴油、生物燃料等能源产品征税将分两部分：一部分是按照能源产品实际产生的能量征税，以每千兆焦耳为单位开征；另一部分是根据二氧化碳排放量征税②。修改后的征税方法将有利于可再生能源的发展，并向企业和消费者发出了明确的信号，有助于减少能源消耗中的二氧化碳排放和提高能效，实现欧盟温室气体减排目标和经济可持续增长。欧盟委员会希望新的立法建议能在 2013 年生效。

二、投资补贴

投资补贴是欧盟国家促进可再生能源发展的重要措施，被广泛用于建设可再生能源发电接入电网所必须的基础设施，支持企业研

① See Council of the European Union, Council Directive 2003/96/EC of 27 October 2003 restructuring the Community framework for the taxation of energy products and electricity, O J L 283, 31/10/2003, pp. 51-70.

② See European Commission, Proposal for a Council Directive amending Directive 2003/96/EC restructuring the Community framework for the taxation of on energy products and electricity, Brussels, COM(2011)169 final, 13/04/2011.

发、开展营销和公益活动，促使公众支持可再生能源市场。欧盟国家的这些政策是全球范围内政府支持可再生能源最早采用的方法。瑞典自1975年开始，每年大约补贴3600万欧元支持生物质燃烧和转换技术研发；丹麦可再生能源利用法案规定可以给予可再生能源项目建设成本15% ~ 30%的补贴，一些试点项目的补贴可达50%①。

三、固定电价

价格基础上的固定电价（Fixed Feed-in Tariff，FIT）是替代生产补贴的一种方式，是诸多欧盟成员国采用的政策工具之一。固定电价通过对电力的购买和出售固定一个强制性的补贴来给长期投资者以信心。即付给可再生能源电力生产者的价格将至少等于付给传统能源电力生产者的批发价格，加上一个能反映可再生能源社会和环境利益价值的附加款。这种附加款使可再生能源能够与能源产品成本外在化的化石燃料能源竞争。固定电价是德国、西班牙、法国用以达到欧盟2001年指令目标的主要支持计划，截至2006年8月，当时25个欧盟国家中有18个采用固定电价。其中德国在1990年《电力输送法》首次引入固定电价制就促使了本国可再生能源电力的飞速发展；2000年出台的《可再生能源法》对固定电价制进行改革，实行精确定价，并建立全国共同分担机制，是德国可再生能源立法的核心成果②。

四、配额和可交易的绿色证书

可再生能源配额（Renewables Portfolio Standards，RPS）也叫

① 参见黄梦华:《欧盟可再生能源政策研究》,载《中国商界》2010年第8期,第1~3页。

② See Tyler Hagenbuch, Establishing an Aggressive Legal Framework for the Future of Wind Energy in Europe, *Vanderbilt Journal of Transnational Law*, Vol. 42, No. 5, 2009: p. 1610.

做可交易的绿色证书（Tradable Green Certificates，TGC），即可再生能源电力像常规能源一样以市场价格出售，生产可再生能源电力所带来的超出常规能源的成本费用由独立证书市场上绿色证书的销售额来补偿。固定电价以价格为基础，而绿色证书以市场为基础。绿色证书在不引起价格扭曲的情况下促进可再生能源发展，是自由市场原则下的选择。在证书需求超过供给的市场中，可再生能源生产量低于政府配额，证书价格上涨。价格持续上涨，直到增加新的容量满足了配额，从而激励生产者生产更多的可再生能源。在绿色证书机制中，政府设立了在整个国家的电力结构中来自可再生能源的电力的最小量，帮助可再生能源逐步成熟并逐渐融入与传统能源竞争的自由市场。随着配额逐渐增长，该机制刺激可再生能源需求，导致对传统能源需求的减少，并间接减少温室气体的排放。在英国、意大利、比利时、波兰和瑞典，绿色证书市场很活跃①。

五、成员国财政工具应用情况

当成员国开始使用一些欧盟资助时，在国家层面上也就开始支持可再生能源的发展。表3-1② 是成员国使用不同工具提供财政支持的情况，反映了由于不同的技术地位、成熟度、使用者和市场，需要选择使用多重工具。但是政策工具的选择必须清楚制定框架，防止产生摩擦或给投资者带来负面后果。

---

① See Ecofys, Financing Renewable Energy in the European Energy Market (Final Report), by order of European Commission, DG Energy, 02/01/2011.

② Communication from the Commission to the Parliament, the Council, the European Economic and Social Committee, and the Committee of theRegions, Energy Infrastructure Priorities for 2020 and beyond-A Blueprint for an Integrated European Energy Network, COM(2010)677 final, 17/11/2010.

表 3-1　成员国对电力、供热和运输（生物燃料）使用政策工具情况

		AT	BE	BG	CY	CZ	DE	DK	EE	ES	FI	FR	GR	HU	IE	IT	LT	LU	LV	MT	NL	PL	PT	RO	SE	SI	SK	UK
电力	固定电价	%	%	%	%	%	%		%	%		%	%	%	%	%	%	%	%	%			%			%	%	%
	津贴					%		%	%	%											%					%		
	配额		%													%						%		%	%			%
	投资补贴		%		%	%					%		%	%			%	%	%	%								
	税收减免		%							%	%		%						%		%	%			%		%	%
	财政刺激			%			%		%											%	%	%				%		
供热	投资补贴	%	%	%	%	%	%		%		%	%	%	%	%		%	%	%	%	%	%	%		%	%	%	%
	税收减免	%	%					%				%	%			%	%				%				%			%
	财政刺激			%			%		%			%											%					
运输	配额	%		%	%	%	%	%		%	%	%			%		%	%	%		%	%	%	%		%	%	%
	税收减免	%	%		%	%	%	%	%	%		%	%	%	%	%	%	%	%	%		%	%	%	%	%	%	%

六、欧盟可再生能源财政政策工具评价

（一）运用政策工具与项目成熟度有关

财政政策工具从技术、建设、监管等方面减轻了不同形式项目的风险，能否成功运用这些工具也与一个项目或技术的成熟度有关。例如，研发基金传统上拨款占项目资本成本的相当比例，因为高成本和技术的不确定性给私人部门单独投资带来太多风险。但是，随着当技术逐步成熟，拨款的作用也就逐渐减小，一旦一项技术进一步确立，拨款对于资助示范项目即使仍有作用，也是相当微弱了。

（二）政策工具选择随产业发展而变化

在所有可再生能源部门中，特别是电力部门，由于环境变化，政策工具的选择存在显著变化。1997—2006 年，欧盟风能生产成本降低 20%，太阳能光伏生产成本降低 57%①。这种低运行成本

① See Ecofys, Financing Renewable Energy in the European Energy Market (Final Report), by order of European Commission, DG Energy, 02/01/2011.

持续引导市场价格下跌，为所有电力消费者节约了成本，并显著补偿了支持计划产生的额外成本。如果可再生能源生产税收得到减免，成本已经降低，那么随着技术发展，它们会被纳入配额或者税收支持计划当中。另外，如果生产技术逐步成熟，技术风险就会降低，生产者可能会面对一个由固定电价转向津贴支持的市场，这种情况将产生更大的价格风险，又须应用其他工具来加以应对。

当然，突然之间改变政策工具会对投资者信心产生负面影响，会削弱可再生能源投资战略的效果。特别是必须避免财政政策工具具有追溯力的变化。

（三）成员国探索发展私人资助机制

发展私人资助机制可以既吸引资本，又增加本地对于可再生能源项目的接受程度。成员国私人资助机制最普遍的工具是“当地所有权”（local ownership），即本地社区通过投资获得更廉价电力方面的项目，可以取得资助份额，或者在项目收益方面取得份额。这种资助机制为地方和地区社会经济发展做贡献的同时，也利用地方公共—私人伙伴关系的发展，是减少项目成本、获得更多公众接受的有效方法。

（四）欧盟将长期应用财政政策工具

由于技术成本、油气价格、技术进步、电网和运输成本以及行政壁垒等各种因素的交叉影响，发展各能源部门的成本有所不同。由于仍然分散的欧洲内部能源市场、传统的基础设施以及化石燃料仍然得到很高的补贴，通常情况下可再生能源仍然比传统能源更贵。因此，必须努力寻找刺激措施，使成员国达到可再生能源目标。要达到了市场条件，减少发展障碍，仍需要政策工具持续支持可再生能源。只有当可再生能源成本显著下降，市场缺陷得到纠正，可以在一个竞争性的市场中运行时，对可再生能源的财政支持才能逐步停止使用。

第四节　欧盟可再生能源法律政策评析

欧盟可再生能源法律政策经过多年发展，形成了自己的突出特点；同时它也仍然存在着缺陷与不足。

一、欧盟可再生能源法律政策的特点

（一）注重立法前的调研和论证

成员国的合意是欧盟可再生能源法律获得合法性与有效性的前提，而且其实施也离不开成员国的合作。欧盟非常重视立法前的研究论证，前期调研一般以《绿皮书》或《白皮书》的形式发表，《绿皮书》通常在《白皮书》之前出版，在某种程度上主要是征询公众和各成员国意见的文件，为欧盟最后决策做参考。在可再生能源立法方面，除了1997年发表的《可再生能源白皮书》及其《行动计划》外，1995年《能源政策白皮书》、2006年《可持续、竞争和安全的欧洲能源战略》等都包含可再生能源发展方面的内容。《绿皮书》或《白皮书》分析问题的背景和原因，提出解决问题的对策和建议，其中的许多目标和标准最终被欧盟的指令和决定等具有法律拘束力的文件所采用，也有一些内容根据成员国或其他机构、公众的意见而进行修改①。

在立法过程中，欧盟与成员国之间、成员国之间、成员国中央政府与地方政府之间以及不同利益集团不断博弈，不同层次的机构在不同阶段表达自己的利益需求，保证了各方参与，使法律出台前得到充分论证，在执行过程中也相对容易得到各层次机构和不同利益集团的配合。

（二）逐步明确发展目标

欧盟可再生能源立法并非一蹴而就，而是在发展过程中逐步明确目标。2001年可再生能源电力指令的目标是增加绿色电力的比例，使其在能源总消费中的份额从1997年的14%提高到2010年的22%，并根据各国具体国情，规定了各成员国电力行业可再生能源发展的指示性目标。2003年生物燃料指令鼓励生物燃料同成本相对低的矿物燃料进行竞争，制定了生物燃料“参考消费目标”：到

① 参见黄速建、郭朝先：《欧盟发展可再生能源的主要做法及对我国的启示》，载《经济管理·新管理》2005年第10期，第4～11页。

2005年，生物燃料的消费量要达到能源消费总量的2%；到2010年12月31日达到5.75%。该指令同时要求各成员国根据该“参考消费目标”，制定出本国生物燃料的消费目标。

但是直到2008年，可再生能源的法律框架都很松散，所设置的均为没有法律约束力的指示性目标，各成员国完成2010目标的情况不理想。因此，欧盟2009年出台2009/28/EC可再生能源指令，其关键内容是制定有法律拘束力的目标：2020年欧盟可再生能源占能源总消费的20%。指令还为每个成员国建立了有法律拘束力的国家目标，要求成员国采取国家行动计划（National Action Plans，NAPs），制定用以实现整体国家计划措施，2010年6月将行动计划提交给欧盟①。

欧盟2010年对成员国计划的核查表明，新指令建立的有法律约束力的目标及监管框架对可再生能源发展起到了刺激作用。可再生能源高速增长，占2009年能源生产投资的62%②。几乎一半的成员国正计划超过其目标，并能向其他成员国提供剩余部分。如果按照这样的趋势发展下去，2020年欧盟可再生能源的整体份额将有可能超过20%的目标。

（三）立法从分散走向整合

欧盟从20世纪90年代后期开始重新整合能源战略。1997年4月欧洲委员会发出《关于能源政策和行动的总体看法的通报》，要求把欧盟原来分散在对外关系、内部市场和环境方面的与能源有关的政策加以整合，形成统一的欧洲能源政策，为欧盟国家在能源领域共同行动提供法律依据③。欧盟可再生能源法律的发展呈现出从

① See Directive 2009/28/EC of the European Parliament and of the Council of 23 April 2009 on the promotion of the use of energy from renewable sources and amending and subsequently repealing Directives 2001/77/EC and 2003/30/EC, O J L 140, 05/06/2009, pp. 16-62.

② See European Commission, Renewable Energy: Progressing towards the 2020 target, COM(2011)31 final, 31/01 /2011, p. 2.

③ 参见周弘、[德]贝娅特·科勒-科赫主编：《欧盟治理模式》，社会科学文献出版社2008年版，第180页。

分散走向整合的趋势。

20世纪90年代起，欧盟分别针对可再生能源专项行动、提高能源效率、能源市场研究、国际能源合作、清洁和高效利用固体燃料等问题，通过一系列决定，在能源部门实施了Altener和Altener Ⅱ计划、SAVE和SAVE Ⅱ计划、ETAP计划、SYNERGY计划、SURE计划等。这些计划涉及范围广泛、内容繁杂，相互之间缺乏协调。而2003年通过的“欧洲聪明能源计划（IEE）”实际上是把以上计划整合到一起，有利于协调政策措施，消除欧盟内部市场的各种壁垒，提高能效、促进可再生能源的使用。

在指令方面，2007年以前欧盟主要是按可再生能源的用途分别制定指令，同时也分别为可再生能源电力和可再生能源运输设立发展目标。按此立法思路，在“可再生能源电力指令”和“生物燃料指令”之后，欧盟应该会出台“可再生能源供热制冷指令”，并为可再生能源供热制冷设定发展目标。但是欧盟2009年可再生能源指令是一部综合性指令，内容涉及可再生能源发展指标、可再生能源国家行动计划、可再生能源电力、可再生能源供热制冷、生物燃料和沼液、网上透明度平台等。该指令还采用了两个新指标：一是可再生能源占最终能源消费总额的比例，即将可再生能源在电力、交通、供热供冷三大领域的应用合计在一起进行考核，鼓励成员国对新能源和可再生能源进行总体开发和利用；二是可再生能源占交通领域最终能源消费总额的比例，也就是说欧盟不再只关注生物燃料和其他可再生燃料占交通燃料市场的份额，同时还注意到运输领域节能和能效的重要性①。这表明欧盟发展新能源和可再生能源不再是各领域单独推进，而是将电力、运输、供热制冷三大领域整合在一起，更加注重整体性。

（四）大力保障落实

欧盟可再生能源立法较为全面，不仅在整体上对能源制度进行规划，而且还分门别类规定了可再生能源的有关执行标准、程序和

① 参见罗涛：《德国新能源和可再生能源立法模式及其对我国的启示》，载《中外能源》2010年第1期，第34~44页。

指标，对于一些成员国的成功经验也加以推广。制定和颁布指令、条例等法律文件，体现了成员国将某些立法权赋予了欧盟，但欧盟并不是这些法律的执行者。尤其是有关可再生能源的指令，需要通过转化为成员国的国家法律、法规和标准，甚至分解为量化的任务配额，通过各成员国的执行机构加以落实①。成员国与欧盟之间法律系统的相互衔接，为可再生能源立法的落实，提供了保障。

例如，德国为了执行欧盟的“可再生能源电力指令”和“生物燃料指令”，在2004年对《可再生能源法》进行了全面修订，于2006年出台了《生物燃料配额法》。而与欧盟2009年的“可再生能源指令”几乎同步，德国出台了新的《可再生能源法》和《可再生能源供热法》，把本国的2020目标提高为可再生能源电力份额达到30%，提出使用可再生能源供热义务②。丹麦先后修订了《可再生能源资源利用法》、《电力供应法》，引入更富有竞争的电力市场，并在电力供应方面给予可再生能源和其他无害环境的能源优先性③。欧盟委员会也积极采取措施落实电力市场等各项指令，加大对违规者和潜在违规者的惩罚力度。对于没有完全遵守相关指令的成员国，进行区别性警告，并表示如果不落实指令将被诉至欧洲法院。对于西班牙、卢森堡等法规与欧盟条例不符的成员国，欧委会也启动了法律程序，保障了欧盟可再生能源相关法律的落实。

（五）注重增强法律确信

欧盟2009年可再生能源指令中包含了行政程序和监管方面强有力的条款，来增强投资者和消费者对可再生能源立法的法律确信。该指令要求成员国增加政府透明度，使所有认证和许可程序清楚、协调，并由明确的许可程序时间表予以规定。另外，还有一个

---

① 参见周弘、[德]贝娅特·科勒-科赫主编:《欧盟治理模式》,社会科学文献出版社2008年版,第180页。

② 参见罗涛:《德国新能源和可再生能源立法模式及其对我国的启示》,载《中外能源》2010年第1期,第34～44页。

③ 参见[澳]艾德里安·J. 布拉德布鲁克主编:《能源法与可持续发展》,法律出版社2005年版,第197～200页。

关于可再生能源设施的申请过程及认证的信息强制（information-forcing）条款允许对小项目采取“简化和更少负担的……程序”①。这些要求增加了投资者的法律确信，并减少新项目付诸实施的时间，因此有助于成员国达到其2020强制性目标。

原产地保证是通过区分可再生能源电力和来自传统能源的电力的方式，增加对消费者的透明度，它有利于可再生能源高效交易。2009年可再生能源指令包含了原产地保证条款，要求欧盟成员国必须保证来自可再生能源的电力的原产地，提供电力是用哪种资源所生产的证明，包括生产日期和地点。要求成员国确保每一单位的可再生能源仅被计算一次，让消费者充分了解其购买的能源的来源和构成。指令的行政部分还包括一个消费者教育条款，要求成员国发展提高认识项目（awarement-raising programs），让消费者了解发展和使用可再生能源的好处。这些条款可以使原产地保证项目合法及成员国服从其可再生能源目标的漏洞最小化，从而增强消费者对可再生能源法律和政策的信心。

（六）综合运用政策工具

欧盟及其成员国在综合性立法的基础上，制定了针对不同类型可再生能源细化的法律，既有整体性的规范，也有具体的技术标准和激励措施，使可再生能源法律政策形成了较为完整的体系。其中对于资助可再生能源的政策工具的发展非常突出，包括拨款、贷款和担保贷款、股权基金、收购价格、津贴、配额/认证计划、财政刺激和投标等。

在国家和欧盟层面上财政政策工具的有效选择和组合非常重要。成员国为了达到欧盟可再生能源目标，结合各自能源结构特点、国家环境资源状况，支持可再生能源发展的财政工具的选择，并根据可再生能源技术和项目的情况，灵活采用符合自身特点的政

① See Directive 2009/28/EC of the European Parliament and of the Council of 23 April 2009 on the promotion of the use of energy from renewable sources and amending and subsequently repealing Directives 2001/77/EC and 2003/30/EC, O J L 140, 05/06/2009, pp. 16-62.

策工具。每个成员国都是综合利用可再生能源财政政策工具，使其发挥应有的作用。

二、欧盟可再生能源法律政策的不足

虽然欧盟可再生能源法律政策经过数十年发展，形成了自己的体系，并且具有很多突出的优点，但是它也仍然存在着一些缺点和不足，主要有以下几个方面。

（一）成员国支持计划缺乏协调

根据《欧洲联盟运行条约》，成员国政府对能源市场的干预被认为是国家主权范围内的问题。欧盟至今没有强制成员国选择一个促进可再生能源发展的单一计划，成员国可自由选择各种支持机制，来达到可再生能源目标。随着可再生能源产品增加，各国不同支持计划的同时存在，可能会导致贸易和竞争的扭曲，影响未来数年内的增长①。

2009 年可再生能源指令也未采取任何明显影响成员国可再生能源支持计划框架或者要求全欧盟协调一致的措施。它将支持计划定义为：成员国……使用任何工具……通过减少该能源的成本来促进可再生能源的使用，在能出售的情况下提高价格，或通过可再生能源义务或其他方法来增加这种能源的容量。这些计划包括“投资援助、免税或减税，税收基金……绿色认证，和包括收够价格和优先支付在内的直接价格支付计划”②。当指令需要成员国采取措施增加在其国内可再生资源发电比例时，它并未强制采取任何特殊规定的支持计划。

在经济低迷的情况下，欧盟需要强制的、一体的、相互联接的

① See Tyler Hagenbuch, Establishing an Aggressive Legal Framework for the Future of Wind Energy in Europe, Vanderbilt Journal of Transnational Law, Vol. 42, No. 5, 2009, p. 1613.

② See Directive 2009/28/EC of the European Parliament and of the Council of 23 April 2009 on the promotion of the use of energy from renewable sources and amending and subsequently repealing Directives 2001/77/EC and 2003/30/EC, O J L 140, 05/06/2009, pp. 16-62.

成员国支持计划，来增强投资可再生能源项目的信心，从而创造更大、更有效的可再生能源市场。欧盟始终未能确立一个统一的支持计划，意味着单个成员国将继续发展相互分离的计划。随着时间推移，各国计划之间的差异将越难协调，并且出现一体化支持计划的可能性越来越小，即使将来能够协调，也将付出更高代价。

（二）实施上存在行政障碍

在欧洲发展可再生能源还存在着一些行政障碍，主要包括：

1. 行政延迟

欧盟成员国需要高效、易于控制的批准和许可可再生能源设施建设的行政程序。当前一些成员国的法律和执照的审批程序对可再生能源设施建设有着负面影响。审批程序不统一、否决权的不当使用及审批机构复杂都构成严重障碍。例如，在法国经2005年修正的2001年人网保证价法规定的行政程序复杂，并要求风电场建在指定的风力发展区（Wind Power Development Zone）才能从国家入网保证价项目中获益，某些地区禁止建设风力涡轮机，导致国家风能产业发展减速。在德国，虽然风力涡轮机建设在德国联邦建设法令（German Federal Building Code）中被优先考虑，但是德国也存在行政障碍，例如由于高度限制导致生产者不能把涡轮机建到最大发挥其能源生产潜能的高度①，等等。

2. 电网准入难

电网准入被普遍认为是欧盟可再生能源发展的障碍之一。如果可再生能源生产者无法上网出售他们的可再生能源，入网保证价以及限量和贸易计划将达不到预期效果。一些成员国可能具有发展可再生能源与现有电网联结的空间，而其他国家对电网容量另有要求。因此，成员国立法必须加速扩展电网基础设施的批准程序，做到下面两者之一：优先准入（向已接入的可再生能源生产者保证，他们将能够出售和传输其生产的电力）或有保证的准入（保证所

① See Tyler Hagenbuch, Establishing an Aggressive Legal Framework for the Future of Wind Energy in Europe, Vanderbilt Journal of Transnational Law, Vol. 42, No. 5, 2009, p. 1611.

有来自可再生能源的电力能获得最初的电网准入）。

（三）政策工具仍有缺陷

虽然在欧盟可再生能源法律框架内，各国为了实现指令目标，可以采用多种政策工具。但是，这些政策工具本身也存在缺陷。例如，税收刺激难以吸引长期投资，投资者往往认为此类政策措施有可能由于要服从于立法而随时被取消。而且只有可再生能源的商业运营能产生利润，以及得到的税收减免达到一定的程度才对投资者有吸引力，近年由于经济低迷，产生足够盈利的公司数量显著减少，影响了投资者的信心。

另外，固定电价的性质使它无法预测长期以后的风险因素。即，法定税率的价格保持不变，但市场电力价格波动，消费者负担的成本随市场电力价格变化。由于税率存在着受立法影响而发生变化的风险，经营者在计划项目时必须考虑附加风险，从而增加了消费者的总成本。因此固定电价给可再生能源生产者价格方面的保护，但不是一种增加容量的高效率方式。

绿色证书的特点是，证书价格建立在与电力市场相分离的市场基础上，要求能源生产者同时在两个金融市场活动：一个证书市场，一个传统能源市场。证书价格的每日波动使投资具有风险，绿色证书比固定电价机制需要更多的管理和行政安排。而且绿色证书在可再生能源投资者和电力公司之间存在利益不对称：前者倾向于长期合同以使风险最小化，而后者倾向于短期合同以使成本最小化，造成两者之间的关系难以协调。

如何协调使用政策工具，避免有关工具的缺陷带来的负面影响，是欧盟各成员国目前急需解决的问题。

（四）与气候立法存在冲突

发展可再生能源涉及环境和能源两大领域，和气候立法也有着不可分割的联系。欧盟的碳排放交易量与交易额占全球总量的3/4左右。2003年欧盟出台了Directive 2003/87/EC《温室气体排放配额交易指令》，旨在利用限量与贸易（Cap-and-Trade）体制要求成员国的能源密集部门与公司减排，为欧洲的限量与贸易减排项目奠定了法律基础。2004年10月，欧盟颁布Directive 2004/101/EC

《连接指令》①（Linking Directive），修订了《温室气体排放配额交易指令》；2009 年 4 月 23 日，欧盟颁布了 Directive 2009/29/EC 再次修订 2003 年排放配额交易指令，促进和拓展共同体的排放配额交易计划。同时颁布的 Directive 2009/31/EC《碳捕获与储存指令》②，为碳捕获与储存技术应用提供法律和政策框架。

2009 排放配额交易指令建立一个欧盟范围的排放交易计划，作为对最初试图在 Directive2003/87/EC 中建立一个限量和贸易体制的修正，成员国必须保证其国内没有未获许可或"配额"就排放温室气体的设施。③ 成员国为其许可的总量及分配制定一个计划。一旦国家分配了配额，公司排放超过其配额就必须从排放少的公司那里购买所需配额。这样建立一个排放的自由市场，它能限制排放并有偿出售其配额，污染多付费就多。这种排放交易系统刺激企业少排放，对限制温室气体排放具有直接影响，并间接促进可再生能源。但是可再生能源的发展却可能反过来对排放交易体系产生负面影响。2009 年可再生能源指令刺激了可再生能源发展，欧盟近期对可再生能源的大规模投资高速增长。雅典国家技术大学 2010 年编写的《欧盟 2030 年能源趋势》报告认为，可再生能源迅

① See Directive 2004/101/EC of the European Parliament and of the Council of 27 October 2004 amending Directive 2003/87/EC establishing a scheme for greenhouse gas emission allowance trading within the Community, in respect of the Kyoto Protocol's project mechanismsText with EEA relevance, O J L 338, 13/11/2004, pp. 18-23.

② See Directive 2009/31/EC of the European Parliament and of the Council of 23 April 2009 on the geological storage of carbon dioxide and amending Council Directive 85/337/EEC, European Parliament and Council Directives 2000/60/EC, 2001/80/EC, 2004/35/EC, 2006/12/EC, 2008/1/EC and Regulation (EC) No 1013/2006, O J L 140, 05/06/2009, pp. 114-135.

③ See Directive 2009/28/EC of the European Parliament and of the Council of 23 April 2009 on the promotion of the use of energy from renewable sources and amending and subsequently repealing Directives 2001/77/EC and 2003/30/EC, O J L 140, 05/06/2009, pp. 16-62.

速发展将会导致企业对碳排放配额的需求大幅度降低，同时碳排放配额的价格也会随之走低。碳捕捉和储存技术的发展很大程度上依赖于碳价格的走势，碳价格越低，越不利于碳捕捉和储存技术的市场化竞争。而对于欧盟的排放交易体系，碳定价是至关重要的因素，这将削弱对碳捕获和储存技术的投资，影响排放交易体系①。因此，欧盟需要协调气候与可再生能源立法，从而保证2020目标的实现。

总而言之，可再生能源对于欧盟减少能源生产和消费产生的温室气体的排放，以及降低对传统能源的依赖，促进能源多样化，保证供应安全具有特殊意义。欧盟的可再生能源法律政策经过几十年的发展，已由处于能源战略的边缘地位，逐步走向立法和政策制定的中心。为了达到2020年可再生能源占欧盟能源总消费20%的目标，欧盟近年来对可再生能源法律政策进行了密集调整，2009年出台新的可再生能源指令，在2010年新的能源战略通报中也把可再生能源放在重要位置。

欧盟可再生能源法律政策目前已具有较为完整的体系，既有表明政策导向的能源战略作为指导，又分别在可再生能源发电、供热制冷、运输方面形成了具体的立法框架，同时对风能、生物燃料等具体的能源类型也进行了专门的立法规范。另外，在国家和欧盟层面上财政政策工具的有效选择和组合非常重要。欧盟在资助可再生能源的政策工具方面有了长足发展。成员国为了达到欧盟可再生能源目标，结合各自能源结构特点、国家环境资源状况，采用支持可再生能源发展的财政工具，包括拨款、贷款和担保贷款、股权基金、收购价格、津贴、配额/认证计划、财政刺激和投标等。成员国根据可再生能源技术和项目的情况，灵活采用符合自身特点的政策工具。

从欧盟2010年以来发布的有关文件来看，目前欧盟所采取的

① See http://www.weather.com.cn/climate/qhbhyw/11/1182416.shtml.

措施还不够充分，实现“20-20-20 目标”还有一定困难，因此有必要采取新的立法措施和政策工具。欧盟依然以竞争性、安全、可持续作为其可再生能源法律政策的目标，希望通过技术和市场的创新，来进一步推动可再生能源的发展。

第四章　欧盟核能法律与政策

欧盟面临的能源挑战很多，其中最主要的问题是日益增长的能源需求、能源来源的多元化和保障合理价格上的能源供应，以及满足温室气体减排方面的承诺。核能①是一个低碳能源部门，而且成本相对稳定，在保证欧盟能源供应安全和应对气候变化方面具有重要作用。在很多国家都发现产生了核能的燃料——铀，这是核能与石油和天然气的显著不同之处。欧盟成员国把铀作为价格波动最小、排放二氧化碳最少的能源资源。当前，核电大约占欧盟电力的1/3，总能源消费的15%②。

1957年《建立欧洲原子能共同体条约》为欧洲和平利用核能奠定了法律基础。沿着《建立欧洲原子能共同体条约》制定的发展思路，欧洲原子能共同体通过一系列立法，形成了欧盟核能法律框架，主要内容包括加强研究领域的合作，建立共同安全标准保护公众，确保足够和公平的矿石和核燃料供应，监督核原料的和平利用，与其他国家和国际组织合作。2011年3月发生的日本核危机，促使欧盟成员国考虑是否继续选择核能。欧盟也于2011年9月29日，提出新的立法提案，建议采取特殊措施保护在核能领域工作的人员和广大公众的健康，以及防止环境遭受核燃料及其废物带来的

---

① 核能又称原子能，它是原子核里的核子——中子或质子，重新分配和组合时释放出来的能量。核能分为两类：一类叫裂变能，一类叫聚变能。本书中核能与原子能是同义语。

② http://europa.eu/legislation_summaries/energy/nuclear_energy/index_en.htm.

危害①。

第一节《建立欧洲原子能共同体条约》

一、《建立欧洲原子能共同体条约》的签订

1951年《建立欧洲煤钢共同体条约》签订，欧洲煤钢共同体于1952年7月成立，当时的六个成员国将部分主权权力让渡给共同体，虽然还局限在很有限的范围内，但是这是第一个走向“超国家欧洲”所取得的重大成就②。

1955年6月召开的墨西拿会议向前推进了欧洲进程，随后又召开了一系列部长和专家会议。1956年初成立了筹备委员会，其任务是就建立一个欧洲共同市场准备一份报告。1956年4月，筹备委员会提出两个方案：建立普遍的共同市场和一个原子能共同体。1957年3月在罗马签订了《罗马条约》，即《建立欧洲经济共同体条约》和《建立欧洲原子能共同体条约》，1958年1月两个条约生效，正式建立了欧洲经济共同体（European Economic Community，EEC）和欧洲原子能共同体（European Atomic Energy Community，Euratom）。

二、《建立欧洲原子能共同体条约》的目标

为了应对20世纪50年代传统能源的总体缺乏，共同体的六个成员国（比利时、法国、德国、意大利、卢森堡和荷兰）把核能作为实现能源独立的方法。由于靠一个国家无法承担投资核能的成本，六个成员国联合在一起成立欧洲原子能共同体是实现核能发展

① See Proposal for a Council Directive laying down basic standards for protection against the dangers arising from exposure to ionising radiation, COM (2011) 593 final, 29/09/2011.

② See Communication from the Commission to the Council and the European Parliament, 50 years of the Euratom Treaty, COM(2007)0124 final, 20/03/2007.

的有效途径。

《建立欧洲原子能共同体条约》在序言中提出："意识到原子能是保证生产发展和革新的主要资源并能促进和平事业的发展……决心为发展强大的核工业创造条件，此项核工业是广泛、可利用的能源和技术革新的源泉并具有造福于各成员国人民的多种其他用途；渴望创造能避免使居民的生命和健康受到危害的安全条件；愿意使其他国家参加各成员国的共同事业并愿意同致力于和平发展原子能的国际组织进行合作……"① 这表明，条约的目标是建立和发展欧洲的核工业，使全体成员国都能从发展原子能中获益，并保证供应安全。同时，条约确立了很高的安全管制标准，防止民用核原料被转作军用。而且，欧洲原子能共同体的权力限于民用核能的和平使用。《建立欧洲原子能共同体条约》把成员国的核工业集合起来，而且仅适用于特定的在条约所包含的范围内（也就是特殊裂变物质、原料、提取原料的矿石）活动的实体（成员国、自然人、公共或私人企业或机构）。

三、《建立欧洲原子能共同体条约》的结构

1957 年的《建立欧洲原子能共同体条约》除序言外，共有六编 234 条。2007 年 12 月经过《修订〈欧洲联盟条约〉和〈建立欧洲共同体条约〉的条约》的修订，条款减少至 177 条。第一编提出了条约赋予共同体的七项使命；第二编鼓励核能领域的发展，包括促进研究、信息传播、健康与安全、投资、共同企业、供应、安全管制、所有权、核共同市场与对外关系；第三编是共同体的机构和一般财政条款，2007 年 12 月签署的《修订〈欧洲联盟条约〉和〈建立欧洲共同体条约〉的条约》对此部分进行了修改；第四编是特殊的财政条款；第五编是一般条款；第六编是关于初创时期的条款。

该条约还包括了关于条约第 4 条中核能的研究领域、第 41 条

① Consolidated version of the Treaty establishing the European Atomic Energy Community, O J C 84, 30/03/2010.

中的工业部门、第48条下给予共同企业的优惠、第九章核共同市场所指的货物和产品清单、第215条中的初步研究和培训计划的5个附件。另外，该条约还附加了两个议定书，即《建立欧洲原子能共同体条约适用于荷兰王国非欧洲部分的议定书》和《关于欧洲原子能共同体法院规约的议定书》。

四、原子能共同体的使命与主要行动

根据《建立欧洲原子能共同体条约》，原子能共同体的使命是"通过为核工业的迅速建立和成长创造必要的条件，对各成员国国内的生活水平的提高以及与其他国家的贸易的发展作出贡献"①。为完成使命，原子能共同体需要在以下方面采取行动：

（一）促进研究和保证技术信息的传播

委员会号召成员国、个人及企业与它沟通他们核能研究方面的项目。委员会定期公布它认为研究还不够充分的核部门，并成立了联合核研究中心（joint nuclear research centre，JRC）。联合研究中心（JRC）成为共同体核研究以及环境和食品安全领域的领跑者。成员国、个人及企业通过向委员会申请，有权在共同体所拥有的专利权、临时保护权、实用新型或专利申请等方面取得非排他性的许可证。

（二）制定保护居民和劳动者健康的统一安全标准并监督其实施

各成员国制定了适当的法律、法规和行政条例来保证执行条约所规定的基本标准，包括必要的教学、教育和职业培训措施；在医疗应用、研究、食品所允许的最高辐射污染水平和放射性紧急事件中应采取的健康保护措施等方面也进行了立法。要求成员国向委员会提供与任何放射线废弃物处置计划有关的总体数据。如果这些计划有可能影响到其他成员国，就必须征得委员会的同意。

（三）为投资提供便利并保证发展核能所必须的基础设施建设

委员会定期出版说明性的核计划（publish illustrative nuclear

① Consolidated version of the Treaty establishing the European Atomic Energy Community, O J C 84, 30/03/2010.

programmes, PINCs)，公布核能生产目标和实现该目标的投资需求。隶属于条约附件二列明的工业部门的个人和企业，他们的任何投资计划都应向委员会提交。

（四）保证共同体的所有使用者获得正常、公平的矿石和核燃料供应

建立在平等获得资源原则的基础上，通过共同供应政策来保证矿石、原料和特种裂变物质的供应。条约规定："禁止任何旨在使某些使用者取得特权地位的惯例；成立原料供应处（Euratom Supply Agency)，对各成员国领土内出产的矿石、原料和特种裂变物质的选择权，并在来自共同体内部或外部的矿石、原料或特种裂变物质方面行使专属权。"①

原料供应处具有法人资格和独立核算权，受委员会监督，委员会向原料供应处提出规则提案并有权否决其决定。成员国必须向委员会提交关于勘探和生产发展、可能的储量、其境内已进行或计划中的矿业投资等方面的年度报告。

（五）确保民用核原料未被挪作他用

条约采用极为全面和严格的安全管制系统（safeguarding system)，来保证民用核原料不会被挪用于成员国所声称的民用以外的用途。欧盟在此领域有绝对的权力，它有一个 300 名检查员组成的小组在欧盟范围内实施欧洲原子能机构的安全管制。

委员会必须确保在成员国境内使用者不得改变其所声称的关于矿石、原料及特种裂变物质的用途；涉及供应的各项规定和确保利用原料、设备等共同市场获得最佳可用技术的任何承诺应予以遵守。委员会可向成员国境内派出检查员，检查员可随时进入任何地点向负责管理处于安全管制下物质、装备或设施的人要求获得一切情报资料。在成员国、共同体和国际原子能机构（International Atomic Energy Agency，IAEA）三方协议的情况下，欧洲原子能机构安全管制与国际原子能机构的安全管制共同适用。

① Consolidated version of the Treaty establishing the European Atomic Energy Community, O J C 84, 30/03/2010.

如果违反这些义务，委员会可以对负有责任的个人或企业进行制裁。这些制裁包括简单的警告、收回已分配的全部或部分原料或特种裂变物质、取消财政帮助或技术援助等特殊利益以及指派人员或小组对该企业进行管理。

（六）行使共同体在特种裂变物质方面被确认的所有权

特种裂变物质属于共同体所有。成员国、个人或企业必须遵守依据条约所承担的义务，特别是有关安全管制、原料供应处的选择权和健康保护方面的义务，对其所合法拥有的特种裂变核物质享有最广泛的使用权和消费权。

（七）通过与他国及国际组织合作在和平利用核能方面取得进步

欧洲原子能共同体是一个与联合国合作的独立组织，其目标是一方面要促进核能的和平利用，另一方面要确保它所提供的帮助不被用于军事目的。

委员会与第三国谈判并缔结核合作协议。但是，缔结此类协议要得到理事会批准。成员国要将与第三国、国际组织的协议或合同草案通知委员会。现在欧洲原子能共同体与许多国家定有协议，包括美国、澳大利亚、加拿大等。

（八）成立共同企业

《建立欧洲原子能共同体条约》第五章规定在共同体内的核工业发展中起着极其重要作用的企业，可以根据第46条至第51条的规定成立共同企业（joint undertakings）。委员会负责向理事会提交成立有关共同企业的提案，包括企业成立地点，提供资金的额度和进度，共同体对共同企业的可能资金投入，第三国、国际组织或第三国国民对共同企业的可能资金投入或参与管理，优惠给予等内容。最终由理事会通过决定来宣布成立共同企业。这些企业是为了对欧洲核工业发展具有根本重要性的特殊项目而设立的，在成员国内享有各本国法人根据其本国法律所享有的最广泛的权利能力，可取得和转让不动产及动产并可进行诉讼。

五、组织机构

欧洲原子能共同体的组织机构与欧洲经济共同体类似，围绕着理事会、委员会、欧洲议会组成的“机构三角”而建立，还包括法院和审计院。每个机构都在条约赋予它的权力内行动。一个起到咨询作用的经济和社会委员会为理事会和委员会提供协助。共同体机构对条约实施及两个特殊的欧洲原子能共同体实体负有责任：原料供应处和安全管制办公室。

虽然欧洲原子能共同体条约在某些领域给予共同体的不是严格、绝对的权力，但是它给其成员国保留了附加的价值：以此条约为基础，委员会已经采用建议和决定（即使没有拘束力）制定欧洲标准。另外，必须强调的是共同体政策，如环境和研究政策，都对核工业具有显著影响。

六、欧洲原子能共同体条约的未来

（一）欧盟东扩

在欧盟东扩的情况下，我们更容易发现欧洲原子能共同体和欧盟的附加价值。根据《建立欧洲原子能共同体条约》的要求，欧盟对核能采取候选国家必须服从的、协调的共同体方法。欧盟东扩凸显了核部门，特别是核安全问题。对许多东欧国家（欧盟新加入国、候选国）来说核电是重要的能源资源。但是，其核电厂的安全标准和公众及工人的保护水平还不够。在此情况下，委员会已经通过 PHARE 计划向他们提供支持来改善这种情况。苏联解体后，许多新独立的国家都面临着同样问题，在加入欧盟的过程中它们也从委员会获得了帮助①。

另外，其他一些核问题，诸如核设施操作安全、放射性废物储存和核不扩散（核安全管制）等也变得更为重要。即使成员国保留在这些领域的大部分权力，国际上在核安全公约（the Convention on Nuclear Safety）等一系列条约、公约和倡议的作用下还是达到了一定程度的统一，这些条约、公约和倡议结合起来形成一个国际

---

① See Proposal for a Council Directive laying down basic standards for protection against the dangers arising from exposure to ionising radiation, COM (2011)593 final, 29/09/2011.

规制框架，来规范核部门的活动。

（二）2007 年修订条约的影响

原来欧共体条约，没有给欧洲原子能共同体条约带来重要影响。欧洲原子能共同体并没有与欧盟合并，因此保留了独立的法律人格，同时分享着共同的机构。2007 年 12 月签署的《修订〈欧洲联盟条约〉和〈建立欧洲共同体条约〉的条约》，通过它的“修订建立欧洲原子能共同体的条约的 12 议定书”改变了欧洲原子能共同体条约的某些条款。这些变化限于适应《修订条约》所建立的新规则，特别是在机构和财政方面。

2007 年 3 月委员会审查和评估了欧洲原子能共同体条约的前景。结果总体上是积极的，特别是在研究、健康保护、监督核原料的和平利用和国际关系方面。核电的优点由于需要保证能源供应安全以及关注气候变化而显现出来①。未来，欧洲原子能共同体条约的实施需要继续关注辐射防护和核原料安全。欧洲原子能共同体将继续引导欧盟核工业的发展，保证成员国对放射性保护、安全、保障高标准的遵守。

第二节　欧盟核能法律与政策发展概述

《建立欧洲原子能共同体条约》为欧盟的核能发展建立了总体框架，此后欧盟围绕条约的重点行动领域发展了关于核能的次级立法和政策，并在不同历史时期，形成了重点各异的阶段性发展的特点。

一、核能共同企业法律政策

（一）石油危机促进核能政策发展

成立欧洲原子能共同体本意是要促使成员国共同研究开发核能，满足共同体各国日益增长的能源需求。但是欧洲原子能共同体

① See Communication from the Commission to the Council and the European Parliament, 50 years of the Euratom Treaty, COM(2007)0124 final. 20/03/2007.

成立初期，各成员国在实际执行中并未完全遵守条约，导致欧洲原子能共同体仅发挥着极其有限的作用。而且20世纪60年代世界石油价格走低，供应充足，共同体各国不再把进口能源依赖问题放在议事日程的中心，发展核能的步伐明显放缓。然而1973年石油危机带来的巨大冲击，促使欧美国家认识到能源在未来将成为他们所面临的最大挑战。为了减少对石油的依赖，欧洲国家开始寻求替代能源，核能成为共同体发展的重要领域。

1974年12月通过的《1985年共同体能源政策目标决议》中把发展核能作为降低进口能源依存度的主要措施，提出要更加依赖电力，尤其是核电，到1985年要把核能装机发电量提高到160～200千兆瓦（GW）①。

（二）共同企业法律政策兴起

共同企业是为了对欧洲核工业发展具有根本重要性的特殊项目而设立的。1974年出台的《1985年共同体能源政策目标决议》所制定的核能发展目标促进了共同体对核能的投资，1974年至1980年关于“共同企业”次级立法也迅速发展。在此期间，理事会通过了一系列关于共同企业的决定，1961年成立SENA（société d'energie nucléaire franco-belge des Ardennes）②，1974年成立HKG（the Hochtemperatur-Kernkraftwerk GmbH）③，1975年成立SBK（Schnell-Brüter-Kernkraftwerksgesellschaft mbH）④，1978年成立JET

① See Council of the European Communities, Council Resolution of 17 December 1974 concerning Community energy policy Objectives for 1985, O J C 153, 09/07/1975, pp. 2-4.

② See EAEC Council: Decision on the establishment of the "société d'energie nucléaire franco-belge des Ardennes" Joint Undertaking, O J 065, 09/10/1961, pp. 1173-1189.

③ See 74/296/Euratom: Council Decision of 4 June 1974 on the conferring of advantages on the Hochtemperatur-Kernkraftwerk GmbH (HKG) Joint Undertaking, O J L 165, 20/06/1974, pp. 14-15.

④ See 75/328/Euratom: Council Decision of 20 May 1975 on the establishment of the Joint Undertaking "Schnell-Brüter-Kernkraftwerksgesellschaft mbH" (SBK), O J L 152, 12/06/1975, pp. 8-10.

(the Joint European Torus)① 等共同企业。

(三) 共同企业法律政策的最新发展

1978年成立的JET是核聚变领域的共同企业，为欧盟在该领域的研究做出很多贡献，JET企业于2000年解散，但是其活动在欧洲核聚变发展协议（European Fusion Development Agreement, EFDA）和ITER项目下继续进行，已经超出了欧洲范围，成为一个国际合作项目。1988年开始发展的ITER是核聚变领域发展的一个新阶段，在2001年产生了一个研究设施的详细设计，表明欧盟可以把核聚变能作为能产生利益的能源资源，对于保证长期能源供应多元化和安全方面具有特殊意义。2003年欧盟选定法国的卡达拉舍（Cadarache）作为ITER的试验地点。2007年3月27日，理事会通过2007/198/Euratom决定②，成立ITER共同企业，发展核聚变能，并给予该企业优惠政策。企业位于西班牙的巴塞罗那，目标是为ITER国际聚变能组织（the ITER International Fusion Energy Organization）和与日本合作的Broader Approach行动作出贡献，为建设一个展示性的核聚变反应堆及相关设施做准备，并对ITER项目地点的准备情况进行监督，为ITER组织提供原料、财政和人力资源、科学和技术研究合作及发展。2011年12月1日，欧委会、理事会和欧洲议会达成协议，将在2012—2013年对ITER项目增加1.3亿欧元的资金③。

① See Council Decision 78/471/Euratom of 30 May 1978 on the establishment of the Joint European Torus (JET), Joint Undertaking (OJ L 151, 7. 6. 1978, p. 10). Decision as last amended by Decision 98/585/Euratom (OJ L 282, 20. 10. 1998, p. 65).

② See 2007/198/Euratom: Council Decision of 27 March 2007 establishing the European Joint Undertaking for ITER and the Development of Fusion Energy and conferring advantages upon it, OJ L 90, 30/03/2007, pp. 58-72.

③ See http://ec.europa.eu/dgs/jrc/index.cfm? id = 1410&obj_id = 14260&dt_code = NWS&lang = en.

二、核能研发和知识传播法律政策

《建立欧洲原子能共同体条约》第二编第一章为共同体的核能研发和知识传播奠定了法律基础。核能一直处于欧盟能源研发集中的领域。

（一）JRC 研究计划

根据《建立欧洲原子能共同体条约》第 8 条的规定，欧洲原子能共同体成立初期，就通过联合核研究中心（Joint nuclear research centre）开展核能研究，完善核部门的安全技术①。

1958 年在意大利 Ispra 建立了第一个核能研究机构被视为核能研究计划的开端。一年后，Ispra-1 反应堆建成，意大利当局 1959 年同意将此试验点转交给欧委会。Ispra 的试验主要是研究和发展核反应堆的雏形②。由于理事会无法就第二个五年计划（1963—1967）达成一致，JRC 研究计划的发展进入困难时期。直到 1973 年 JRC 研究计划才重新回到发展轨道上，理事会采用了一个包括资源分配内容的多年计划，有利于研究和资助的长期有序规划③。

20 世纪 80 年代，在欧洲经济共同体内掀起了关于研究和技术发展行动能如何加强工业竞争性的争论。这导致共同体启动了与工业有关的计划及促进工业和研究之间合作。JRC 在这一时期更多地与国家研究机构合作。1979 年的三里岛事故和 1986 年切尔诺贝利事故使得核安全受到公众关注。此阶段 JRC 计划研究重点是核安全问题，特别是反应堆安全和核废料处理。JRC 启动的 Loop Off-Normal Behaviour Investigations（LOBI）项目，就是致力于核反应堆的安全评估④。1980 年 JRC 总预算 5.11 亿 EUA（欧洲记账单位），其中 1.51 亿用于核反应堆安全研究，占总预算的 1/3。在核废料

① See Consolidated version of the Treaty establishing the European Atomic Energy Community, O J C 84, 30/03/2010.

② See http://ec.europa.eu/dgs/jrc/index.cfm? id=3800&lang=en.

③ See http://ec.europa.eu/dgs/jrc/index.cfm? id=3810.

④ See http://ec.europa.eu/dgs/jrc/index.cfm? id=3820.

方面的研究工作也比前一个计划翻了一倍①。

20 世纪 90 年代，JRC 进一步在核能及环境领域发展，同时关注公众健康与安全。JRC 在发展核查发电核原料不被暗中挪动的方法和工具起到重要作用，它还建立了特殊的实验室用于监测法国和英国再处理厂核燃料的流向。在 Ispra 建立和运行了一个展示性实验室（Performance Laboratory）来发展和研究核安全管制非毁灭性分析设备，这个实验室也用于培训欧洲原子能共同体和国际原子能机构的核查员②。

21 世纪初由于气候变化成为欧洲公民所关心的问题，从而导致对核能与环境的认识更为深化。2006 年，欧洲原子能共同体加入《第四代核能系统研究与发展国际合作框架协议》(the Framework Agreement for International Collaboration on Research and Development of Generation IV Nuclear Energy Systems, GIF Framework Agreement)。第四代核能系统是指能够提供竞争性、供应可靠的能源，并且强调核安全、不扩散及关注公众。JRC 不仅在第四代核能系统国际论坛上作为欧洲原子能共同体的实施机构，而且也积极参与研发活动，这些研发活动主要包括燃料发展、再处理和放射性试验、燃料基础数据、废物处理等③。

经过 50 多年的发展，如今的 JPR 已经不再是欧洲原子能共同体成立初期仅为发展核能而建立的机构，它的研究范围已远远超出了核能领域，广泛涉及能源、环境、食品、信息、数据交换等各方面的科学研究。

(二) FP 研究框架计划

研发框架计划（framework programme，FP）是欧盟整合科技资源，协调成员国科研活动的重要措施。1983 年，理事会批准了第一个研发框架计划 FP1（1984—1987），能源研究方面获得了大量

① 参见冯建中:《欧盟能源战略:走向低碳经济》,时事出版社 2010 年版，第 78 页。

② See http://ec. europa. eu/dgs/jrc/index. cfm? id=3830.

③ See http://ec. europa. eu/dgs/jrc/index. cfm? id=3840.

资金①。1987 年理事会批准 FP2（1987—1991）仍将能源作为重点研究领域，其中核能方面的预算达到 10.51 亿 EUA，主要研发内容集中在核裂变、可控核聚变两个方面②。

理事会于 1990 年批准的 FP3（1990—1994）在时间上与 FP2 有所重叠，它规定了 6 个研发领域，核能研究以核裂变安全和受控热核聚变为主，加上 1992 年追加的资金，总预算达到 7.96 亿 EUA③。此阶段非核能能源领域的研究资金增加，核能研究资金减少，反映了欧盟能源政策朝着更加重视能源多元化的方向发展。1994 年通过的 FP4 与此前的 3 个框架计划有所不同，它是在马斯特里赫特条约规定的立法程序下制定的第一个框架计划，内容更为广泛，包含了以往独立于框架计划之外的项目。FP4 的核研究仍然以核裂变安全和热核聚变为主④。

《京都议定书》的签署影响了欧盟核能研发计划的发展。由于核能不排放温室气体，因此发展核能对欧盟实现减排目标、应对气候变化具有重要作用。1998 年 FP5（1998—2002）继续把能源作为研究主题之一，其中包括开展核能研究和培训的计划⑤。这一 EURATOM 计划主要是发展核裂变与核聚变的潜力，重点仍然是受

① See Council Resolution of 25 July 1983 on framework programme for Community research, development and demonstration activities and a first framework programme for 1984—1987, OJC 208, 04/08/1983, p. 1.

② See 87/590/EEC: Council Decision of 14 December 1987 relating to a research and development programme in the field of science and technology for development (1987—1991), OJ L 355, 17/12/1987, pp. 41-45.

③ See Opinion of the Economic and Social Committee on the proposal for a Council Decision concerning Supplementary Financing of the Third Framework Programme of Community Activities in the field of Research and Technological development (1990—1994), OJ C 19, 25/01/1993, pp. 106-111.

④ See Council of the European Union, Council Decision 1110/94/EC Forth framework programme of European Community activities in the field of research and technological development and demonstration (1994—1998), O J L 126, 18/05/1994, pp. 1-33.

⑤ See Council of the European Union, Council Decision 1999/175/Euratom of 25 January 1999 adopting a research and training programme (Euratom) in the field of nuclear energy (1998—2002), O J L64, 12/03/1999, pp. 142-153.

控核聚变和核裂变研究，这两方面的研究预算达到 9.8 亿欧元①。受控核聚变研究注重国际合作项目、示范反应堆建设；核裂变研究则侧重核设施安全和核废料管理、储存。FP6（2002—2006）中核能研发预算为 13.52 亿欧元。核裂变方面的研究重点在于核废料处理、核安全及辐射防护；核聚变研究重点是第四代反应堆研发②。

2006 年出台的 FP7（2007—2013）计划③的目标是为实现里斯本战略④服务，通过建设“欧洲研究区域”（European Research Area，ERA）、发展欧洲知识经济社会，把欧盟科技研发政策与经济社会政策统一起来。FP7 资助欧洲原子能共同体框架内的 EURATOM 计划（2007—2011）⑤，预算为 27.51 亿欧元，主要包括核裂变与辐射防护研究及核聚变能源研究⑥。FP4-FP7 对核能资

---

① See 1999/64/Euratom: Council Decision of 22 December 1998 concerning the Fifth Framework Programme of the European Atomic Energy Community (Euratom) for research and training activities (1998—2002), OJ L 26, 01/02/1999, pp. 34-45.

② See Decision No1513/2002/EC of the European Parliament and the Council of concerning the Sixth Framework Programme of the European Community for research, technological development and demonstration activities (2002—2006), O J L 232, 29/08/2002, pp. 1-33.

③ See Decision No 1982/2006/EC of the European Parliament and of the Council of 18 December 2006 concerning the Seventh Framework Programme of the European Community for research, technological development and demonstration activities (2007—2013), OJ L 412, 30/12/2006, pp. 1-43.

④ 里斯本战略要使欧盟成为世界上最具活力和竞争力的知识经济社会，研究、教育和创新政策构成该战略的支撑。

⑤ See Council Decision 2006/969/EC of 18 December 2006 concerning the Seventh Framework Programme of the European Atomic Energy Community (Euratom) or nuclear research and training activities (2007—2011) O J L 391, 30/12/2006, pp. 19-27.

⑥ See European Parliament and the Council, Decision 2009/971/EC of 19 December 2006 concerning the Specific Programme “Cooperation” implementing the Seventh Framework Programme of the European Community for research, technological development and demonstration activities (2007—2013), O J L 400/86, 30/12/2006.

助如表4-1①所示。

表4-1　**欧盟FP4-FP7框架计划期间对核能的资助情况**

（单位：百万欧元）

序号	时间	核聚变	核裂变	JRC计划	总额
FP4	1994—1998	794	170	271	1235
FP5	1998—2002	788	191	281	1260
FP6	2002—2006	824	209	319	1352
FP7	2007—2011	1947	287	517	2751

三、核安全法律政策

由于核事故会带来国际影响，因此核安全一直都是国际社会的重要议题。虽然从历史角度来看，核安全一度被认为是国内规制方面的责任，但是单方面的国内立法并非促进核安全、保护国际环境的最佳途径②。欧洲在建立共同核能法律政策之初就将核安全列入《建立欧洲原子能共同体条约》第三章，明确规定“共同体应制定保护居民和劳动者健康的基本标准以防止电力辐射所产生的危险”③。从欧盟核安全法律政策的发展过程来看，世界范围内的重大核事故的发生和国际核安全法律规制的发展对欧盟核安全法律政策有着重要影响。

（一）切尔诺贝利事故后核安全立法兴起

虽然《建立欧洲原子能共同体条约》中已将核安全作为其行动目标之一，但是一直到20世纪80年代初，共同体的核能法律政

① 资料来源 http://ec. europa. eu/energy/nuclear/research_en. htm。

② See Karen McMillan, Strengthening the International Legal Framework for Nuclear Energy, Georgetown International Environmental Law Review, Vol. 13, No. 3, 2001: p. 988.

③ See Consolidated version of the Treaty establishing the European Atomic Energy Community, O J C 84, 30/03/2010.

策仍集中在核能研发和投资两个方面，除了 80/836/Euratom 指令①和 84/466/Euratom 指令②、84/467/Euratom 指令③外，关于核安全和辐射防护的立法都是在切尔诺贝利核事故发生以后才开展的。切尔诺贝利核事故带来的跨国危害促使各国正视核事故的潜在国际影响，欧盟认识到必须通过立法措施来加强核设施的安全管理，才能避免类似事件在欧盟内发生。

1987 年开始，欧盟有关核设施安全与辐射防护的立法兴起，尤其是在关于紧急情况的准备方面，1987 年通过了关于在辐射紧急事故中机构之间及早交换信息的 87/600/Euratom 决定④，1989 年出台了关于在紧急事故中将所采取的措施通知公众的 89/618/Euratom 指令⑤，这都可以说是欧盟核安全立法方面对切尔诺贝利核事故的反应。目前，核安全是欧盟核能法律中数量最多的部分，分为环境活动、基本安全标准、户外工人防护、医学领域防护、信息、食物和饲料污染、未来事故、高活性密封放射源、放射性废物管理等方面，形成了较为完整的体系。

---

① See Council Directive 80/836/Euratom of 15 July 1980 amending the Directives laying down the basic safety standards for the health protection of the general public and workers against the dangers of ionizing radiation OJ L 246, 17/09/1980, pp. 1-72.

② See Council Directive 84/466/Euratom of 3 September 1984 laying down basic measures for the radiation protection of persons undergoing medical examination or treatment, OJ L 265, 05/10/1984, pp. 1-3.

③ See Council Directive 84/467/Euratom of 3 September 1984 amending Directive 80/836/Euratom as regards the basic safety standards for the health protection of the general public and workers against the dangers of ionizing radiation OJ L 265, 05/10/1984, pp. 4-156.

④ See Council Decision 87/600/Euratom of 14 December 1987 on Community arrangements for the early exchange of information in the event of a radiological emergency, O J L 371, 30/12/1987, pp. 76-78.

⑤ See Council Directive 89/618/Euratom of 27 November 1989 on informing the general public about health protection measures to be applied and steps to be taken in the event of a radiological emergency, O J L 357, 07/12/1989, pp. 31-34.

（二）国际核安全法律的影响

国际法律规制是提高核能安全的最重要的手段之一，其发端于1946年《核能国际控制报告》(Report on the International Control of Nuclear Energy)，该报告首次提出要对核能进行国际监督①。1957年至1958年，国际原子能机构（International Atomic Energy Agency，IAEA）和欧洲原子能共同体的建立是核安全国际规制的重要发展，是实践和平利用原子能原则的国际势力的核心②。

国际原子能机构的安全目标是加强信息和技术交流、建立核安全标准并为成员国提供安全服务③。它在国际核发展和技术方面地位突出，被认为是核能国际法律制度建设的重要机构。国际原子能机构的成员国比欧洲原子能共同体和原子能机构（OECD/Nuclear Energy Agency，NEA）多，并组织签订了五个与核安全有关的多边公约:《核事故及早通报公约》④、《核事故或辐射紧急情况事件中协助公约》⑤、《核损害民事责任维也纳公约》⑥、《核损害补偿赔偿公约》⑦、《核安全公约》⑧。

---

① See Karen McMillan, Strengthening the International Legal Framework for Nuclear Energy, *Georgetown International Environmental Law Review*, Vol. 13, No. 3, 2001: p. 989.

② 参见高宁:《国际原子能机构与核能利用的国际法律控制》,北京:中国政法大学出版社2009年版,第13页。

③ See Statute of the International Atomic Energy Agency, October 23, 1956, art. II (entered into force July 29, 1957).

④ See Convention on Early Notification of a Nuclear Accident, September 26, 1986, S. TREATY DOC. No. 4, (1987), 25 I. L. M. 1370.

⑤ See Convention on Assistance in Case of a Nuclear Accident or Radiological Emergency, September 26, 1986, S. TREATY DOC. No. 4, (1987), 25 I. L. M. 1377.

⑥ See Vienna Convention on Civil Liability for Nuclear Damage, May 21, 1963, as amended by the Protocol from the IAEA Convention on Civil Liability for Nuclear Damage, September 12, 1997.

⑦ See Convention on Nuclear Safety, September 29, 1994 (entered into force October 24, 1996), available at IAEA (Legal Series No. 16, 1994).

⑧ See Convention on Supplementary Compensation for Nuclear Damage, September 12, 1997, reprinted in IAEA Doc. INFCIRC/567.

《核安全公约》建立了广泛的核安全原则，要求缔约方全面履行在民用核电设施规制、管理和运营方面的义务。国际原子能机构在章程第 3 条 A（6）款授权下，制定了安全基本原则（IAEA Safety Fundamentals）。虽然国际原子能机构制定的安全标准具有自愿性，并没有拘束力，欧盟及成员国作为缔约方如果不加遵守也不会受到制裁。但是欧盟却对此给予高度重视，从 2001 年至 2007 年，欧盟发表了 3 个关于《核安全公约》义务履行情况的报告①，评价自身在安全、辐射防护、紧急情况准备，核设施选址、设计、建设和运营方面的法律和规制框架。这一时期的欧盟主要立法包括 1996 年基本安全标准指令②，1997 年医疗指令③和 2003 年高活性密封源指令④。

2009 年，欧盟通过关于为核设施安全建立共同体框架的 2009/

---

① See Report of 9 October 2001 on the implementation of the obligations of the Convention on Nuclear Safety, COM(2001) 568 final-2nd Review meeting of the Contracting Parties.

Report of 13 October 2004 on the implementation of the obligations under the Convention on Nuclear Safety-3rd Review meeting of the Contracting Parties, COM (2004) 3742 final.

Report of 1 October 2007 on the implementation of obligations under the Convention on Nuclear Safety-4th Review meeting of the Contracting Parties, COM (2007)4492 final.

② See Council Directive 96/29/Euratom of 13 May 1996 laying down basic safety standards for the protection of the health of workers and the general public against the dangers arising from ionizing radiation, O J L 159, 29/06/1996, pp. 1-114.

③ See Council Directive 97/43/Euratom of 30 June 1997 on health protection of individuals against the dangers of ionizing radiation in relation to medical exposure, and repealing Directive 84/466/Euratom, OJ L 180, 09/07/1997, pp. 22-27.

④ See Council Directive 2003/122/Euratom of 22 December 2003 on the control of high-activity sealed radioactive sources and orphan sources, OJ L 346, 31/12/2003, pp. 57-64.

71/Euratom 指令①，首次通过立法要求各成员国执行国际原子能机构的核安全标准，并明确各成员国拥有核电站的审批权，但同时必须制定严格的核安全标准以及进行核安全监控。

（三）福岛核事故后欧盟核安全立法的新发展

2011 年 3 月 11 日，日本地震引发福岛核电站核泄漏危机。3 月 14 日在布鲁塞尔召开的欧盟环境部长会议上，欧盟负责气候变化的委员康妮·赫泽高表示，无论发生什么，核能仍是主要能源之一，但欧盟会采取一切必要手段，确保欧盟国家的核安全。3 月 15 日，欧盟负责能源事务的委员京特·奥廷格召集各成员国代表在布鲁塞尔举行紧急协调会议，评估日本核电站形势，并讨论欧盟核能安全与发展问题。与会者包括各成员国能源部长、负责核安全机构代表以及电力和核技术企业代表。奥廷格表示欧盟必须从福岛核电站事故中吸取教训，但不会一夜之间就选择停止发展核能。如果有必要，欧盟将采取预防性措施，并对能源政策进行调整②。2011 年，核安全成为欧盟核能立法的主题。

2011 年 7 月 19 日欧盟通过"为核废料和放射性废物建立一个负责任和安全管理的共同体框架指令"③，将国际原子能机构安全标准纳入欧盟立法中，使之对欧盟成员国具有法律拘束力。2011 年 6 月 27 日，欧委会提出"关于建立人用水中放射性物质公众健康防护要求的指令"提案④；2011 年 9 月 29 日，欧委会提出新的

① See Council Directive 2009/71/Euratom of 25 June 2009 establishing a Community framework for the nuclear safety of nuclear installations Official Journal L 172,02/07/2009,pp. 18-22.

② See http://news. ifeng. com/gundong/detail _ 2011 _ 03/15/5171605 _ 0. shtml.

③ Council Directive 2011/70/Euratom of 19 July 2011 establishing a Community framework for the responsible and safe management of spent fuel and radioactive waste. O J L 199,2/8/2011,pp. 48-56.

④ See Proposal for a Council Directive laying down requirements for the protection of the health of the general public with regard to radioactive substances in water intended for human consumption,COM(2011)385 final,Brussels 27/06/2011.

“基本安全标准指令”（Basic Safety Standards Directive, BSS）提案①，力图为工人、患者和公众提供现有科学技术基础上最高水平的保护。

四、原料供应法律政策

根据《建立欧洲原子能共同体条约》第二编第六章的规定，欧洲原子能共同体成立了原料供应处。1958 年 11 月 6 日通过了原料供应处章程②，1960 年 6 月 1 日原料供应处开始运行。在原料供应处运行初期，条约规定的原料供应处的权能并未得到成员国很好地履行。条约的核心——由原料供应处集中提供铀供应，到 1973 年都没有真正落实③。

欧盟国家一直在发展核能方面有很大分歧，有的成员国将核能作为主要能源，而有的成员国则是无核国家。因此，欧盟的核矿石、原料和特殊核聚变物质的供应政策也受到多种社会和政治因素的影响。随着欧盟东扩，成员国数量增加，情况更为复杂，原料供应处所设的咨询委员会（Advisory Committee）也要扩大规模，适应变化，提高效率。另外，2002 年理事会通过适用于欧共体总预算的“财政条例”④，该条例需要根据《建立欧洲原子能共同体条约》第 183 条的规定适用于原料供应处，所以原料供应处章程相应条款也需要作出调整。2008 年 2 月 12 日，理事会通过了新的欧

① See Proposal for a Council Directive laying down basic standards for protection against the dangers arising from exposure to ionising radiation, COM (2011)593 final, Brussels, 29/09/2011.

② See EAEC Council: The Statutes of the Euratom Supply Agency, OJ 27, 06/12/1958, pp. 534-540.

③ 参见冯建中:《欧盟能源战略:走向低碳经济》,时事出版社 2010 年版,第 22 页。

④ Council Regulation (EC, Euratom) No 1605/2002 of 25 June 2002 on the Financial Regulation applicable to the general budget of the European Communities, OJ L 248, 16/9/2002, p. 1. Regulation as last amended by Regulation (EC) No 1525/2007, OJ L 343, 27/12/2007, p. 9.

洲原子能共同体原料供应处章程，共有三章 14 条①。主要内容包括：

（一）原料供应处的主要职能

原料供应处的主要职能是根据《建立欧洲原子能共同体条约》第二编第六章所规定的原则，通过共同的能源供应政策，保证欧盟内的所有使用者都能正常、公平地获得矿石、核燃料供应。为此，原料供应处应向共同体提供核市场的专门知识、信息和建议；监督可能影响供应安全的核原料和服务市场趋势；并与咨询委员会合作。

（二）选择权和签订供应合同专属权

根据《建立欧洲原子能共同体条约》第 52 条和第 57 条的规定，原料供应处作为对欧盟矿石、原料（例如自然铀）和特殊核裂变物质（例如富铀和钚）的供需负责任的机构，它对在成员国境内生产的上述原料有选择权，对于签订来自共同体内外的上述原料的供应合同有专属权利。2008 年的原料供应处章程中对这两种权利作出详细规定。

（三）财政条款

原料供应处财务独立核算。为了实现《建立欧洲原子能共同体条约》制定的目标，原料供应处可以随时将其欧元资产兑换成其他货币用于财政或商业活动。原料供应处从共同体预算及其资本和银行投资收入中获得财政来源，允许原料供应处对交易收费，用来支付供应处运行所需的开支。

（四）顾问委员会

顾问委员会是一个联系生产者、使用者和供应处的机构，有 56 名成员国任命的成员，这些人都是核能领域富有经验和专业知识的生产者、使用者和专家。顾问委员会是原料供应的论坛，为供应处提供核能供应、交易方面的建议、意见和信息，辅助原料供应处开展工作。原料供应处处长可就供应局资本、决定平衡供需的方法草案、编制供应处的资产负债表和报告、设立分支机构以及关闭

① See Council Decision 2008/114/EC, Euratom, of 12 February 2008 establishing Statutes for the Euratom Supply Agency, OJ L 41, 15/2/2008, pp. 15-20.

供应处等问题要求咨询委员会提供咨询意见。

五、核原料安全管制法律政策

核原料安全管制（safeguarding nuclear materials）是指使用者不得改变其所宣布的关于矿石、原料及特种核裂变物质的用途①。它与核安全（nuclear safety）是两个不同的概念，后者是指在核设施运行过程中采取措施限制事故风险。《建立欧洲原子能共同体条约》第七章对安全管制作出规定。欧盟所有成员国都是1968年《核不扩散条约》(the Nuclear Weapons Non-Proliferation Treaty）的缔约国，允许国际原子能机构对其民用核原料不能用于生产核武器和核爆炸装置进行核查。欧盟关于核原料安全管制的立法主要是1976年10月19日通过的“关于欧洲原子能共同体安全管制条款适用的3227/76条例”②，该条例在1990年和1993年被220/90条例③和2130/93条例④修改。进入21世纪以后，国际原子能机构的核安全管制系统面对新形势需要加强，而欧委会鉴于核工业发展及信息技术带来的冲击，也于2002年提出了关于核安全管制的新提案⑤。2005年2月8

① See Consolidated version of the Treaty establishing the European Atomic Energy Community, O J C 84, 30/03/2010.

② Commission Regulation (Euratom) No 3227/76 of 19 October 1976 concerning the application of the provisions on Euratom safeguards, O J L 363, 31/12/1976, pp. 1-57.

③ See Commission Regulation (Euratom) No 220/90 of 26 January 1990 amending Commission Regulation (Euratom) No 3227/76 of 19 October 1976 concerning the application of the provisions on Euratom safeguards, OJ L 22, 27/1/1990, p. 56.

④ See Commission Regulation (Euratom) No 2130/93 of 27 July 1993 amending Regulation (Euratom) No 3227/76 concerning the application of the provisions on Euratom safeguards, OJ L 191, 31/7/1993, p. 75.

⑤ See Proposal for a Council Decision approving a Commission Regulation on the application of Euratom safeguards, COM (2002) 0099 final, O J C 227 E, 24/09/2002, pp. 224-291.

日通过的302/2005条例①取代了1976年的3227/76条例，成为现行核原料安全管制的最重要的法律。该条例的主要内容包括：

（一）安全管制的范围（scope）

安全管制包括了整个核燃料周期，从成员国内的核燃料提取或者从第三国进口，到出口到欧盟之外的全过程。

（二）基本技术特征（basic technical characteristics）

所有条例中所规定的建立或运营核设施（包括用于生产、储存、分离、研究等用途）的个人或企业，都要声明其设施的基本技术特征。新设施的运行者必须在第一次收到交付的核燃料200天前声明设施的技术特征。声明必须具体说明：设施及核原料的鉴定和总体安排；核燃料的计算和控制系统。另外，一个核设施在开始建设200天前必须提交一个初步声明。

（三）活动提纲计划（outline programme of activities）

核设施的责任人必须起草设施有关活动的提纲计划，并提交给欧委会负责安全管制的部门。计划主要包括：一个年度的活动提纲计划；至少在采用一个物理清单前40天，提交工作计划；为了重新装载而开始关闭一个核反应堆前至少40天，提交有关关闭的计划。

（四）特殊管制条款（particular safeguard provisions）

对于特定的实施，欧委会可以采用特殊的安全管制条款。在特殊管制条款中，欧委会对程序进行明确了规定。通过这些程序，有关个人和企业必须满足与管制相关的要求：原料结余区域的设计及决定核原料流动和储存的关键点的选择；保存核原料记录的程序；起草物理清单的频率和程序；提交给欧委会的定期及特殊报告的类型和内容；公布控制措施的文件所包含的信息。

（五）核原料统计（accounting for nuclear materials）

建立一个核原料统计系统，用于统计和控制核设施所储存和使

① See Commission Regulation (Euratom) No 302/2005 of 8 February 2005 on the application of Euratom safeguards-Council/Commission statement, OJ L 54, 28/2/2005, pp. 1-71.

用的核原料。此系统能够证明提交给欧委会的声明的正当性，并保证正被使用或储存的核原料受到严密监管。关于这些原料的性质、形状、成分，它们的确切位置和有关责任以及与转移有关的数据方面的信息特别重要。在核原料统计系统下，责任人必须定期向欧委会提交报告，包括统计报告、原料结余报告、清单变化报告以及一个年度清单的摘要。如果发生核原料丢失等特殊情况，还要提交特别报告。

（六）国家间转移（transfers between States）

原料、特殊核裂变物质（主要是钚 239、铀 233 和铀 235）出口到第三国，或从一个没有核武器的成员国转移到有核武器的成员国，必须提前通知欧委会，反之亦然。在同一成员国内的设施，如果在 12 个月内转移的原料总量超过 1 有效公斤（one effective kilogramme），也要进行上述通知。矿石生产者每年都要将前一年度每个矿处理的原料总量通知欧委会，对第三国出口矿石必须在处理日之前通知欧委会。

（七）核武成员国特殊条款

《核不扩散条约》确认欧盟的两个成员国英国和法国是核武器国家。欧洲原子能共同体的安全管制不适用于英国和法国用于国防的核设施和核原料。在不会威胁国家安全的情况下，这两国声明民用的核设施或核原料则受到一定程度的限制。

第三节　2011 年核废料和放射性废物安全框架指令评析

应对气候变化带来一个副作用，那就是在世界范围内引起重新评估核电以及核能近年来的复兴。核能始终是一个颇具争议的议题，特别是公众对于核电引起的相关风险的争论从来没有停止过。

欧盟目前在 15 个成员国中有 143 座正在运行的核电站。其中，法国为 58 座，英国 19 座，德国 17 座，瑞典 10 座，西班牙 8 座，比利时 7 座。另外，意大利、波兰、捷克、斯洛伐克、芬兰和瑞典等国都计划新建或增建核电站，以减少对进口能源的依赖①。放射性废物和核废料是核电生产、医疗放射性同位素应用、工业、农业、研究和培训等活动产生的，所以不论是否用核电厂发电，欧盟的 27 个成员国都产生放射性废物。放射性废物和核废料管理需要强烈的政治认同，并将其转化为国家计划，才能得到适当地执行。要想增加主要参与者的法律确信并使之在技术知识方面获益，公众能获得充分信息，都需要欧盟层面采取共同行动，适用最高标准，保证最大透明度。

欧盟需要一个管理放射性废物和核废料的安全、可持续的方式，在欧盟全境实行高安全标准。建立共同标准既能给公众带来信心，又能在完全透明的情况下讨论如何采用最恰当的措施，因此成为欧盟的立法方向。

一、欧盟制定新指令的背景

（一）欧盟现有立法不能满足需要

放射性废物和核废料的安全管理具有跨国影响，很难仅依靠国内措施就得到保障。现有欧盟立法不能囊括所有与放射性废物和核废料有关的活动和设施，而且在国家政策与执行、决策过程中的公众信息或参与等方面也都存在问题。近几年来，欧洲议会、理事会以及欧洲经济和社会委员会，乃至最近欧洲核安全管理者集团（European Nuclear Safety Regulators Group，ENSREG）和欧洲核能论坛（the European Nuclear Energy Forum，ENEF）②都支持对放射性废物和核废料的安全管理采取欧盟措施。这反映了欧盟公民的诉求，要求欧洲立法规制欧盟内的放射性废物管理。

---

① See Citizen's Summary explaining the revised proposal for a Council Directive (Euratom) on the management of spent fuel and radioactive waste, available at http://ec. europa. eu/energy/nuclear/waste _ management/doc/2010 _ 11_03_citizens_summary. pdf.

② 欧洲核能论坛是 2007 年由欧委会发起的，旨在为成员国政府、欧盟机构、核工业、电力消费者和公民社会广泛、自由讨论透明度、核能的机遇和风险等问题提供一个平台。

虽然每个成员国有选择是否使用核能的权利，而为了所有成员国和欧盟公民的利益，欧盟支持发展核能。欧盟要制定最先进的共同法律框架来管理核能的使用，满足安全、保障和不扩散的最高标准，在欧洲乃至全世界倡导一种强有力的安全文化①。通过新的指令，是要向欧盟公民保证所有成员国会在一个共同的安全性和可持续性法律框架内采取行动。该指令也给欧盟成员国的国内立法、组织结构和国家计划提供参考，并加强国内安全机构的独立性。

（二）国际标准需要具有法律拘束力

欧洲原子能共同体、欧盟及成员国均为1994年通过的《核安全公约》的缔约方②，表明欧盟各成员国都重视核安全工作，愿意维持高水平的核安全，防范核事故，保护人类环境③。当前，国际原子能机构以及核废料安全管理与放射性废物安全管理联合公约（the Joint Convention on the Safety of Spent Fuel Management and on the Safety of Radioactive Waste Management，Joint Convention）已经制定了安全标准。但是这些机制只是自愿性的，其规则没有法律拘束力。欧盟在现有的得到国际认可的规则基础上进行立法，将使这些规则具有强制性并且在法律上可以得到实施。

理事会于2011年7月19日通过2011/70/Euratom“为核废料

① See Citizen's Summary explaining the revised proposal for a Council Directive (Euratom) on the management of spent fuel and radioactive waste, available at http://ec.europa.eu/energy/nuclear/waste_management/doc/2010_11_03_citizens_summary.pdf.

② See 1999/819/Euratom: Commission Decision of 16 November 1999 concerning the accession to the 1994 Convention on Nuclear Safety by the European Atomic Energy Community (Euratom) (notified under document number C(1999) 3223) OJ L 318, 11.12.1999, p.20；欧盟于2000年1月30日加入《核安全公约》。

③ See Convention on Nuclear Safety, September 29, 1994 (entered into force October 24, 1996), available at IAEA (Legal Series No.16, 1994).

和放射性废物建立一个负责任和安全管理的共同体框架指令"①（以下简称"放射性废物和核废料安全框架指令"）。此项立法适用于欧盟的所有成员国，无论成员国是否有核电站，都必须履行义务并接受同行检查。欧盟 27 个成员国一致通过的 2009/71/ Euratom《为核设施的核安全建立一个共同体框架》指令是安全和可持续利用核能的最先进法律框架的第一根支柱②，而 2011/70/Eurarom 指令作为欧盟采取的新的立法步骤，则是该框架的第二根支柱。

二、放射性废物和核废料安全框架指令主要内容

（一）安全管理总原则

"放射性废物和核废料安全框架指令"制定了核废料和放射性废物安全和可持续管理的总体原则：成员国必须建立和坚持核废料和放射性废物管理国家政策，成员国对其产生的核废料和放射性废物管理负根本责任；将核废料和放射性废物运往一个成员国或第三国进行生产或再生产，这些物质（包括任何作为副产品的废物）的安全及处置责任都由放射性物质的输出国（成员国或第三国）承担③。

指令还规定了制定国家政策应遵循的原则：放射性废物的产生应在活动及数量上最小化，通过恰当的设计方法、运营及退役（包括物质的再利用），使这个最小量合理可行；要考虑放射性废物及核废料产生和管理的所有步骤之间的相互依赖；应对放射性废物及核废料进行可靠管理，包括长期负有安全责任；根据分级方法

---

① See Council Directive 2011/70/Euratom of 19 July 2011 establishing a Community framework for the responsible and safe management of spent fuel and radioactive waste. O J L 199,02/08/2011,pp. 48-56.

② See Council Directive 2009/71/Euratom of 25 June 2009 establishing a Community framework for the nuclear safety of nuclear installations Official Journal L 172,02/07/2009,pp. 18-22.

③ See Council Directive 2011/70/Euratom of 19 July 2011 establishing a Community framework for the responsible and safe management of spent fuel and radioactive waste. O J L 199,02/08/2011,pp. 52-53.

来执行措施；放射性废物及核废料管理的成本应由产生这些物质的人承担；以证据为基础、有证明文件的决策过程应适用于放射性废物及核废料管理的所有阶段①。

（二）成员国义务

“放射性废物和核废料安全框架指令”规定成员国本身在核废料和放射性废物安全管理上的义务，以及成员国对此类管理的安全性负有的根本义务。国家必须为放射性废物及核废料管理建立和坚持一个国家立法、管理和组织框架，即国家框架（national framework），分配责任，并在相关竞争实体之间提供合作。成员国必须保证考虑实践经验，适时提高国家框架，发展相关的技术和研究。

该指令要求国家框架必须提供：执行放射性废物及核废料管理政策的国家计划；放射性废物及核废料管理安全的国家安排；放射性废物及核废料管理活动、设施的认证系统；适当的控制体系、管理体系、规制检查、文件及对放射性废物和核废料管理活动、设施的报告；实施行动，包括活动暂停，证书的变更、到期或撤销以及适当时导致提高安全的替代性解决方案；对参与放射性废物及核废料管理不同阶段的机构进行责任分配；公众信息和参与的国家要求；放射性废物及核废料管理的资助计划②。

（三）透明度规则

透明度在核废料和放射性废物管理中非常重要。透明度的实现途径是确保所有利益相关者（包括地方当局和公众）能得到有效的信息和机会，公众根据国内立法和国际义务的要求参与到决策过程中。

“放射性废物和核废料安全框架指令”第10条规定，成员国

① See Council Directive 2011/70/Euratom of 19 July 2011 establishing a Community framework for the responsible and safe management of spent fuel and radioactive waste. O J L 199,02/08/2011,p. 53.

② See Council Directive 2011/70/Euratom of 19 July 2011 establishing a Community framework for the responsible and safe management of spent fuel and radioactive waste. O J L 199,02/08/2011,pp. 53-54.

要保证工人和公众能获得必要的核废料和放射性废物管理方面的信息。这包括保证具有法定资格的管理机构在其有权管辖的范围内告知公众信息。另外，成员国要保证公众能根据国内立法和国际义务，得到有效参与有关核废料和放射性废物管理的决策过程的机会①。

（四）国家计划

成员国要确保核废料和放射性废物管理国家计划的执行，该计划涵盖其管辖领域内的所有类型的核废料和放射性废物，以及从产生到处置核废料和放射性废物的各个阶段。根据同行检查的建议、经验和好的做法，以及考虑技术和科学进步，每个成员国都要定期检查和更新它的国家计划。

关于国家计划的具体内容，“放射性废物和核废料安全框架指令”第12条作出规定：成员国制定国家计划必须阐明如何来执行第4条中规定的责任和核废料和放射性废物安全管理的国家政策，包括成员国核废料和放射性废物管理的总体目标；实现目标重要的里程碑和清晰的时间表；所有核废料和放射性废物的清单和预计未来的数量；从产生到处置的核废料和放射性废物管理的概念、计划和技术解决方案；处置设施生命周期的关闭后阶段（post-closure period）的概念或计划；实施核废料和放射性废物管理解决方案所需的研究、发展和展示活动；实施国家计划的责任和主要表现指标，来监督实施进展；评估国家计划的成本；实施中的资助计划；透明度政策；与成员国或第三国达成的核废料和放射性废物管理方面的协议，包括处置设施的使用②。

（五）通知与报告

“放射性废物和核废料安全框架指令”规定了成员国的通知义

① See Council Directive 2011/70/Euratom of 19 July 2011 establishing a Community framework for the responsible and safe management of spent fuel and radioactive waste. O J L 199, 02/08/2011, p. 54.

② See Council Directive 2011/70/Euratom of 19 July 2011 establishing a Community framework for the responsible and safe management of spent fuel and radioactive waste. O J L 199, 02/08/2011, p. 55.

务。成员国须将其国家计划和随后的任何重大变化通知委员会。在通知后6个月内，委员会可以要求成员国进行解释，或者就国家计划内容是否符合第12条发表意见。接到委员会反馈的6个月内，成员国应进行解释或把对国家计划的修改通知委员会①。

“放射性废物和核废料安全框架指令”规定了成员国和欧委会都负有报告义务。成员国必须在2015年8月23日前第一次向委员会报告指令的实施情况，此后利用联合公约的检查和报告，每三年提交一次报告。在成员国报告的基础上，委员会将向欧洲议会和理事会提交本指令的执行进展情况、共同体境内放射性废物和核废料的清单及展望。成员国必须定期（至少每10年）安排一次对国家框架、管理机构、国家计划和执行情况的自我评估，邀请国际同行进行检查。同行检查的结果要向委员会和其他成员国报告，在与安全和财产性信息不发生冲突的情况下向公众公布②。

三、放射性废物和核废料安全框架指令的意义

作为安全和可持续利用核能的最先进法律框架的第二根支柱，放射性废物和核废料安全框架指令具有重要意义：

（一）有助于形成长期解决方案

核电占欧盟消费的总电力的1/3，大约每年要产生7000立方米的核废料。放射性废料存放1亿年仍有危险性。当前，低中放射水平的核废料和放射性废物主要被储存在距离地表很近的储藏点，这只能算是降低温度和减少小量辐射的短期措施。而对于高放射水平的核废料和放射性废物，最安全的长期解决方案是将核废料和放射性废物埋藏在很深的地下，使其少受事故、火灾、地震的影响。

① See Council Directive 2011/70/Euratom of 19 July 2011 establishing a Community framework for the responsible and safe management of spent fuel and radioactive waste. O J L 199,02/08/2011,p. 55.

② See Council Directive 2011/70/Euratom of 19 July 2011 establishing a Community framework for the responsible and safe management of spent fuel and radioactive waste. O J L 199,02/08/2011,pp. 55-56.

但是欧盟至今还没有一个单独的高放射水平的核废料和放射性废物最终储藏点。

“放射性废物和核废料安全框架指令”制定欧盟的共同安全标准，管理放射性废物和核废料和储藏点，这将促使欧盟国家形成长期解决方案。

（二）使 IAEA 标准具有法律拘束力

2006 年，国际原子能机构更新了标准结构并公布了基本安全原则（the Fundamental Safety Principles），得到共同体、OECD 和其他国际组织的支持。适用基本安全原则能够便利国际安全标准的实施，并使不同国家之间的协议更为协调。在国际原子能机构主持下缔结的联合公约，其目标是要通过国内措施和国际合作，达到和保持一个世界范围内放射性废物和核废料管理的高安全水平。

“放射性废物和核废料安全框架指令”使国际原子能机构的安全标准对欧盟国家都具有法律拘束力，国家将出台储藏点计划，如果计划不能满足安全标准，委员会将要求成员国进行修改。

（三）促使欧盟成为核废料安全管理最先进地区

欧盟出台“放射性废物和核废料安全框架指令”的立足点很高，是要建立一个可持续、安全的核废料和放射性废物管理框架，在欧盟实行核废料和放射性废物管理的最高安全标准。

该指令充分考虑到核废料和放射性废物安全问题的跨国性特征，将自愿性的国际标准发展成欧盟内有技术力的法律，不再仅仅依赖成员国的国内安全措施，而是要承担核废料和放射性废物安全管理的国际义务。指令在欧盟范围内建立的原则和标准，对成员国核废料和放射性废物安全管理的国家计划进行了明确规定，对成员国履行义务的核查措施非常严格，这必将大大促进欧盟核废料和放射性废物安全管理水平的提高。如果该指令得到充分执行，能够起到构建欧盟安全和可持续利用核能的最先进法律框架的第二根支柱的作用，那么一旦 2011 年基本安全标准指令提案得到通过，欧盟的核安全立法将走上新的台阶。

第四节　2011年基本安全标准指令提案评析

暴露在电离辐射下会损害健康。在通常情况下由于辐射剂量非常低，不会产生可以观察到的临床组织影响。但是仍存在产生后期影响的可能性，特别是癌症。据估计，任何辐射（即使很少量）都可能在将来导致癌症，后期影响发生的可能性与所受辐射的剂量成比例。这就要求在“正当理由、最优化、剂量限制”三个原则基础上建立辐射防护的特殊方法来实现对健康的保护，而这三个原则是国际辐射防护委员会（International Commission on Radiological Protection，ICRP）几十年前建立起来的防护系统的基石①。

根据《建立欧洲原子能共同体条约》，欧洲原子能共同体有权“建立保护工人和公众健康的统一的安全标准，并确保该标准得到实施”②。自1958年以来，欧洲原子能共同体采取立法措施，为欧洲公民（无论是核工业工人、公众，还是医疗电力辐射应用的病人或工作人员）提供了高标准的保护。但是近20年有关情况的发展表明，相关法律需要更新。2011年9月29日，欧委会提出新的“基本安全标准指令”（Basic Safety Standards Directive，BSS）提案，力图为工人、患者和公众提供现有科学技术基础上最高水平的保护。欧委会希望这项新指令提案能于2012年得到通过并生效，成员国到2014年能将其转化为国内法③。如果该指令得到批准，则将成为欧盟构建的安全和可持续利用核能的最先进法律框架的第三根支柱。

---

① See Proposal for a Council Directive laying down basic standards for protection against the dangers arising from exposure to ionising radiation, COM (2011) 593 final, Brussels, 29/09/2011.

② Consolidated version of the Treaty establishing the European Atomic Energy Community, O J C 84, 30/03/2010.

③ See Proposal for a Council Directive laying down basic standards for protection against the dangers arising from exposure to ionising radiation, COM (2011) 593 final, Brussels, 29/09/2011.

一、欧盟出台新指令提案的背景

欧盟在 2011 年出台新的“基本安全标准指令”有着多重原因：

（一）欧盟当前立法未反映科技的最新发展

欧盟当前立法没有全面覆盖自然辐射源。例如，氡是一种由住宅下的土壤进入室内的新的自然辐射性气体，它比暴露于其他任何辐射源中带来的影响都要严重。近期流行病学研究确认氡辐射可导致肺癌，世界卫生组织已将其列为一项主要健康问题①。在 1990 年的一项欧委会建议中强调过住宅中的氡辐射，随着它被确定为导致肺癌的原因，欧盟需要通过有拘束力的立法来加强减少氡辐射。

另外，随着科技的发展，涉及自然产生的放射性物质（Naturally Occurring Radioactive Materials，NORM）的行业越来越多，包括开采稀土、钍、铌等矿石；生产石油、天然气；生产地热能；生产水泥、磷肥；燃煤电厂；等等②。目前，欧盟的建筑产品指令包含了对建筑材料的辐射性要求③，但是欧洲标准化委员会（European Committee for Standardization）并没有采用相应的标准。此次对基本安全标准指令的修改不仅包括应对建筑材料中自然产生的放射性物质工业残渣的回收问题，也确保针对提高了放射级别的其他建筑材料的防护方面的协调一致。因此欧盟需要对辐射防护的有关立法进行修订，以反映最新的科学数据和实践经验。

---

① See WHO Handbook on indoor randon, World Health Organisation, 2009, ISBN 978 92 4 154767.

② See Citizens Summary of Council Directive laying down basic standards for protection against the dangers arising from exposure to ionising radiation, http://ec.europa.eu/energy/nuclear/radiation_protection/doc/com_2011_0593_citizen_summary.pdf.

③ See Council Directive 89/106/EEC of 21 December 1988 on the approximation of laws, regulations and administrative provisions of the Member States relating to construction products. OJ L 40, 11/02/1989, pp. 12-26.

（二）欧盟立法需与国际标准相一致

国际辐射防护委员会是具有国际社会影响力的权威科学组织，欧洲原子能共同体的立法一直紧随国际辐射防护委员会的建议。近年来，该组织提出了防护辐射系统新的指导方针，即建议书103(2007)。制定了针对任何情况，无论是自然放射源还是人工放射源，对“正当理由、最优化、剂量限制”三原则更为详细的适用规则。国际辐射防护委员会还根据最新的科技信息更新了有效剂量以及剂量限制适用的评估方法。

另外，国际辐射防护委员会的新建议书目标包括在整体系统中使自然辐射源一体化，即不仅职业受辐射人员得到应有的防护，其他行业中受到自然产生的放射性物质辐射的工人（所受辐射超过公众辐射吸收剂量限制者）也应得到防护。当前欧洲原子能共同体立法在1996年提出对与自然辐射源有关的工作的要求①，但是这些立法分散在不同的指令中，没有一个一体化的辐射防护整体框架。

因此，欧盟的辐射防护基本安全标准要与国际标准保持一致，需要对现行法律进行修订。

（三）欧盟相关立法需要协调

在《建立欧洲原子能共同体条约》中，将应对不同的辐射防护问题定义为基本安全标准。而目前欧盟关于这一问题有5个指令——公众信息指令②、户外工人指令③、1996年基本安全标准指令④、医

---

① See Council Directive 96/29/Euratom of 13 May 1996 laying down basic safety standards for the protection of the health of workers and the general public against the dangers arising from ionising radiation, O J L 159, 29/6/1996, p. 1.

② See Council Directive 89/618/Euratom of 27 November 1989 on informing the general public about health protection measures to be applied and steps to be taken in the event of a radiological emergency, O J L 357, 07/12/1989, pp. 31-34.

③ See Council Directive 90/641/Euratom of 2 December 1990 on the operational protection of ourside workers exposed to the risk of ionising radiation during their activities in controlled areas, O J L 349, 13/12/1990, pp. 21-25.

④ See Council Directive 96/29/Euratom of 13 May 1996 laying down basic safety standards for the protection of the health of workers and the general public against the dangers arising from ionising radiation, O J L 159, 29/06/1996, p. 1.

疗指令①和高活性密封源指令②。在这些法律文件中已有诸多不协调之处。

另外，欧盟各成员国在决定有关自然产生的放射性物质的哪些行业应当制定法规方面有最大限度的灵活性。这导致了各国在控制自然产生的放射性物质行业及从事这些行业工作的工人的辐射防护方面有着巨大区别。这种情况不符合欧洲原子能共同体在制定统一安全标准方面的角色定位。

一方面为了解决这些现有立法中的不协调问题，另一方面也是为了与欧委会简化欧洲立法的要求相一致，欧委会此次提出的新基本安全标准立法正是通过一个提案代替原来的5项立法，加强欧盟辐射防护立法的协调性。

二、2011年基本安全标准指令提案的主要内容

2011年新“基本安全标准指令”提案将已有的五个指令并入一个容量巨大的单一指令中，共有110条及16个附件。该提案主要包括以下内容：

（一）指令涉及的范围和防护系统总体原则

1. 指令涉及的范围

新“基本安全标准指令”涉及的范围很广，包括不同种类辐射及辐射的不同情况、对高活性密封源和公众信息的要求一体化带来的特殊结果以及对非可控性辐射的排除。这一范围把宇航员受到的宇宙辐射、室内空气中氡辐射、来自建筑材料的外部伽马辐射都包含在内。

2. 辐射防护系统总体原则

与国际辐射防护委员会的辐射防护系统一样，欧盟新“基本

① See Council Directive 97/43/Euratom of 30 June 1997 on health protection of individuals against the dangers of ionising radiation in relation to medical exposure, OJ L 180, 09/07/1997, pp. 22-27.

② See Council Directive 2003/122/ Euratom of 22 December 2003 on the control of high-activity sealed radioactive sources and orphan sources, OJ L 346, 31. 12. 2003, pp. 57-64.

安全标准指令”也将“正当理由”、“最优化”、“剂量限制”作为其辐射防护的总体原则。

对正当理由原则的适用是国家的义务，特别注意有关人的故意的非医学成像（例如机场安检仪器）实践的正当理由；它还突出剂量约束方面的作用，以及最优化过程中的参照水平（其附件1给出了国际辐射防护委员会提出的现存及紧急情况下辐射的参照水平的范围，除了如国际辐射防护委员会所建议的，统一定义年度职业剂量限制（annual occupational dose limit）和更低的眼睛晶体器官剂量限制外，没有修改剂量限制）；管理控制领域以一个三层次系统（告知、登记、许可）代替早期的两层次系统（报告和预先授权），更为详细地罗列是需要登记和许可的实践类型；新指令将以前不同指令中的各种管理教育和培训的要求结合起来，包括确认“辐射防护专家”和“医学物理学专家”。

（二）人员的辐射保护规则

1. 对工人、学徒和学生的保护

新指令包括96/29/Euratom指令中受职业辐射的相关条款，并进行了极小的修订；还包括户外工人指令中的特殊要求，并在雇主和作出具体行为的企业之间进行了清晰的责任分配；并更新了受辐射工人个人放射性监测数据系统和必须与户外工人沟通的最少数据量。

在NORM产业和其他实践中的职业辐射管理没有区别，但是NORM产业将从分级管理方法中受益。这种分级方法是建立在占主导地位的辐射以及随时间增加潜在可能性的基础上的。

新指令包含了所有辐射情况中的职业辐射，为应急工人和在工作场所受到高水平的室内氡辐射的工人提供了更明确的保护。

2. 保护患者和其他受医学辐射的个体

新指令包含了医疗指令的相关要求，并在以下方面有所加强：正当理由原则的适用；患者健康风险和利益的信息；剂量信息；诊断的参考水平；医学物理学专家的参与；预防意外的、非计划中的医学辐射。

3. 保护公众

新指令包含了96/29/Euratom指令中公众辐射方面的要求，参考了委员会2004/2/Euratom建议，更明确地考虑了放射性废物排放授权问题。包含了公众信息指令中的辐射紧急情况部分。

关于现有的应对室内氡辐射情况的部分，最大值要求比委员会90/143/Euratom建议中现有住宅参考水平更严格，符合国际辐射防护委员会和世界卫生组织的建议。它还要求在放射性指数和居住于由该材料建筑的住宅中的年度剂量统一参考水平基础上对建筑材料进行分类。

（三）环境的辐射保护标准

ICRP公布了生物群落剂量评估方法，还将出台一个标准适用的规则。这引导国家为了保护生态系统，应对有代表性的动植物进行剂量评估。因此，欧盟新指令提案像国际基本安全标准一样拓宽了覆盖范围。对核设施放射性污染物排放进行环境影响评估以及在核事故情况下防止环境损害，指令有关要求与国际环境标准相一致。在意外泄漏情况下需要采取恰当的技术措施避免环境后果，应从环境保护和人类健康的双重角度来监测环境中现有辐射水平。

（四）管理控制方面的要求

新指令包含了在所有辐射情况下监管当局的责任，包括：机构的建构；密封放射源的控制；独立放射源（对金属污染有新的要求）；紧急辐射情况（建立一个紧急管理系统和国际合作，紧急辐射情况下保护工人和公众的要求在第五章和第八章中）；现有的辐射情况（管理被污染地区、氡活动计划的总规则）；实施系统（检查计划和对缺陷的反应）。机构的建构部分引起一个对不同当局责任的明确定义。委员会将接收定期更新信息，并在官方文件上公布。这部分也规定了“辐射防护专家”、“辐射防护官员”（当前BSS指令中这些概念合并在“合格的专家”的功能里）、“医学物理学专家”的责任。

三、2011年基本安全标准指令提案评析

（一）力图建立安全和可持续利用的核能法律框架

核能始终是欧盟重视发展的新能源领域，它对于欧盟能源供应

安全、可持续发展都具有重要意义。但是，核安全问题也一直困扰着欧盟，尤其是2011年3月发生的日本福岛核电站泄漏事故，更是在世界范围内敲响了核安全的警钟。

欧盟进入21世纪以来，已经在努力构建其安全和可持续利用核能的法律框架，并在近年来取得重大进展。2009年“核设施安全指令”以及2011年“核废料和放射性废物安全框架指令”获得通过，大大推进了安全和可持续利用核能的法律框架的进展。2011年新的核安全形势的变化，促使欧盟迅速提出了“基本安全标准指令”提案，无疑进一步推动了欧盟的安全和可持续利用核能的法律建设。从目前各国的反应来看，该指令有望在较短时间内获得通过，从而形成安全和可持续利用核能的法律框架的第三根支柱。

（二）反映欧盟整合核能领域立法的趋势

欧盟新能源领域的立法近年来呈现出不断整合的趋势，这在可再生能源等领域都有所表现，而2011年“基本安全标准指令”提案更是对这一趋势的最新反映。基本安全标准指令中涉及的广泛内容，之前分别规定于公众信息指令、户外工人指令、1996年基本安全标准指令、医疗指令和高活性密封源指令中。该提案为以上指令所涉及的基本安全问题制定了统一的辐射防护系统总体原则，采用了统一的安全标准，增强了对相关内容进行规范的协调性。

另外，如果该提案获得通过，将能提高欧洲原子能共同体在制定统一标准方面的地位，限制各成员国制定相关法规方面的灵活性，解决各国辐射防护标准各异、相互不协调的问题。

（三）核能立法紧跟国际制度的发展

2011年“基本安全标准指令”提案是欧盟核能立法的最新发展，它与“2011核废料和放射性废物安全管理框架指令”一样，很好地反映了欧盟核能立法紧跟国际制度的最新动态而发展变化的特点。

欧盟希望走在安全和可持续利用核能的立法前沿，其次级立法必须能反映国际社会在核能研发、辐射防护、放射物管理的最新科学研究成果，其采用的标准必须能达到国际最高水平。即使相关国际机构所采用的标准并不具有法律拘束力，但是还是能反映国际核能制度的发展态势。因此，欧盟近年来的核能立法始终紧跟国际核能制度的潮流，2011 年“基本安全标准指令”提案更是把辐射防护的新概念、原则、标准纳入其中，显示了欧盟核能立法的时代特征。

综上所述，《建立欧洲原子能共同体条约》缔造了欧盟成员国和平利用核能的合作框架，它在一个集中的监控系统下保证了欧盟核能的供应安全，如今仍然为欧盟资助核能研究、建设核设施、开展安全管制、进行辐射防护提供法律基础。

虽然每个成员国有选择是否使用核能的权利，对待核能发展的态度也有很大差别，但是为了所有成员国和欧盟公民的利益，欧盟一直支持发展核能。从 20 世纪 70 年代起，欧盟围绕《建立欧洲原子能共同体条约》的重点行动领域发展了关于核能的次级立法和政策，主要集中在核能共同企业、核能研发和知识传播、核安全、原料供应、核原料安全管制几个方面。

核安全一直都是国际社会的重要议题。虽然从历史角度来看，核安全一度被认为是国内规制方面的责任，但是单方面的国内立法并非促进核安全、保护国际环境的最佳途径。欧盟一直重视核安全立法，尤其是近几年在核设施安全、放射性废物和核废料安全、辐射防护基本安全方面都采取了最新的立法措施。

2011 年 3 月福岛核电站事故后，虽然有的成员国表示要逐步关闭现有的核电站，但是在欧盟层面上仍然将核能作为其主要能源之一。欧盟 2011 年 3 月以来已开展了核安全评估，并加快推进核安全方面法律和政策的制定进程，总体上是要提高核安全标准以及加强监管和核查力度，确保欧盟核能在保证安全的基础上正常发展。

第五章 欧盟节能与能源效率法律政策

由于气候变化加剧、化石能源价格长期呈上涨态势，节能与提高能源效率是加强能源供应安全，减少温室气体排放以及其他污染的最有效的方法之一。为了达到2020年节能20%的目标，欧盟注重发展节能和能源效率法律政策，在成员国开展节能、能源效率评估，及时调整具体政策措施，2009—2011年掀起节能和能源效率立法的热潮。

第一节 欧盟节能与能源效率现状

欧盟作为世界上能源效率最高的地区之一，始终希望保持其在能源强度、节能技术、能源效率标准方面的领先地位。

一、能源效率与节能的概念

能源效率和节能是两个既有联系又有区别的概念。在欧盟文件中，能源效率（energy efficiency）与节能（energy saving）两个词经常相互交叉使用。

（一）能源效率

欧委会文件认为“能源效率”是指使用更少的能源输入，而保持经济活动或服务的同样水平①。《能源宪章条约》中则将“提高能源效率”定义为“在不降低质量的情况下，保持相同单位商品或服务的产量，或者说产量不变，而降低达到这些产量所必须的

① See The Commission's new Energy Efficiency Directive, MEMO/11/440, Brussels, 22/06/2011.

能源消耗”①。实际上这两种表述意思基本一致，也就是以更低的能耗获得同样的生产和活动水平。

（二）节能

相对于能源效率，“节能”是一个更广义的概念，它还包括通过改变行为或减少经济活动来减少能源消费。有些行为不提高能源效率但能够节能，比如在冬天降低房间的供热温度，减少车辆使用，或在使用计算机等电器时采用节能模式等②。

（三）能源效率与节能是一种新能源资源

《关于能源效率及相关问题的能源宪章条约的附加议定书》中认为，“能源效率的提高能降低能源体系对环境的负面影响，包括全球变暖和酸化”，而为了“促进提高能源效率，将其作为一个重要的能源来源”③。

能源效率处于欧盟智能化、可持续增长及转向资源有效的经济的“欧洲2020战略”的核心。提高能源效率可以替代增加能源供给，能源效率在很多方面被看做欧洲最大的能源资源④，这就是为什么欧盟把2020年节能20%作为基本能源消费目标的原因，也是为什么这个目标在委员会“能源2020”通报中被确定为一个达到长期能源和气候目标的关键步骤的原因。

二、欧盟提高能源效率和节能的意义

欧盟《可持续、竞争、安全的能源战略》要求成员国提高能

① The Energy Charter Treaty, Dec. 17, 1997, 34 I. L. M. 360, available at http://www. encharter. org.

② See The Commission's new Energy Efficiency Directive, MEMO/11/440, Brussels, 22/06/2011.

③ Protocol on Energy Efficiency and Related Environmental Aspects, available at http://www. encharter. org. /fileadmin/user _ upload/document/EN. pdf # page = 141.

④ See European Commission, Energy Efficiency Plan 2011, COM (2011) 109final, 08/03/2011.

源利用效率，到2020年要降低初次能源消耗量的20%①；2020年欧盟能源消费计划达到2005年的95%的水平②，这也是欧盟"20-20-20"远景目标之一。欧盟之所以将能源效率和节能提高到如此重要的位置，与它当前的能源状况紧密相连，它急需增强能源供应安全、减少温室气体排放、加强经济竞争性以及增加就业岗位。

（一）增强能源供应安全

能源效率是加强能源供应安全最具有成本效益的途径。2000年《欧洲能源供应安全战略》绿皮书指出欧盟能源的对外依存度高，东扩也不能改变这一形势，并预测到2030年其对外依存度将达到70%③。而欧盟影响能源供应的能力非常有限，只有从需求方面进行干预，主要通过建筑和交通部门的节能，才能控制需求增长，降低能源安全风险。

（二）减少温室气体排放

欧洲的温室气体排放是每人每年10.5t二氧化碳当量④，而在欧盟的温室气体排放总量中，与能源部门相关的人类活动产生的温室气体占到79%（如图5-1⑤所示）。提高欧盟终端使用能源效率、控制能源需求是减少温室气体排放的重要途径。欧盟在关于能源效率的93/76/EC指令中明确提出"本指令旨在通过提高能源效

---

① See European Commission Green Paper: A European Strategy for Sustainable, Competitive and Secure Energy, COM(2006)105 final, 08/03/2006.

② See Communication from the Commission to the Parliament and Council, Renewable Energy: Progressing towards the 2020 Target, COM(2011)31 final, 31/01/2011.

③ See European Commission Green Paper: Towards a European strategy for the security of energy supply, COM(2000) 769 final, of 29/11/2000.

④ 参见[德]Ulrich Steger等：《能源系统的可持续发展与创新》，廖华等译，机械工业出版社2011年版，第95页。

⑤ A new directive on energy efficiency-challenges addressed and solution proposed, available at http://ec.europa.eu/energy/efficiency/eed/doc/2011_directive/20110622_energy_efficiency_directive_slides_presentation_en.pdf.

率……实现成员国限制二氧化碳排放的目标"①。

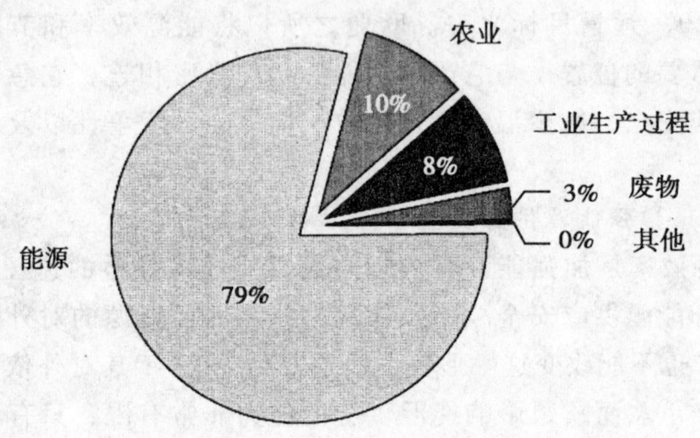

资料来源：欧洲能源机构2010

图 5-1　能源使用是欧盟的主要排放源

（三）加强经济竞争性

要实现经济可持续增长，必须建立具有资源效率、可持续和竞争性的经济。开发节能和能效新技术，加快智能电网建设，提高能效标准，强化企业竞争优势以及培训消费者重视能源效率，都是欧盟所采用的政策工具。目前，欧盟发展的节能和能效法律政策主要是采用双重路径来"拉动市场"，一方面凭借向消费者提供能效信息以将市场拉向正确方向，另一方面则采用最低效率要求将能源低效产品和服务驱逐出市场的方法来推动市场。

（四）增加就业岗位

欧盟由于人口结构发生变化，劳动力处于减少状态。目前大约有 2/3 的劳动适龄人口处于就业状态，比美国和日本的适龄人口就业率低，尤其是女性和老年劳动者的就业率特别低。年轻人由于经

① Council Directive 93/76/EEC of 13 September 1993 to limit carbon dioxide emissions by improving energy efficiency (SAVE), OJ L 237, 22/09/1993, pp. 28-30.

济危机的影响，失业率超过21%①。2005年的《用更少的资源办更多事》的能源效率绿皮书认为，如果实现节能和能源效率目标，将能带来100万个就业岗位②，而2011能源效率行动计划则预计采取新的能源效率措施后，将能增加200万个就业岗位③。

三、欧盟节能与能效法律政策的发展过程

第一个欧盟能效政策在1973年石油危机中产生④，但是随着危机消除，对能源效率问题的关注也相应减少。直到1988年12月才出台关于建筑材料的89/106/EEC指令，要求建筑及其供热、制冷和通风设备的设计和建造必须在使用时能量需求低，并要考虑所处地点的气候条件及居住者情况⑤。进入20世纪90年代，由于环境问题日益受到关注，对能源消费的关切才再次开始。欧盟于1990年出台《能源与环境》通报，在其中强调了能源效率的作用，

---

① See Communication from the Commission, Europe 2020-A strategy for Smart, Sustainable and Inclusive Growth, COM(2010)2020 final, 03/03/2010.

② See European Commission Green Paper on Energy Efficiency-or Doing More with Less, COM(2005)265 final, 22/06/2005.

③ See Commission Staff Working Document Impact Assessment Accompanying document to the Communication from the Commission to the European Parliament, the Council, the European Economic and Social Committee and the Committee of the Regions Commission Staff Working Document Energy Efficiency Plan 2011 {COM(2011) 109} final {SEC(2011) 278} final {SEC(2011) 279} final {SEC(2011) 280} final/SEC/2011/0277 final, 08/03/2011.

④ See Council Directive 78/170/EEC of 13 February 1978 on the performance of heat generators for space heating and the production of hot water in new or existing non-industrial buildings and on the insulation of heat and domestic hot-water distribution in new non-industrial buildings, OJ L 52, 23/02/1978, pp. 32-33.

⑤ See Council Directive 89/106/EEC of 21 December 1988 on the approximation of laws, regulations and administrative provisions of the Member States relating to construction products, O J L 40, 11/02/1989, pp. 12-26.

并把它作为未来减少能源对环境负面影响的政策基础①。

在20世纪90年代，欧盟通过的最为重要的能源效率指令是"能源标签指令"（Energy Labeling Directive）②、"SAVE综合指令"③，此后又发布了一系列指令来执行"能源标签指令"。2000年欧盟委员会出台了一个2000—2006年提高能效的行动计划④，引导建筑和产品能效指令的更新，还出台了热电联产指令（CHP Directive）⑤。2005年，欧盟发布了名为《用更少的资源办更多事》的能源效率绿皮书⑥，提出要发挥成员国政府、地方、企业和个人的积极性，建立一个所有成员国共同实现的能效目标，并发展成员国的行动计划来实现2020年节能20%的目标。2005年起，欧盟通过了"生态设计指令"（the Eco-design Directive）⑦ 并出台了一系

---

① See Commission, Energy and the Environment, COM (89) 369 final, 08/02/1990.

② See Council Directive 92/75/EEC of 22 September 1992 on the indication by labeling and standard product information of the consumption of energy and other resources by household appliances, OJ L 297, 13/10/1992, pp. 16-19.

③ See Council Directive 93/76/EEC of 13 September 1993 to limit carbon dioxide emissions by improving energy efficiency (SAVE), OJ L 237, 22/09/1993, pp. 28-30.

④ See European Commission, The Action Plan to Improve Energy Efficiency in the European Community, COM(2000) 247 final, 26/04/2000.

⑤ See Directive 2004/8/EC of the European Parliament and of the Council of 11 February 2004 on the promotion of cogeneration based on a useful heat demand in the internal energy market and amending Directive 92/42/EEC of 21 May 1992 on efficiency requirement for new hot-water boilers fired with liquid or gaseous fuels, O J L 52, 21/02/2004, pp. 50-60.

⑥ See European Commission Green Paper on Energy Efficiency-or Doing More with Less, COM(2005)265 final, 22/06/ 2005.

⑦ See Directive 2005/32/EC of the European Parliament and of the Council of 6 July 2005 establishing a framework for the setting of eco-design requirements for energy-using products and amending Council Directive 92/42/EEC and Directives 96/57/EC and 2000/55/EC of the European Parliament and of the Council OJ L 191, 22/07/2005, pp. 29-58.

列实施条例，2008 年 3 月出台的 2008/28/EC 指令对其进行了修改①，于 2009 年 10 月又发布了新的“生态设计指令”②。2011 年 3 月 8 日，欧盟委员会提出“能源效率计划 2011”③，并于 6 月 22 日提出新的能源效率立法提案，带来欧盟节能和能源效率法律和政策的新一轮发展。

第二节　欧盟能源效率与节能法律政策概述

欧盟的节能与能效法律政策整体上体现出由早期的碎片化、部门化政策，走向近年来较为全面的规制的特点，逐步包含了更广泛的产品和服务范围。

一、终端使用能效

能源从自然资源中被生产出来，通常被转换为其他载能体，然后再被运输和分配给最终的消费者，最终消费者使用的能源数量，被称为终端能源使用④。终端使用能效（End-use Energy Efficiency）的提高对于节能有着重要影响。

2006/32/EC《终端效率和能源服务指令》⑤ 的目标是减少整

---

① See Directive 2008/28/EC of the European Parliament and of the Council of 11 March 2008 amending Directive 2005/32/EC establishing a framework for the setting of eco-design requirements for energy-using products, as well as Council Directive 92/42/EEC and Directives 96/57/EC and 2000/55/EC, as regards the implementing powers conferred on the Commission, OJ L 81, 20/03/2008, pp. 48-50.

② See Directive 2009/125/EC of the European Parliament and of the Council of 21 October 2009 establishing a framework for the setting of eco-design requirements for energy-related products, O J L 285, 31/10/2009, pp. 10-35.

③ See European Commission, Energy Efficiency Plan 2011, COM (2011) 109final, 08/03/2011.

④ 参见[德]Ulrich Steger 等:《能源系统的可持续发展与创新》,廖华等译,机械工业出版社 2011 年版,第 95 页。

⑤ Directive 2006/32 /EC of the European Parliament and of the Council of 5 April 2006 on energy end-use efficiency and energy services and repealing Council Directive 93/76/EEC, O J L 114, 24/04/2006, pp. 64-85.

个国家的能源消费，而不是像其他指令那样关注特定部门。它要求成员国 2007 年 6 月前制定国家计划，以 2008 年 1 月 1 日为标准，2016 年达到节能 9% 的目标。指令适用于电力、天然气、供热以及供给住户、运输和工业消费者的燃料的供应和分配，动员能源供应公司和监管机构、用能设备安装和供应公司、设备制造公司和能源服务公司，共同促进能源服务市场的发展。该指令要求成员国设立一个国家机构来执行法律，报告在实现国家目标过程中所取得的进步，并要求在公共部门中提高能效。为帮助委员会跟踪进展，成员国必须建立阶段性的 3 年目标，还必须向委员会呈交阶段性进展报告。但是节能 9% 的目标和所有的阶段性目标是没有法律拘束力的，并未对成员国施加定量的义务。因此，该指令更像是一个监控工具，委员会将在成功达到国家目标的基础上提出阶段性报告，建议任何在共同体层面上需要采取的附加行动。

二、建筑物能源表现

建筑物能源表现（the Energy Performance of Buildings）是指计算或测量满足建筑物正常使用的能源需求所需要的能源总量，包括用于供热、制冷、通风、热水和照明所使用的能源①。

管理建筑能源效率的立法始于 1988 年通过的一个建筑材料指令②。20 世纪 90 年代进一步立法，内容包括要求对锅炉和建筑进行能源认证③。进入 21 世纪，由于认识到建筑物能耗在欧盟的地位——几乎占欧盟能源消费的 40% 和欧盟 CO_2 排放的 36%，因此

① See Proposal for a Directive of the European Parliament and of the Council on the energy performance of buildings, COM (2001) 226 final—2001/0098 (COD), O J C 213 E, 31/07/2001, pp. 266-270.

② See Council Directive 89/106/EEC of 21 December 1988 on the approximation of laws, regulations and administrative provisions of the Member States relating to construction products, O J L 40, 11/02/1989, pp. 12-26.

③ See Council Directive 93/76/EEC of 13 September 1993 to limit carbon dioxide emissions by improving energy efficiency (SAVE) OJ L 237, 22/09/1993, pp. 28-30.

发现建筑可为节能减排提供巨大潜力。此时出台的2002/91/EC建筑物能源表现指令，是管理建筑能源表现的重要法律①。指令首先要求成员国采取措施在国家或者地区层面上计算建筑物能源效率。成员国必须为新建筑和现有大型建筑的整修制定最低的能效要求。所有符合指令的、必要的国家法律、法规和行政条款到2009年必须到位。如果指令的措施得到全面实施，预计到2020年大约能为欧盟节约4000 Mtoe的能源。

2010年5月19日，欧盟颁布2010/31/EU建筑物能源表现指令（the Energy Performance of Buildings Directive)②，提出成员国建筑物能源表现的指导原则，其目标是"近乎零能源建筑"（nearly zero-energy buildings）——到2020年12月31日，所有新建筑必须是近乎零能源建筑，公共机构新建或拥有的建筑必须在2018年12月31日前达到同样标准。委员会鼓励成员国采取国家计划（national plans）来增加此类建筑，在国家及地区层面上制定测量建筑物能源表现的方法，并在符合该测量方法的情况下制定最低能源表现要求。新建筑必须符合该要求，并在建设开始前进行可行性研究，考察有关的可再生能源系统、供热管道、地区或街区供热、制冷系统和热电联产系统；现有建筑进行大整修必须提升其能源表现，使建筑能满足最低要求。新的或者更新、升级建筑的供热、热水、空调、大型通风设备系统，必须符合能效要求。成员国还必须实行建筑物能源表现认证系统。此认证在修建、出售、出租建筑时，必须向新租户、购买者出示并移交。2010年建筑物能源表现指令是欧盟在检查了目前各成员国节能情况的基础上制定的，是为推进20-20-20能效目标的实现采取的重要立法措施。

---

① See Directive 2002/91/EC of the European Parliament and of the Council of 16 December 2002 on the energy performance of buildings, O J L 1,04/01/2003, pp. 65-71.

② See Directive 2010/31/EU of the European Parliament and of the Council of 19 May 2010 on the energy performance of buildings (recast), O J L 153,18/06/2010, pp. 13-35. The recast Directive entered into force in July 2010, but the repeal of the current Directive will only take place on 01/02/2012.

三、用能产品标签

用能产品（energy-related products）是指在欧盟被投放到市场或投入服务的在使用中对能源消费具有影响的任何物品（any good），包括投放到市场或投入服务的作为终端使用的被纳入本指令所指的用能产品的独立部分，该部分的环境表现能被独立评估①。

早期的欧盟用能产品指令只适用于家用电器。家用电器消费的能源大约占到欧盟能源总消费的25%，并有快速增长的趋势。1992年通过的92/75/EEC关于家用电器标签的指令②（Domestic Appliance Labeling Directive）是欧盟早期管理能源效率的措施之一。指令的重点在于向消费者提供他们在挑选电器时需要获得的关于用电量的准确并且可比较的信息，并利用这种潜力达到提高能源效率的目的。这一指令要求供应商给家用电器设备贴上标签，提供与能源消费相关的信息。1995—2003年公布了此指令下的一些具体实施规则，包括对家用电冰箱、电炉、洗碗机、灯和干衣机的能源标签要求。总体上看，欧盟的标签指令在增加使用能源效率更高的产品方面是成功的。但是，由于消费者对生活舒适度的追求增长很快，从标签制度上获得的效率被快速增长的家用电器需求所抵消。即，虽然单个产品变得更有能源效率，但是家用电器使用的总体上升导致能源消费的净增长。这一难题说明，标签指令需要频繁更新以跟上电器使用的步伐，既要保证它们覆盖新的电器，又要保证该标准对被控制的电器足够严厉。

---

① See Drective 2009/125/EC of the European Parliament and of the Council of 21 October 2009 establishing a framework for the setting of ecodesign requirements for energy-related products, OJ L 285, 31/10/2009, pp. 10-35.

② See Council Directive 92/75/EEC of 22 September 1992 on the indication by labeling and standard product information of the consumption of energy and other resources by household appliances, O J L 197, 13/10/1992, pp. 16-19.

2010/30/EU 信息与标签指令（Information and Labeling Directive）①不再仅仅适用于家用电器，它适用于在使用中对能源消费或其他潜在资源有直接或间接影响的产品，为用能产品标签和向消费者提供关于能源相关产品的能源消费信息建立新的法律框架。首先，在向消费者提供信息方面，指令要求供应商必须给上市的产品贴上标签，内容包括产品消耗电力或其他形式能源的信息。供应商须向销售商免费提供标签和产品信息，销售商必须采用清晰易辨认的方法粘贴标签。如果是在远程销售（例如邮购、网购等）情况下，最终消费者不能预先看到产品，此时消费者有权通过授权法案获得产品信息的渠道，法案具体指定向最终使用者提供标签的方式。授权法案必须说明产品的描述、测量标准及方法、技术文件细节、标签的设计和内容、标签的粘贴处及标签分级的期限，产品使用字母 A-G 来分级，最佳能效等级为 A+++。从 2010 年 6 月 19 日起 5 年内，欧洲委员会有权批准授权法案，授权法案必须考虑环境参数。除了欧洲议会或理事会撤销此项权利，否则该期限自动延长。这两个机构有权对一项授权法案提出反对。这项指令于 2011 年 7 月 20 日开始实施。2010—2011 年，欧盟颁布了一系列具体的条例来执行此项信息与标签指令，涉及轮胎、洗碗机、洗衣机、电视机、冰箱、空调等②。

四、热电联产

热电联产（Cogeneration）也被称为 CHP（Combined Heat and Power），是在同一个过程中发电和产热，特别是在其他电力生产中

---

① See Directive 2010/30/EU of the European Parliament and of the Council of 19 May 2010 on the indication by labeling and standard product information of the consumption of energy and other resources by energy-related products, OJ L 153, 18/06/2010, pp. 1-12.

② 有关条例包括 Commission Delegated Regulation (EU) No 1059/2010, Commission Delegated Regulation (EU) No 1060/2010, Commission Delegated Regulation (EU) No 1061/2010, Commission Delegated Regulation (EU) No 1062/2010, Commission Delegated Regulation (EU) No 626/2011。

会浪费掉的热能被捕获并用于供热或制冷。2004 年欧盟进行热电联产立法，通过促进高效率的热电联产来提升将初级能源发电产生的废物转变成可用的副产品的能力①。

热电联产指令在两个方面具有创新性：（1）原产地保证是成员国机构向热电联产的电力生产者提出的电子认证，允许成员国直接鉴别和跟踪热电联产的产量。该指令要求成员国建立一个称其为“原产地保证”（guarantee of origin）认证系统，保证来自高效率热电联产的电力的真实性。（2）由欧盟委员会建立欧盟范围内的热电联产效率标准。虽然指令号召成员国分析在其国内热电联产的潜力，但未设定电力必须来自热电联产的最低量的任何量化指标，因而也遭到诟病。自从通过该指令，热电联产已从占电力消费的 11% 上升到 13%，目前委员会认为必须在此领域采取更多行动来刺激进一步发展②。

五、用能产品的生态设计

除了使用者的行为以外，有两个减少产品能源消耗的方法：一个是通过贴标签提高消费者对实际能源消耗的认识，以影响他们的购买决策（例如家用电器标签指令）；另一个是在早期设计阶段就考虑对产品的能源效率需求。生态设计（Eco-design）就是指把环境方面融入产品设计，目的是提高产品在其整个生命周期中的环境

① See Directive 2004/8/EC of the European Parliament and of the Council of 11 February 2004 on the promotion of cogeneration based on a useful heat demand in the internal energy market and amending Directive 92/42/EEC of 21 May 1992 on efficiency requirement for new hot-water boilers fired with liquid or gaseous fuels, O J L 52, 21/02/2004, pp. 50-60.

② See Directive 2004/8/EC of the European Parliament and of the Council of 11 February 2004 on the promotion of cogeneration based on a useful heat demand in the internal energy market and amending Directive 92/42/EEC of 21 May 1992 on efficiency requirement for new hot-water boilers fired with liquid or gaseous fuels, O J L 52, 21/02/2004, pp. 50-60.

表现①。

用能产品的生产、销售、使用和报废管理对环境有重大影响，即能源消费及其他材料、资源的消费会对环境产生废弃物和释放有害物质。据估计，所有与产品有关的环境影响超过80%决定于产品设计阶段②。因此生态设计能够通过产品早期设计阶段环境方面的系统性一体化，来提高产品将来使用中的整体环境表现。

因此理事会和欧洲议会采用了委员会关于建立一个对所有居住、第三产业、工业部门的用能产品提出生态设计要求的框架，先后共有三个指令③。欧盟范围协调一致的生态设计规划将确保不同国家规制的差异，不会成为欧盟内部贸易的障碍，指令没有采用对具体产品直接有约束力的要求，但是规定了对制定关于环境相关产品特点（例如能源消费）的要求条件和标准，并允许他们快速有效地提高。随后将出台设立生态设计要求的执行措施。原则上指令适用于所有用能产品（除了交通运输车辆），包括所有能源资源。

① See Proposal for a Directive of the European Parliament and of the Council On establishing a framework for the setting of Eco-design requirements for Energy-Using Products and amending Council Directive 92/42/EEC/ * COM(2003)0453 final-COD2003/0172,01/08/2003.

② See Proposal for a Directive of the European Parliament and of the Council On establishing a framework for the setting of Eco-design requirements for Energy-Using Products and amending Council Directive 92/42/EEC/ * COM(2003)0453 final-COD2003/0172,01/08/2003.

③ See Council Directive 92/42/EEC of 21 May 1992 on efficiency requirements for new hot-water boilers fired with liquid or gaseous fuels, O J L 167, 22. 6. 1992, pp. 17-28.

Directive 96/57/EC of the European Parliament and of the Council of 3 September 1996 on energy efficiency requirements for household electric refrigerators, freezers and combinations thereof, O J L 236, 18/09/1996, pp. 36-43.

Directive 2000/55/EC of the European Parliament and of the Council of 18 September 2000 on energy efficiency requirements for ballasts for fluorescent lighting, OJ L 279, 01/11/2000, pp. 33-39.

2005 年，欧盟通过生态设计指令①（Eco-design Directive），为用能产品制定生态设计要求建立框架，目标是从所有依赖电力运行的消费产品方面提高节能水平，不符合要求的产品将禁止上市销售。这一指令用分产品（product-specific）的方法提出制定生态设计能效要求。它也要求成员国委任国家机构负责测试和给所有进入市场的产品贴标签，召回任何不遵守规定的产品。

由于成员国在用能产品的生态设计方面存在较大差异，阻碍内部市场发挥功能。2008 年，欧盟通过 2008/28/EC 指令②对 2005 年的指令进行了修订，并在 2009 年 10 月 21 日出台 2009/125/EC 用能产品生态设计指令③（Eco-design for Energy-using Products Directive）取代旧指令，以提高该领域各国国内立法的协调性，并将其范围扩大到所有用能产品。指令内容包括必须评估产品生命周期各阶段的生态设计参数；上市前，所有应该执行本指令措施的产品都要有 CE 标识，并由成员国授权胜任的机构进行市场监督；成员国不得阻碍符合生态设计要求的产品进入市场；上市前，所有产品都要经过生态设计要求遵守情况评估（conformity assessment）；贴有共同体生态标签的产品可推定为符合生态设计（presumption of conformity）要求；欧委会帮助中小企业和微型企业在设计产品时

① See Directive 2005/32/EC of the European Parliament and of the Council of 6 July 2005, establishing a framework for the setting of eco-design requirements for energy-using products and amending Council Directive 92/42/EEC and Directive 96/57/EC and 2000/55/EC of the European Parliament and of the Council, O J L 191/29, 22/7/2005, pp. 29-58.

② See Directive 2008/28/EC of the European Parliament and of the Council of 11 March 2008 amending Directive 2005/32/EC establishing a framework for the setting of eco-design requirements for energy-using products, as well as Council Directive 92/42/EEC and Directives 96/57/EC and 2000/55/EC, as regards the implementing powers conferred on the Commission, O J L 081, 20/03/2008, pp. 48-50.

③ See Directive 2009/125/EC of the European Parliament and of the Council of 21 October 2009 establishing a framework for setting of eco-design requirements for energy-related products (recast) O J L 285, 31/10/2009, pp. 10-35.

融入环境因素；生产者必须向消费者提供产品生态简介及生态设计的好处等信息。

委员会2009—2011年以产品执行条例的方式采用生态设计要求，针对的产品包括锅炉、热水器、消费电子产品、复印机、电视、待机模式、充电器、家用照明、电子马达、路灯、机顶盒标准等①。

六、节能与能源效率项目

欧盟在节能和提高能效方面还采取多种政策工具，这些工具包括与工业的自愿协议，向消费者提供信息，委员会支持项目等。

（一）欧洲智能能源（Intelligent Energy for Europe，IEE）

欧洲智能能源是为了实施欧盟能源安全战略所规定的行动目标，而制定的一个能源领域的多年期行动计划。它是委员会帮助成员国和地区当局实施能源效率计划和项目的基本支持项目，向欧盟境内及欧盟候选国、欧洲自由贸易联盟（the European Free Trade Association，EFTA）国家、欧洲经济区（the European Economic Area，EEA）国家的所有公、私法人开放②。

欧洲智能能源项目于2003年启动，2006年底结束，预算为2亿欧元。其总目标是为地方、地区和国家在可再生能源、能源效率和运输能源方面提供财政支持。具体目标包括：通过减少能源消费

① 有关条例包括Commission Regulation (EU) No 107/2009, Commission Regulation (EU) No 244/2009, Commission Regulation (EU) No 245/2009, Commission Regulation (EU) No 640/2009, Commission Regulation (EU) No 641/2009, Commission Regulation (EU) No 642/2009, Commission Regulation (EU) No 643/2009, Commission Regulation (EU) No 859/2009, Commission Regulation (EU) No 347/2010, Commission Regulation (EU) No1015/2010, Commission Regulation (EU) No 1016/2010, Commission Regulation (EU) No 327/2011。

② See Decision No 1230/2003/EC of European Parliament and of the Council of 26 June 2003 adopting a multiannual programme for action in the field of energy: "Intelligent Energy-Europe" (2003—2006), O J L 176, 15/07/2003, pp. 29-36.

和 CO_2 排放，为促进能源效率和发展可再生能源提供必要条件；发展成员国可用于监控和评估成员国所采取措施的效果的资源和工具；在牢固的可持续的基础上，通过提高对能源生产和消费的认识和教育促进有效的、智能的计划。为此，它建立了各种各样的子项目计划来提高建筑物、工业和设备的能效，并跟踪监测欧盟及成员国所采取的能源效率措施的成果，加强宣传培训，交流最佳经验，促进形成智能能源生产和消费模式。

欧洲智能能源项目与早期欧盟已经采取的一些项目相衔接，分为四大方面，其中 SAVE 领域是为了提高能源效率和理性使用能源，特别是在建筑和工业方面，该领域预算为 6980 万欧元。目前，欧洲智能能源作为“竞争性与创新框架计划（2007—2013）”的一个子项目，仍在继续。

（二）竞争性与创新框架计划（the Competitiveness and Innovation Framework Programme，CIP）

竞争性与创新框架计划是为了实现更新后的里斯本战略目标①，刺激欧洲可持续的经济增长和创造更多的就业岗位而制定的一个项目，主要是支持欧盟有关增强竞争力和创新能力方面的措施，特别是鼓励开发和使用能源效率技术、可再生能源、环境技术、信息技术。

竞争性与创新框架计划是一个提高欧盟竞争性和创新能力的统一框架，目标具有多元性，因此该计划设立了 3 个子项目：欧洲智能能源项目（2007—2013）、企业家精神和创新计划（Entrepreneurship and Innovation Program）、信息与沟通技术支持计划（Information and Communication Technologies Support Programme）。竞争性与创新框架计划中的欧洲智能能源项目是要“加速努力达到可持续能源目标”，积极支持提高能源效率，减少最终的能源消

① See Communication to the Spring European Council-Working together for growth and jobs-A new start for the Lisbon Strategy-Communication from President Barroso in agreement with Vice-President Verheugen {SEC（2005）192}{SEC（2005）193}，COM(2005)0024 final. 02/02/2005.

费，提供更多的市场刺激促使能源多元化，增加可再生能源份额。这项为期7年的计划中共预算拨给欧洲智能能源项目7.3亿欧元资金，另有4.3亿欧元给作为“企业家精神和创新计划”一部分的“生态创新”（eco-innovation）项目①。竞争性与创新框架计划中的欧洲智能能源项目由“智能能源执行局”（the Intelligent Energy Exacutive Agency）负责执行。

竞争性与创新框架计划采用简单而协调的方法去实现其目标，它创造了一些协调方法，例如它的实施工具（金融工具、项目、网络等）可以在任何一个子项目上使用。这种能用于不同项目的共同工具较为简化，便于使用。

（三）能源之星项目（the Energy Star Programme）

欧盟通过与美国之间的协议，建立了一个自愿的能源效率项目，叫做“能源之星”②，用以促进高能效的办公设备的生产。能源之星项目使消费者能够区别低能耗设备，这对于保证能源供应安全和环境保护都能起到作用。在此项目下，符合低能耗要求的办公设备制造商可以向委员会申请欧洲之星标志，贴在能效合格的办公设备上。这些办公设备包括电脑、电脑显示器、复印机、打印机、数码复印机、传真机、自动盖印机多功能设备和扫描仪。

欧盟和美国都设有项目管理机构：美国是环境保护署（the Environmental Protection Agency, EPA），欧盟是欧洲共同体能源之星理事会（the European Community Energy Star Board, ECESB）。能源之星项目制定了正确使用项目名称和标志的准则。在欧盟内，欧委员会通过ECESB负责对贴有能源之星标志的办公设备进行测试或检查其是否符合要求。ECESB主要工作包括：在产品不符合要

① See Decision No 1639/2006/EC of the European Parliament and of the Council of 24 October 2006 establishing a Competitiveness and Innovation Framework Programme (2007 to 2013), OJ L 310,09/11/2006,pp. 15-40.

② See Council Decision 2006/1005/EC of 18 December 2006 concerning conclusion of the Agreement between the Government of the United States of America and the European Community on the coordination of energy-efficiency labelling programmes for office equipment, O J L 381,28/12/2006,pp. 24-25.

求时，书面将情况通知制造商；起草确保符合项目条件的计划；如果不能满足项目条件，取消制造商参与项目的资格。

这些项目在为欧盟提供能源效率方面的短期解决方法上起到非常好的作用，有效弥补了欧盟实施指令上的时间拖延。但是，委员会通过对自愿协议的跟踪发现各国执行情况层次不齐。这种情况说明，即使在一个像欧盟这样有环保意识的共同体内，自愿项目能作为能效法律一个良好补充，但还不足以单独解决问题。

第三节　欧盟的节能和能源效率资助政策

欧盟能效资助政策的目标可以归纳为两个主要方面：一方面是更有效地把有限的基金给予特别需要的和高产的项目；另一方面是更好地利用私人激励，作为未来能效资助更实际的资源。由于在成员国完全实施能效法所规定的措施一直存在困难，鼓励资助就好像是与立法措施这一传统的“大棒”策略相反的“胡萝卜”策略，成为全面提高能效的一个重要因素。近年来，欧盟努力更新和加强它的能效资助政策，制定行动计划，执行、实施和资助都有希望进一步得到提高。

目前欧盟使用的主要工具可以归纳为公共基金、市场基础上的工具以及私人支持基金三类。

一、公共基金

公共基金是指欧盟直接从预算中分配一些基金来拨款给能源效率项目，其中包括大约分两期拨给“欧洲智能能源”项目共计 9.3 亿欧元。这些基金经常是直接拨给由政府机构、大学和在特定情况下的私人组织的结合体运营的特定的项目。欧盟也通过第七框架计划（Seventh Framework program）分配一些基金给能效技术研究①。

① See Decision No 1982/2006/EC of the European Parliament and of the Council of 18 December 2006 concerning the Seventh Framework Programme of the European Community for research, technological development and demonstration activities (2007—2013), OJ L 412, 30/12/2006, pp. 1-43.

(一) 对新成员国的资助

最需要能效公共基金财政援助的是新加入欧盟的成员国，因为一些新加入成员国经济正处在由计划经济转为市场体制的转型期，特别缺少国内资源来资助能效。欧盟的 Phare program 就是特别建立起来帮助中欧东欧国家转向欧盟，通过加强公共行政和国内立法，帮助这些国家达到欧盟一体化等①。Phare program 资助一些能效资助方面的创新国家机制。例如，匈牙利建立一个能效共同资助计划（Energy Efficiency Co-financing Scheme），能效项目借以获得贷款（投资从节能当中得到的回报），由 Phare program 拨款支付贷款利息。Phare program 帮助成员国建立创新资助机制是小批分配欧盟基金成本效益方法，产生重要影响。这对于欧盟很小的预算规模来讲非常重要。

(二) 全球能效和可再生能源基金（Global Energy Efficiency and Renewable Energy Fund，GEEREF）

欧盟认为发展中国家人民也应获得可负担得起的能源，欧盟希望通过资助工具帮助发展中国家吸引能效项目投资。欧盟 2006 年设立的“全球能效和可再生能源基金”就是用来帮助克服可持续能源在发展中国家的投资障碍，通过建立风险共担、共同资助的公私合作关系实现经济融合②。此基金的目标是吸引风险资本，对投资回报持长期观点，大部分来自银行和金融中介。该基金 2007—2010 年从委员会获得 8000 万欧元，初期目标是进行 1000 万欧元以下的直接投资，这个规模通常被传统投资者所忽视。委员会 2008 年 3 月正式启动该基金，但是仍在观望资金在 2008 年开始的

① See Commission Regulation (EC) No 2760/98 of 18 December 1998 concerning the implementation of a programme for cross-border cooperation in the framework of the PHARE programme, OJ L 345, 19/12/1998, pp. 49-52.

② See European Commission, Mobilising public and private finance towards global access to climate-friendly, affordable and secure energy service: the Global Energy Efficiency and Renewable Energy Fund, COM(2006)583 final, 06/10/2006.

全球金融危机当中怎样才能再吸引私人投资①。

（三）结构性基金（Structual and Cobesion Funds）

结构性基金是欧盟支持社会和经济发展以及减轻地区不平衡的主要支持工具，约占欧盟预算的33%～40%②。结构性基金当前没有用于资助能效项目，但是它们可以比较容易地转向这个目标，或者可以要求所有能效项目申请这些基金的支持。在2005能效行动计划中委员会鼓励使用结构性基金来便利私人在国家和本地层面资助能效③，试图使欧盟结构性基金发挥更大作用。

二、市场基础上的工具

随着能效投资和环境质量的提高，欧盟政策持续转向鼓励利用市场基础上的工具。

（一）温室气体排放交易计划（Green Gas Emission Trading Scheme）

温室气体排放权交易是指排放者依据有关法律法规，通过市场交易机制，平等、资源和有偿地转让温室气体减排后的多余指标，以实现温室气体排放总量的削减，取得较低成本的减排效果，从而达到保护和改善气候、环境质量的目的④。欧盟的温室气体排放交易计划是其首要的市场基础上的工具。2003年欧盟通过《关于建立温室气体排放配额交易制度的指令》⑤，2005年正式启动排放交

① See Communication from the Commission entitled: Action Plan for Energy Efficiency: Realising the Potential, COM(2006) 545 final, 19/10/2006.

② See Dalia Streimikiene et al., Use of EU Structual Funds for Sustainable Energy Development in New EU Member States, *Renewable & Sustainable Energy Reviews*, Vol. 11, No. 6, 2005: p. 1167.

③ See European Commission, Green Paper on Energy Efficiency-or Doing More with Less, COM(2005)265 final. 22/06/2005.

④ 参见陈淑芬:《国际法视角下的清洁发展机制研究》,武汉大学出版社2011年版,第27页。

⑤ See Directive 2003/87/EC of the European Parliament and of the Council of 13 October 2003 establishing a scheme for greenhouse gas emission allowance trading within the Community and amending Council Directive 96/61/EC, O J L 275, 25/10/2003, pp. 32-46.

易机制，这是世界上第一个碳排放配额市场。这一交易机制使欧盟及成员国有可能实现《京都议定书》中对温室气体减排的承诺。能源部门、钢铁生产、矿业和造纸业的设施均为实施温室气体排放交易计划的对象。2008 年，欧盟通过新的排放交易计划，扩大了覆盖范围和部门①。启动温室气体排放交易机制后，每年制定的配额数量要与前一年度的总体排放相称。从 2013 年起，全欧盟的整体排放配额数量会逐年减少，欧盟 2013 年的配额数量将建立在欧委会 2008—2012 年间所接受的国家计划的基础上。

2010 年 11 月 12 日，欧盟发布新条例②，对温室气体排放交易计划的一些具体概念作出界定，对时间安排、管理和配额拍卖等其他事项作出规定。但是，由于目前还没有具体的评估报告，因此排放交易计划对提高能效有多少刺激作用还很受争议。

（二）白色认证（White Certificates）

白色认证，又称可交易的节能认证（Tradable Certificates for Energy Saving），是一种目标专门指向能效的政策工具，在欧盟成员国意大利、英国、法国都被采用。白色认证计划给能源供应商设定帮助其顾客执行一定量的年度节能的义务，每个成功的能效项目都会得到一个白色认证来代表所节约的能源，每年末每个供应商必须有足够的白色认证（通过执行项目或从其他供应商手里购买认证）来完成其年度节能义务③。

---

① See Directive 2008/101/EC of the European Parliament and of the Council of 19 November 2008 amending Directive 2003/87/EC so as to include aviation activities in the scheme for greenhouse gas emission allowance trading within the Community OJ L 8, 13. 1. 2009, pp. 3-21.

② See Commission Regulation (EU) No 1031/2010 of 12 November 2010 on the timing, administration and other aspects of auctioning of greenhouse gas emission allowances pursuant to Directive 2003/87/EC of the European Parliament and of the Council establishing a scheme for greenhouse gas emission allowances trading, OJ L 302, 18/11/2010, pp. 1-41.

③ See Paolo Bertoldi, Tradable Certificates for Renewable Energy and Energy Saving, Energy Policy, 2006 Vol. 34, pp. 23-25.

欧盟对白色认证表示了浓厚兴趣，将考虑制定一个欧盟范围的白色认证体系计划，刺激供应商在能效领域的投资。该计划将反映意大利、英国所采用的认证方式，要求供应商和配电商对它们的终端消费者采取一定量的能效提高措施，或者从其他供应商手中购买认证，借此在欧盟范围更经济、节约地提高能效①。

在欧盟范围采用白色认证计划的优势在于，一个单一市场将更有效和更具有流动性，减少国家间的价格差异，缓和价格波动。但是，从目前欧盟总的观点看来，把白色认证作为一项有希望的选择，还需要更进一步开展与这个计划相关的测试，来保证实施该计划是有效和具有成本效益的。

三、支持私人资助

欧盟认为有必要使更多的私人资助进入能效部门。

（一）欧洲投资银行（the European Investment Bank，EIB）

欧洲投资银行由成员国共同拥有，是一个自筹经费的机构，它主要是在优先政策基础上对能源效率项目进行借贷。能源效率是 EIB 在能源部门资助的 5 个优先领域之一。

欧洲投资银行在性质上被认为是准私人机构（quasi-private institution），近年来准备在能效上进行更多投资。2007 年 EIB 决定提高资助能效项目总成本的份额，要从 50% 提高到 75%，这使得受资助的能效项目对广泛的潜在投资者更具有可行性，增强了能效项目的投资吸引力②。欧盟当前的能效行动计划号召银行部门提供中小企业的金融方案，特别是通过在私人银行部门和 EIB 之间的更多公私合作关系来为能效项目提供资助。

---

① See Silvia Rezessy and Paolo Bertoldi, Financing Energy Efficiency: Forging the Link between Financing and Project Implementation, Report Prepared by the Joint Research Centre of European Commission, Ispra, May 2010.

② See Silvia Rezessy and Paolo Bertoldi, Financing Energy Efficiency: Forging the Link between Financing and Project Implementation, Report Prepared by the Joint Research Centre of European Commission, Ispra, May 2010.

（二）能源服务公司（Energy Service Companies，ESCOs）

能源服务公司能够在能效项目中起到重要作用。ESCOs能帮助能源使用者设计、资助和实施能效项目，分享获得的节能，来补偿成本获得利润。典型的ESCOs运作的项目包括更换效率低下的供热制冷设备，重新设计照明，为节能提高工业生产方法，安装热电联产。欧盟已经在长期促进ESCOs产业，并且希望终端使用能效指令（End-Use Efficiency Directive）进一步深化其行动，特别是希望指令能便利和刺激更多的能效投资，要求成员国消除ESCOs和第三方资助的障碍①。

成员国之间在发展ESCOs产业的程度上存在很大差异。整体上，除了德国、奥地利、匈牙利和法国义务，2005年ESCOs在欧盟还处于摇篮阶段。从那时起全欧洲开始发展ESCOs，特别是新成员国，但是到目前为止一些成员国还是很落后。这种区别的主要原因包括：国家和地区机构给予的支持程度，以及市场结构和规则的差异。为了进一步提高全欧洲对ESCOs的使用，欧盟认为需要调整相关政策：增加ESCOs服务相关信息的传播；启动一个ESCOs认证系统来保证自称是ESCOs的公司是合格和可信赖的；发展地方市场的资助能力和刺激使ESCOs能取得进展，并能够提供自己的工作资本；节能监管和认证标准化；促进公共部门使用ESCOs服务；发展第三方资助欧洲网络，把金融机构，能源供应商和ESCOs整合起来分享实践与共同努力加强ESCOs的市场渗透②。

四、资助政策存在的主要问题与对策

欧盟的节能与能源效率资助政策经过数十年的发展，有一些已经取得了相当好的政策效果，但是其中也仍然存在着一些问题与

① See Directive 2006/32 /EC of the European Parliament and of the Council of 5 April 2006 on energy end-use efficiency and energy services and repealing Council Directive 93/76/EEC, O J L 114, 24/04/2006, pp. 64-85.

② See Silvia Rezessy and Paolo Bertoldi, Financing Energy Efficiency: Forging the Link between Financing and Project Implementation, Report Prepared by the Joint Research Centre of European Commission, Ispra, May 2010.

不足。

（一）资助政策存在的主要问题

首先，欧盟能源效率项目面对的一个主要障碍是：虽然项目长期来看具有成本效益，但是它们在开始阶段需要大量资金。金融部门经常对资助能效项目很犹豫，因为他们的高预付成本和回报的长期性。即使部分项目要求投资并不太大，而且事实上这些项目具有典型的低风险、有良好的现金流这样的特征，但是金融部门往往缺乏资助能效方面的专业知识，难以作出正确判断，因此不愿资助。

其次，在欧盟发展能效项目的机构，缺乏获得充分资助以支持其项目的途径。虽然有一些资助可以利用，但是由于教育和培训工作开展不够，发展项目的机构不了解相关资助工具的用途以及申请办法。

最后，税收和当前能源价格系统没有完全反映能源消费的结果，市场中供应商由于能效提高而出售更少的能源，能源销售总量变小，利润降低。需要利用市场发展一些能够克服抑制性障碍，借以拓展能效资助的措施。

（二）解决问题的对策

针对欧盟在能效方面仍面临的主要问题，欧盟在近期的能效绿皮书和行动计划中反映出解决问题的思路①：

首先，欧盟要发展一个受到良好培训的能效专家网络和服务提供者。能效培训必须被包括在职业培训中，来克服当前在该领域的技术人员短缺。例如，在建设部门提高能效、降低能耗，就需要对建筑师、工程师、技工进行培训。

其次，欧盟必须探索使用“全球贷款”，或者通过具备能效投资方面的技术和经济专门知识的票据交换所重新分配银行基金。能源服务公司在资助能效提高上也起到重要作用，这些公司需要对其行为有更多的政策支持。欧盟必须创造进一步的欧盟范围的能效资助机制，可能通过欧洲投资银行或者欧洲地区发展基金。

① See Communication from the Commission entitled: Action Plan for Energy Efficiency: Realising the Potential, COM(2006) 545 final, 19/10/2006.

最后，需要开发实时计量（real-time metering），作为准确连接能源价格和全部供应成本的方法。在欧盟层面，能源税收体制必须更加协调，更有利于资助能源效率项目的开展。另外，计划对20MW以下规模的新的发电、供热和制冷单位（这些未被欧盟ETS覆盖）采取最低有约束力的效率要求。委员会也计划提出新的管理框架来提高分布式发电的联系，这将通过使电力资源更靠近消费者而减少转换损失。

第四节　能源效率计划2011及新立法提案评析

一、当前欧盟节能和能源效率法律政策取得的成果

欧盟的能源效率与节能政策措施比较丰富（如图5-2①所示），所获得的能源效率和节能成果很容易被欧盟和成员国层面上重叠的政策和激励所吸收，因此对一项单独的政策很难进行评估。但是，不可否认欧盟能源效率和节能法律政策所规制的广阔范围有助于取得效果。

国际能源机构（the International Energy Agency）评估认为，欧盟实施的建立标签和法定的排放标准是满足能源需求的最具成本效益的方法之一。通过在欧盟层面启动节能和能效行动，如果到2020年要实现节能20%的目标，那么其中有10%是来自全面执行现有立法措施，特别是在运输、供热和建筑部门②。如果现有的和新的措施都得到全面执行，将改变欧盟的日常生活，经济上有为每户每年节约1000欧元的潜力，创造200万个就业岗位，并提高工

① A new directive on energy efficiency-challenges addressed and solution proposed, available at http://ec. europa. eu/energy/efficiency/eed/doc/2011_directive/20110622_energy_efficiency_directive_slides_presentation_en. pdf.

② See Commission Green Paper, "Energy Efficiency-or Doing More With Less", COM(2005)265 final, 22/06/2005.

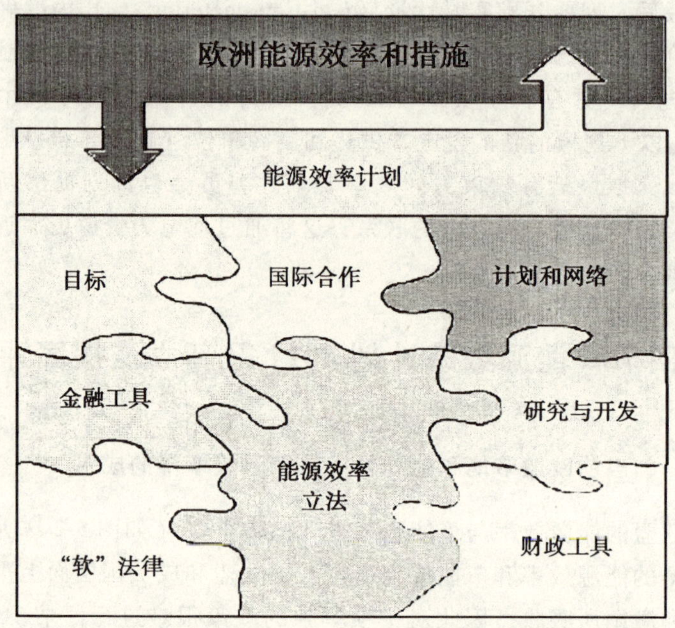

图 5-2 欧盟在能源效率方面所采取的法律政策和措施

业竞争力，每年减少温室气体排放 7.4 亿吨①。

虽然当前欧盟能源效率政策已经收到较好效果，但是政策制定者认为能效方面还大有可为。《2007—2012 能效和能效行动计划》绿皮书表明，即使是在能效政策获得近二十年的稳定增长以后，欧盟计算出它可以用一种成本效益的方式进一步节约大概当前能源消费的20%，累计节约等于德国和芬兰的当前能源消费量（大约 3.9

① See Commission Staff Working Document, Impact Assessment Accompanying document to the Communication from the Commission to the European Parliament, the Council, the European Economic and Social Committee and the Committee of the Regions Commission Staff Working Document, Energy Efficiency Plan 2011 {COM(2011) 109} final {SEC(2011) 278} final {SEC(2011) 279} final {SEC(2011) 280} final, SEC/2011/277 final, 08/03/2011.

亿 Mtoe)，即每年节约 600 亿欧元①。欧委会将继续通过新的能效政策调动公众、政策制定者和市场参与者的积极性，使内部能源市场转向为欧洲公民提供全世界最有能效的基础设施（包括建筑）、产品（包括设备和汽车）以及能源系统。

二、欧盟节能和能源效率法律政策面临的主要问题

欧盟节能和能源效率法律政策虽然取得一定的实施效果，但是欧盟在提高能源使用效率方面取得的进展还远未实现预期目标。2012 年 1 月 5 日，欧盟委员会主席巴罗佐表示，欧盟在发展可再生能源方面成绩显著，有望在 2020 年实现将能源消耗中可再生能源的比例提高到 20% 的目标，但对欧盟实现 2020 年将能效提高 20% 的目标则并不乐观②。欧盟在节能和能源效率方面面临的主要问题有以下几个方面：

（一）整体能源消费仍在上升

在充分认识其节能潜力的基础上，欧盟持续提高其能源效率。自 1990 年起，欧盟能源强度（energy intensity，一种生产一美元 GDP 所消费能源的计量单位）稳步提高。但是，面对同一时期 GDP 的增长，能效提高还显得不足：虽然通过努力获得了能源效率，但是最终的能源消费仍然上升了。

（二）能源强度提高的速度有所减缓

与能效法律政策实施的早期效果相比，能源强度提高的速度有所减缓：在 1990 年代早期曾获得了一美元 GDP 能源消费减低 1.4% 的成果，到 2003 年降低到每年 0.5%。这种速度减缓的原因包括能源价格降低，以及“反弹效应”（rebound effect）——能源效率越高，也就越便宜，降价使人们增加其消费需求，因此抵消了所获得的一些或全部能效。

（三）当前发展情况无法达到 2020 目标

根据委员会最近的评估（包含了在成员国和欧盟层面到 2009

① See Communication from the Commission entitled: Action Plan for Energy Efficiency: Realising the Potential, COM(2006) 545 final, 19/10/2006.

② See http://news.66wz.com/system/2011/01/06/102324308.shtml.

年12月已采取的各项措施的效果），预计2020年的能源消费是1678Mtoe，与之前的设计相比仅相当于节能9%，具体情况如图5-3①所示。

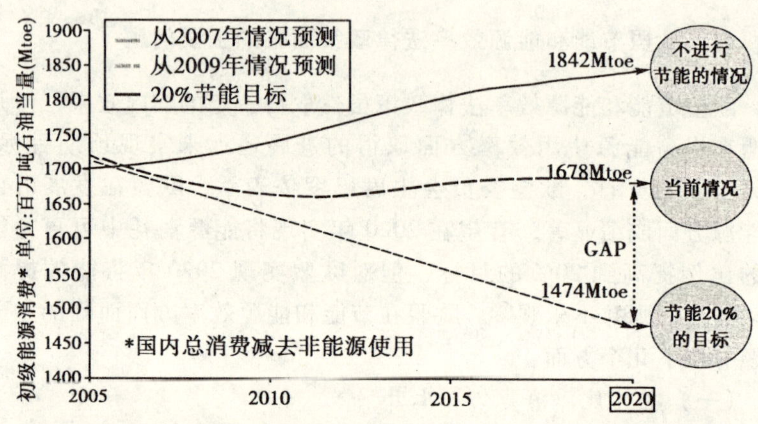

图5-3 欧盟2020年节能目标与根据2007年、2009年数据预测情况

三、能源效率计划 2011

能源效率位于欧盟的智能、可持续和包容性增长的欧洲2020战略以及专项资源有效经济（resource efficient economy）的核心，也是实现能源供应安全的最有成本效益的途径之一，并能减少温室气体排放和其他污染。在许多方面，能源效率可以被视为欧洲最大的能源资源②。欧盟在家用电器和建筑方面采取了很多措施进行节能，但是欧委会最近的评估显示，以现在的发展情况，欧盟仅能完成节能20%目标的一半。因此，欧盟需要调整有关节能和能源效

① A new directive on energy efficiency-challenges addressed and solution proposed, available at http://ec. europa. eu/energy/efficiency/eed/doc/2011_directive/20110622_energy_efficiency_directive_slides_presentation_en. pdf.

② See European Commission, Energy Efficiency Plan 2011, COM (2011) 109final, 08/03/2011, p. 1.

率法律政策，采取“坚决行动，开发建筑、运输、产品及生产工艺的更高节能潜力”①。

（一）能源效率计划2011的提出

欧盟现在需要采取行动走上完成2020目标的轨道，委员会发出一个全面的新能效计划。它为实现2050低碳经济目标②所需的长期政策扫清了道路，并使欧盟位于创新前沿。

欧委会2011年3月8日出台的“能源效率计划2011”提出在所有经济部门为达到进一步节能应采取的广泛的能效措施。这一计划是建立在欧洲议会近期的自我主动（own-initiative）能源效率报告，以及一些利益相关者的贡献和2006能源效率行动计划所获得经验的基础上③。计划称“能源效率措施将作为欧盟更广泛的资源效率目标的一部分来实施，该目标包含所有自然资源的有效使用和保证环保高标准”。其中最具节能潜力的是建筑部门；运输部门潜力第二大（运输部门将出台另一个新的白皮书来加以阐述）；工业能效方面将采取贯穿整个能源供应链的能源效率措施。

（二）能源效率计划2011的指导原则和目的

能源效率计划2011的指导原则是“在没有具有拘束力的国家目标的情况下，提出有严格拘束力的措施”④。欧委会认为实施该

① Commission Staff Working Document, Impact Assessment Accompanying document to the Communication from the Commission to the European Parliament, the Council, the European Economic and Social Committee and the Committee of the Regions Commission Staff Working Document, Energy Efficiency Plan 2011 {COM (2011) 109} final {SEC(2011) 278} final {SEC(2011) 279} final {SEC(2011) 280} final, SEC/2011/277 final, 08/03/2011.

② See Communication from the Commission to the European Parliament, the Council, the European Economic and Social Committee and the Committee of the Regions, A Roadmap for moving to a competitive low carbon economy in 2050, COM (2011) 112, 08/03/2011.

③ See 2010/2107 (INI): European Parliament own initiative report on Revision of the Energy Efficiency Action Plan.

④ European Commission, Energy Efficiency Plan 2011, COM (2011) 109final, Brussels, 08/03/2011. p. 3.

计划还依赖于欧盟机构、成员国和其他利益相关者的紧密合作，需要各方共同参与才能促成该计划的成功。

提出能源效率计划2011的目的是要消灭与实现欧盟节能20%目标还存在的差距，帮助实现2050年资源有效和低碳经济，并增加能源独立和供应安全。全面实施该计划，预计能够带来重大的能源节约：公共部门和新的最低电器能效要求能够节约100Mtoe；交通部门和消费者方面也将带来显著的节能效果。

（三）能源效率计划2011分两个阶段

为了实现所制定的目标，欧委会提出分两步走。第一阶段，成员国建立国家能效目标和计划，将对每个成员国提议的目标和他们的进展情况进行评估。欧委会将对成员国能源效率计划工作中给予支持及提供政策工具，并通过修订法律框架来监督成员国的实施。2013年，欧委会将提供评估结果以及预计是否能够完成欧洲20%的目标。如果2013年的评估显示达不到20%目标，则要进入第二阶段。欧委会将提出有法律拘束力的2020国家目标。像可再生能源一样，它制定目标时将把成员国个体的初始情况、经济状况和在此领域以采取的早期行动考虑进去①。

（四）能源效率计划2011的主要内容

能源效率计划2011分别从公共部门、建筑、工业、金融支持、消费者、交通、国家框架等方面阐述了所要采取的措施。

在公共部门方面，要求消费能源有效的产品、交通方式、建筑、劳务与服务，对整修公共建筑提出具体要求；在建筑部门，要求通过培训、使用能源服务公司等方式为推进低耗能建筑扫清障碍；能效还要为竞争性的欧洲工业服务，提高发电和供热效率、热损失的再利用、热电联产，把能源效率作为一个商业部门，增加欧洲制造业的竞争性；通过团结政策（Cohesion Policy）、智能能源（2007—2013）（the Intelligent Energy Programme）、欧洲经济复苏计划（the European Economic Recovery Programme）等对能源效率提

① See European Commission, Energy Efficiency Plan 2011, COM (2011) 109final, Brussels, 08/03/2011. p. 2.

供国家和欧洲的金融支持；提高消费者使用的产品的能源表现，例如家用电器、智能电表；利用能源服务指令中采用的国家能源效率行动计划（National Energy Efficiency Action Plans，NEEAPs）作为国家节能政策的框架。

四、新能源效率立法提案

由于欧委会最近评估表明，成员国在欧洲2020战略背景下为自己设立的2020能效目标与欧盟20-20-20目标相去甚远（具体情况如图5-4① 所示）。因此，继2011年3月发出能源效率行动计划2011以后，欧委会在6月22日又迅速推出新的立法提案②。

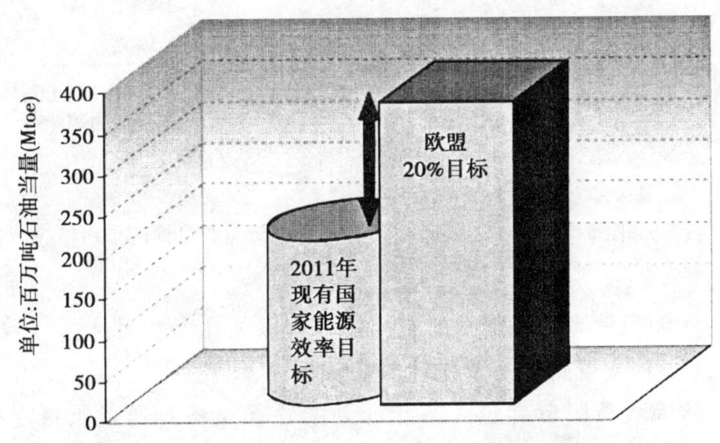

图5-4　成员国能效目标与欧盟20-20-20目标的差距

2011年6月委员会的能效指令立法提案，是要把很多能源效

① A new directive on energy efficiency-challenges addressed and solution proposed, available at http://ec. europa. eu/energy/efficiency/eed/doc/2011_directive/20110622_energy_efficiency_directive_slides_presentation_en. pdf.

② See Proposal for a Directive of the European Parliament and of the Council on energy efficiency and repealing Directives 2004/08/EC and 2006/32/EC, COM (2011) 370 final, 22/06/2011.

率计划2011中的主要措施转变为有法律约束力的行动，促使成员国在节能和能源效率方面采取更有效的措施。该提案建立在现有的热电联产和能源服务指令的基础上，把它合并为能源供应和终端消费方面，一个关于能源效率的、全面的立法工具，希望通过该指令促进欧盟实现其新能源政策目标（如图5-5①所示）。

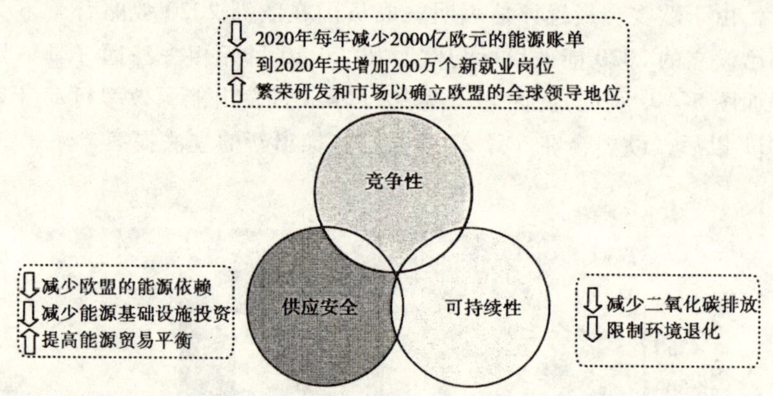

图5-5 2011能效指令立法提案对新能源目标的作用

新能源效率立法提案的主要内容有以下几个方面：

（一）成员国建立节能计划的法律义务

所有成员国负有建立节能计划的法律义务：通过执行能效措施，诸如在能源终端用户中提高供热系统效能，安装双层玻璃窗或隔热屋顶等，能源分配商或能源零售企业有义务每年在其能源销售中要在数量上节约1.5%。作为替代性的方案，成员国也可提出其他机制，例如，资助项目或能达到同样效果的但是并非建立在能源公司义务基础上的自愿协议。成员国应关注启动公共和私人建筑整修过程的工具，提高其中使用的设备的能源表现，在住户和工业领

① A new directive on energy efficiency-challenges addressed and solution proposed, available at http://ec.europa.eu/energy/efficiency/eed/doc/2011_directive/20110622_energy_efficiency_directive_slides_presentation_en.pdf.

域培养能效观念。监控新发电容量的能效水平，建立国家供热、制冷计划作为一个有效率的供热和制冷基础设施规划的坚实基础，包括废热的回收。

（二）公共部门

公共部门将推动市场采用能效产品和服务，把购买符合能效标准的建筑、产品和服务作为一项法律义务。公共部门必须进一步在其办公场所减少能源消费，每年至少对覆盖其总占地面积3%的部分进行必要的整修工作。

提高公共部门的示范作用。要求公共机构每年至少整修其建筑面积的3%是实目前际整修率的两倍，而且每次整修必须使建筑达到国家建筑存量的最佳10%的水平，公共实体租房或购房对象，必须是属于最佳能源表现范围内的房屋。这将为非公共性质的部门树立榜样，促使它们学习公共部门所采取的措施。

公共机构采购物资（例如办公设备）、服务（例如能源）和劳动（例如整修建筑）时，必须符合能源的高标准。由于公共部门的使用量巨大（占GDP17%或2万亿欧元，公共建筑约占欧盟建筑12%），这可以作为更多市场采用能效和发展所需技术和知识的推动力。

（三）私人部门

欧盟号召成员国采取措施，与国家财产法一起实施，应对不鼓励节能和能效的问题。比如，对出租的建筑和公寓，在租户和房主之间存在整修的成本问题，启动私人建筑整修计划，提高设备的能源表现。同时，号召成员国支持采用能源服务公司作为整修的催化剂，能源服务公司自己花成本整修私人房屋和公寓，从特定时间内整修前后能源成本的差价中获得利润。

（四）能源公司

能源公司必须使其客户能够减少能源消费，为实现这一目的可采取各种形式。例如，规模大的电力和燃气供应商有法定义务，在预先规定的程度上减少其客户的能源消费；能源公司为私人房屋中的新设备付款，诸如安装双层窗，来减少能源消耗，能源公司通过能源价格来赚回成本。另一种模式是让能源服务公司做必要的投资，提高发电和产热效率。通过更准确的个人电表实时计量，能方便和免费地获得数据和历史能源消费情况，付费必须建立在电表能很好地反映数据的真实消费基础上，这将使消费者能更好地管理其能源消费。

（五）工业部门

大公司必须做常规、独立的审计，这些审计必须由公司自己组织。欧盟支持成员国鼓励公司采用能源管理系统作为合理使用能源的系统性框架；对于微型、小型公司，提议交流能效及以建筑物能源管理能力为目标的项目的最佳经验。激励中小型能源企业接受能源审计并宣传其最佳实践，大型公司必须进行能源消费审计，来帮助它们确定减少能源消费的潜力。

欧盟提出新的能源效率立法提案，是希望将工业与消费者组织联合，为更多的信息、沟通创造条件；力争账单清晰并按期发给客户，以反映真正的成本。欧盟还将发布更详细的智能电网和智能电表的有关措施，为消费者提供必须的信息和服务来使其能源消费最优化；计算其能源情况，帮助消费者了解他在哪里消费了多少能源，也能够将这些信息分解到每个具体的房间或机器、设备。如果全面实施现有和新的立法措施、将有很多节约资金的潜力。欧委会将在2014年评估2020年欧盟20%能效目标的进展情况，如有必要，将会提出一个更进一步的立法提案来设立命令性的国家能效目标。

综上所述，提高能源效率，能降低能源体系对环境的负面影响，提高能源效率还可以替代增加能源供给，因此能源效率在很多方面被看做欧洲最大的能源资源。欧盟把2020年节能20%作为基本能源目标，并把节能和能效作为一个达到长期能源和气候目标的主要措施。

欧盟节能与能源效率法律政策始于20世纪70年代，兴于20世纪90年代及21世纪初，覆盖范围很广，涉及终端使用能效、建筑物能源表现、用能产品标签、热电联产和用能产品的生态设计五大方面，次级立法主要采用指令和条例的形式。欧盟节能与能源效率的政策工具较多，包括与工业的自愿协议，向消费者提供信息，委员会支持项目等，目前正在实施的有欧洲智能能源、欧洲竞争性与创新框架计划以及能源之星项目。在资助政策方面，欧盟主要使用公共基金、市场基础上的工具以及私人支持基金三类工具，分别形成了各具特点的资助项目，包括资助新成员国的 Phare program、帮助发展中国家吸引投资的全球能效和可再生能源基金、市场基础上的温室气体排放交易计划和白色认证，以及欧洲投资银行及能源服务公司的私人资助等。

欧盟节能与能源效率法律政策的最新发展，是出台了能源效率计划 2011 和新的能源效率立法提案。这体现了欧盟将原先分散在各领域的节能与能源效率法律政策进行整合的趋势，并且要在能效领域采取有法律约束力的行动，促使成员国在节能和能源效率方面执行更为有效的措施。

第六章 欧盟内部能源市场法律政策与新能源

欧盟27个成员国拥有5亿多人口，国内生产总值超过12亿欧元①，其市场一体化是一项长期而系统的工程，经历了从相互分割的成员国市场走向单一的内部市场的演进过程。欧盟法律与政策体系的制度设计，在欧盟内部能源市场一体化中起到了重要作用。它既是欧盟应对能源安全方面挑战的重要工具，也是促进新能源发展的主要措施，更是实现欧盟可持续发展目标必不可少的条件。

第一节 欧盟内部能源市场一体化的条约基础

从1951年签订《建立欧洲煤钢共同体条约》开始，欧洲迈出了建立共同能源市场的第一步。《建立欧洲原子能共同体条约》、《建立欧洲经济共同体条约》进一步推动能源市场一体化的发展，1987年7月1日《欧洲单一法令》生效，欧共体经济一体化得到深化；《欧洲联盟条约》签订之后，欧洲内部统一大市场正式建立。这一过程充分体现了法律制度对能源市场的影响。

一、三个共同体条约与欧盟能源市场

能源市场主要是指包括各种燃料、电力、能源技术和能源设备

---

① 欧盟2011年7月28日发布的统计数据总人口为5.025亿人，欧盟2010年GDP为€12,268,387 million, available at http://epp.eurostat.ec.europa.eu/cache/ITY _ OFFPUB/KS-SF-11-038/EN/KS-SF-11-038-EN.PDF http://europa.eu/about-eu/facts-figures/economy/index_en.htm。

等在内的一个综合性市场①。建立内部能源市场可以保障欧盟的能源供应安全，提高欧盟的工业竞争力，并实现可持续发展目标。三个共同体条约与欧盟内部能源市场的建立有着不可分割的联系。

(一)《建立欧洲煤钢共同体条约》与煤炭市场

"二战"以后，欧洲的主要能源是煤炭。在20世纪50年代初，西欧的决策者把煤炭和钢铁作为制定共同政策的重要领域，他们认为能源既是一个具有政治重要性的经济部门，而且具有一旦实现一体化就会继续外溢到其他经济部门的良好潜力②。

法国、联邦德国、意大利、比利时、荷兰、卢森堡于1951年4月18日在巴黎签订了《建立欧洲煤钢共同体条约》(Treaty Establishing the European Coal and Steel Community)，成立了欧洲煤钢共同体(the European Coal and Steel Community，ECSC)。条约设立了两个目标，一个是建立煤钢共同市场的经济目标，另一个是建立某种超国家的潜力机构并逐步发展政治一体化的政治目标③。《建立欧洲煤钢共同体条约》为欧洲煤炭共同市场的建立奠定了法律基础，共同体内部的进出口关税和一些限制贸易的做法被取消，推动了西欧的煤炭生产和贸易，也保障了共同体各国的能源供应。条约所倡导的共同市场于1953年2月10日对煤炭、铁矿石、废金属开放，1953年5月1日对钢铁开放④。但是，《建立欧洲煤钢共同体条约》并没有将石油、天然气等其他能源资源包括在内，没有给建立全面的共同能源市场制定法律框架。

(二)《建立欧洲原子能共同体条约》与核能市场

20世纪50年代中期，西欧各国认识到核能是廉价、安全、潜

① 参见杨泽伟:《欧盟能源法律与政策及其对中国的启示》,载《武汉大学国际法评论(第七卷)》,武汉大学出版社2007年版,第215页。

② 参见冯建中:《欧盟能源战略——走向低碳经济》,时事出版社2010年版,第16页。

③ See Treaty Establishing the European Coal and Steel Community, Paris, Signed on 18 April 1951.

④ See http://europa.eu/legislation_summaries/institutional_affairs/treaties/treaties_ecsc_en.htm.

力无限的新能源，煤钢共同体六个成员国成立专家委员会研究运输和能源部门一体化问题，认为原子能部门的一体化较为可行。1956年发生的苏伊士运河危机，促使西欧认识到发展原子能作为未来的新能源已经迫在眉睫。

煤钢共同体六个成员国于1957年3月25日在罗马签署了《建立欧洲原子能共同体条约》(Treaty Establishing the European Atomic Energy Community)，欧洲原子能共同体（the European Atomic Energy Community，EURATOM）于1958年1月1日在布鲁塞尔成立。《建立欧洲原子能共同体条约》的目标是要为核工业的迅速建立和发展创造条件，提高成员国人民生活水平，促进与其他国家关系的发展。条约中提出了创建核能专用材料和设备的共同市场，促进核能领域投资资本的自由流通、专业人员在共同体内自由就业①。

《建立欧洲原子能共同体条约》确立了共同体的基本核能政策，并为共同核能市场的建立提供了法律基础。虽然成员国同意创建共同的核能市场，但是实际上并未解决铀矿石和核材料的稳定和公平供应的问题。因此，原子能共同体在建立初期只掌握了极为有限的权力，而真正制定核能政策的权力还是掌握在成员国手中，核能市场一体化的发展相对来说不尽如人意。

（三）《建立欧洲经济共同体条约》与共同能源市场

《建立欧洲经济共同体条约》与《建立欧洲原子能共同体条约》同时签署，其目的是通过建立一个包括关税同盟及商品、人员、服务和资本自由流动的共同市场，逐步促使成员国经济政策趋同，促进共同体经济活动的协调、持续、平衡和稳定发展，提高人民生活水平，加强成员国之间的关系②。该条约成为欧洲经济一体

① See European Communities, Treaty Establishing the European Atomic Energy Community, signed on 25 March 1957, Luxembourg: Office for Official Publications, 1973.

② See European Communities, Treaty Establishing the European Economic Community, signed on 25 March 1957, Luxembourg: European Communities Publishing Services, 1958.

化的普遍性工具。

但是《建立欧洲经济共同体条约》中没有设立“能源”章节，没有专门为共同体能源政策的发展提供法律基础。1958—1972 年期间，共同体没有有效的共同能源政策，一定程度上阻碍了共同体能源市场的发展①。

当然，该《建立欧洲经济共同体条约》关于建立共同市场的基本原则并没有禁止用于能源部门，在实际实施过程中，这些一般规则也被用来解决能源部门遇到的问题。另外，条约第 235 条规定，如果在共同市场运行过程中，共同体行动确实是实现共同体某一目标所必须的，而条约又没有给予必要的权力，则部长理事会应就委员会的提议，经过征询欧洲议会的意见，以全体一致决议来采取适当的措施。事实上，条约第 235 条在后来的五十多年里成为欧委会提出能源相关法律和政策提案的法律基础②。

二、《单一欧洲法令》、《欧洲联盟运行条约》与能源市场一体化

欧盟的基础条约的发展不是一蹴而就的，而是经历了几十年的漫长发展过程。与基础条约的发展相伴随，欧盟能源市场也经历从共同市场走向单一市场，最终形成内部市场的历程。

（一）能源市场一体化一度进展缓慢

《建立欧洲经济共同体条约》签订以后，在共同市场建立以后的很长一段时间，欧共体市场一体化处于相对停滞阶段。在次级立法上，除了有关四大自由流动和有关竞争法实施的次级立法外，市场一体化方面也没有重大进展③。

20 世纪 60 年代，由于对石油的依赖增加以及和平利用核能的快速发展，煤炭工业逐渐式微。1962 年，三个共同体开始研究成

① See M Roggenkamp, C Redgwell, Idel Guayo, and A Ronne (ed), Energy Law in Europe (2nd edition), Oxford University Press, 2007, p. 227.

② 参见冯建中:《欧盟能源战略——走向低碳经济》,时事出版社 2010 年版,第 23 页。

③ 参见程卫东:《欧洲市场一体化》,社会科学文献出版社 2009 年版,第 41 页。

员国中长期能源平衡问题，并提出建立能源共同市场、保证供应安全的建议①。1967年，欧洲煤钢共同体、经济共同体、原子能共同体合并为欧洲共同体，给建立共同能源市场带来推动力。1968年欧委会提出了《一个共同体能源政策的指导方针》，指出由于共同体内部能源贸易存在障碍，如果不建立共同能源市场，成员国能源法律和政策的差别将造成共同体相关产业竞争扭曲，阻碍共同体能源经济的发展。该指导方针认为应建立一个能源产品自由流通、统一竞争规则的共同市场②。虽然理事会批准这一指导方针，但是欧委会在此政策下提出的大部分指令并未获得通过。在此期间，只有“关于保持原油及成品油最低储备的第68/414/EEC指令”③作为一项危机管理措施得到通过④，能源市场一体化几乎没有进展。

1973年石油危机给欧共体带来巨大冲击，依赖外部能源的脆弱性暴露无疑，成员国意识到共同体需要一个整体性能源战略。1974年理事会通过《关于共同体一项新的能源政策战略的决议》⑤以及《关于1985年共同体能源政策目标的决议》⑥。虽然后者被认为是欧盟第一部能源战略，但是其目标主要是确保廉价能源充分又

---

① See The European Community and the Energy Problem, 3rd Edition, Luxembourg, Office for Official Publications of the European Communities, 1983, p. 23.

② 参见冯建中:《欧盟能源战略——走向低碳经济》,时事出版社2010年版,第33页。

③ See Council of the European Communities, Council Directive 68/414/EEC of 20 December 1968 imposing an obligation on Member States of the EEC to maitain minimum stocks of crude oil and/ or petroleum products, O J L 308, 23/12/1968, pp. 14-16.

④ 《罗马条约》第103条规定,如果某些产品出现供应困难,理事会可以在欧委会建议的基础上用一致同意的表决方式就所需采取的措施通过指令。

⑤ See Council of the European Communities, Council Resolution of 17 Septemper 1974 concerning a new energy policy strategy for the Community, O J L 153, 09/07/1975, pp. 1-2.

⑥ See Council of the European Communities, Council Resolution of 17 December 1974 concerning Community energy policy objectives for 1985, O J L 153, 09/07/1975, pp. 2-4.

可靠的供应，减少对进口石油的过度依赖，防范再次成为石油武器的受害者。由于共同体条约没有为建立共同能源市场提供全面的法律基础，欧共体成员国不肯让渡能源主权，各国能源领域法律政策存在巨大差异。欧共体的能源战略不可能采取严格方式，只能是一些较为灵活的指导原则，虽然通过共同体机构颁布建议和指令促使成员国能源领域的行动趋同①，但是共同体能源市场一体化未能在此期间取得突破。

（二）20世纪80年代后的基础条约与内部能源市场

20世纪80年代中期，石油价格暴跌，西方国家在石油战争中重新取得主动。石油、天然气、电力生产能力过剩，能源价格短期内不会上涨，能源安全问题不再是欧共体议程上的主要内容，这种形势反而为能源市场的自由化创造了条件，也促进了欧共体能源市场一体化的发展。

欧盟内部能源市场经历了从共同市场（common market）到单一市场（single market）的演进过程②。共同市场是在一体化程度上高于自由贸易区和关税同盟，但是要低于经济联盟和完全的经济一体化的市场形式③。在《建立欧洲经济共同体条约》中规定的是建立共同市场，而欧委会于1985年6月发表了题为《完善内部市场》的白皮书开始使用单一市场④，单一市场是共同市场的进一步发展。该文件引起欧共体在条约上的新一轮变革，为市场一体化提供了法律基础，其中最为突出的是1986年2月通过的《单一欧洲法令》(Single European Act，SEA)。该法令第3条对内部市场（internal market）进行了定义：“内部市场包括一个没有内部边界

① 参见冯建中:《欧盟能源战略——走向低碳经济》,时事出版社2010年版,第52~53页。

② 参见程卫东:《欧洲市场一体化》,社会科学文献出版社2009年版,第37页。

③ See Bela Belassa, the Theory of Economic Integration, Illinois: Richard D. Irwin, 1961, p. 2.

④ See European Commission, Completing the Internal Market —White Paper from the Commission to the European Council, COM(85) 310 final, 14/06/1985.

的区域，根据本条约规定对货物、人员、服务和资本在该区域内的自由流动予以保证。”① 此后的欧盟基础条约中均使用了内部市场的概念。

《单一欧洲法令》是对欧共体条约的第一次主要修改，在新领域赋予共同体权力，其中包括与能源密切相关的环境政策领域。《单一欧洲法令》通过实施合格多数票机制来加速决策制定过程，为大量创建内部市场的指令的通过创造了条件。《单一欧洲法令》生效后，欧盟开始建设内部市场，二十年内通过了一大批能源指令和条例等次级立法。

2000 年 12 月通过的《尼斯条约》② 为欧盟东扩扫清了决策机制上的障碍，加快了欧盟东扩的步伐。随着新成员国的加入，欧盟的内部能源市场也在扩大。虽然欧盟东扩不能从根本上改变欧盟能源消费增加、化石燃料需求增长和对外依存度上升的状况，但是新融入能源市场成员国的能源技术落后，能源效率低下，新能源比例低的特点却为欧盟带来了先进能源技术和新能源方面新的投资机会。

《欧洲联盟运行条约》③ 对能源市场做了更明确的规定，第 194 条将确保能源市场的运行作为欧盟能源政策的目标之一。另外，能源运输网络是内部能源市场的一个重要因素，该条约保留了原来《欧洲共同体条约》关于跨欧网络的条款，其第 170 条规定“为实现……目标，并帮助联盟公民、经济从业者和地区、地方社区从建立无内部边界的区域中充分得益，联盟应致力于建立和发展运输、通信和能源等基础设施领域的跨欧网络。在一个开放和竞争的市场体系框架内，联盟的行为是要促进各国网络的相互联接和互通性，以及保证这些网络的准入。特别是要使岛屿、内陆和边缘地

---

① Single European Act (1986), O J L 169, 29/06/1987.

② See Treaty of Nice Amending the Treaty on European Union, the Treaties Establishing the European Communities and Certain Related Acts Official Journal C 80 of 10 March 2001.

③ See Consolidated versions of the Treaty on European Union and the Treaty on the Functioning of the European Union, O J C 115, 09/05/ 2008.

区与联盟的中心地区相联接”。第 171 条提出了实施上述目标的手段，特别是制定纲要和共同体财政支持。第 172 条规定了实施这些措施的程序。

欧盟基础条约是欧盟建立内部市场最为重要的法律基础，它为欧洲能源市场的一体化提供了宪政基础和基本的法律规则，也为包括欧盟机构在内的各类主体活动提供了合法性。

第二节 欧盟能源市场竞争性法律政策的发展

欧盟次级立法为欧盟内部能源市场的一体化、自由化和竞争性提供了具体的法律规则，为发挥其他市场因素的作用提供了法律框架。但是在三个共同体建立初期，欧盟能源市场方面的次级立法发展缓慢。直到 20 世纪 80 年代的新自由主义经济思潮为欧盟能源市场竞争带来了理论基础，能源等公用事业掀起私有化热潮，加强欧盟能源市场竞争性的次级立法也迅速涌现。

一、能源市场的自然垄断理念

一百多年以前，刚产生电力和天然气工业不久，欧洲的政策制定者总结认为，两个工业都是自然垄断性质，由于其巨大的经济规模，随着大量产出而逐步下降的边际成本和平均成本，因此采取竞争是不合适的。因此，垄断的供应商从成本的角度出发更为有效。但是，从一个垄断供应商自身的利益出发，其行为应该是以更高的价格生产质量更低劣的产品，如果是在一个竞争市场里，消费者将不会选择垄断供应商提供的这种产品①。

由于能源的地位不同于其他产品，对于国家经济命脉具有重要意义。这种地位决定了能源是各国政府所关注的商品，因此不会留空间给市场。各国政府在开始阶段都认为他们自己要作为能源的提供者或管理者，或者两者兼而有之，从开头就卷入了电力和天然气

① See David B. Spence, Can Law Manage Competitive Energy Markets? Cornell Law Review, Vol. 93, No. 4, 2008, p. 767.

的销售与服务中。这就造成世界上大部分国家都是由国有公司提供电力和天然气服务。

20世纪50年代以来，能源等公用事业国有化非常普遍。虽然《欧洲经济共同体条约》规定成员国在公用事业企业不得制定、维持违反欧共体条约特别是欧共体竞争法的国内措施，从事公用事业的企业也必须遵守欧共体条约所规定的竞争规则①，为成员国公用事业自由化提供了法律基础，但是直到1980年代后期的欧洲各国，对于能源这一关系国计民生的重要领域，国有公司的电力和天然气服务具有规则上的优先性，有些国家的国内法规定公用事业免于竞争法的规制②。

从各国国有能源公司的管理结构上来看，许多能源服务供应商是垂直一体化的公司。这种结构的能源公司自己生产大部分能源并在批发市场购买一些，然后通过其拥有的分配系统进行输送，再直接出售给零售消费者。在这种传统垂直一体化结构下，当垄断服务提供者缺乏满足需求的能源，市场供小于求时，垄断服务提供者就会受到青睐。作为网络拥有者，垄断公司提供必须的、平衡的服务，久而久之，它能够平衡供需，保证网络中的能源总量满足一直在变化的顾客需求。客户支付能源服务反映所有这些功能（生产、分配、销售能源）的费用，所有这些功能捆绑在一起成为单一服务项目。

二、竞争观念引入欧盟能源市场

20世纪70年代和80年代，经济思想发生巨大变化，新自由主义经济学派在西方兴起，他们倡导经济自由主义，坚信市场的有效性，在总体上主张和维护一种生产者和消费者在不受国家干预条

① See European Communities, Treaty Establishing the European Economic Community, signed on 25 March 1957, Luxembourg: European Communities Publishing Services, 1958.

② See David B. Spence, Can Law Manage Competitive Energy Markets? Cornell Law Review, Vol. 93, No. 4, 2008, p. 768.

件下追求其经济效益的经济秩序。

这一时期，国家在传统公用事业部门的作用也出现了变化，争相把竞争引入缺乏被管制的市场。政府曾经青睐的国有化公用事业管理，纷纷开始尝试一定形式的竞争，曾经被严格管制的航空、银行、矿产、电话、天然气和电力市场比以前任何时候都更加开放。英国首先开始对能源、电信、自来水等重要国有或国营工业部门的私有化改革。北欧国家、法国、荷兰等国内部就能源问题进行大辩论，辩论的重点是引入自由市场规则是否可以使能源部门和能源贸易更有效率①，逐渐形成了解除市场管制的基础，全面挑战能源市场天然垄断的观点。

如果能源生产和输送是一项必须捆绑为一体的产品，能源服务则可能具有自然垄断性，但是事实并非如此。生产和输送能源是两种分开的产品。输送（运输和分配服务）具有自然垄断性，因为重复建设两点之间的输送网络往往是无效率的。但是生产和销售能源并非自然垄断。即使购买者必须从一个垄断的供应商那里获得输送服务，生产和销售也可以从分配中拆分出来，从而批发和零售市场的购买者能够选择自己的能源供应商。能源产品的竞争将最终淘汰无法以竞争性价格提供可信赖的服务的生产者。因此，消费者——广泛定义包括所有消费者阶层——将从竞争带来的成本法则中受益。② 因此，建立竞争性能源市场的支持者提出分配服务需要保持管制，而能源生产要开放竞争。

随着以上理论基础得到全面发展，欧盟也迈开了加强能源市场竞争的步伐。欧洲国有能源公司的私有化以及欧盟商品、服务“单一市场”的承诺给欧洲提供了改革的动力。20 世纪 90 年代后期，欧委会提出的创造竞争的欧洲能源市场的动议，通过一系列指

① 参见冯建中:《欧盟能源战略——走向低碳经济》,时事出版社 2010 年版,第 91 页。

② See David B. Spence, Can Law Manage Competitive Energy Markets? Cornell Law Review, Vol. 93, No. 4, 2008, p. 772.

令①提交各国政府，为生产、销售和分配的拆分打下基础。委员会2003年的指令②使一体化公司功能拆分，并在整个欧洲电力和天然气市场建立引入竞争和顾客选择的时间表。2003年指令鼓励成员国形成独立系统运营商来管理独立于任何系统利益相关者的网络。除了跨国能源运输网络没有物理上一体化，还缺少一个欧洲能源管理机构来直接进行协调，能源批发市场在英国、北欧国家和法国、比利时起到重要作用，也在中欧发挥多方面的作用③。

三、欧盟能源市场竞争的次级立法

从1996年到2009年，欧盟内部能源市场在自由化、竞争性方面取得了很大进展，其改革已涉及整个欧盟的能源基础设施建设、能源市场管理等诸多方面。三次能源改革通过一系列指令为欧盟能源市场竞争提供了坚实的法律基础。

（一）第一次能源改革

20世纪90年代中后期，欧盟第一次能源改革方案的重点在于建立各国的能源管理机构并在成员国内放开能源市场，使能源市场自由化。这一阶段的主要指令包括 Directive 96/92/EC④（欧洲议会和理事会关于内部电力市场共同规则的指令）和 Directive 98/30/EC⑤（欧洲议会和理事会关于内部天然气市场共同规则的指令）。其具体内容包括：通过重视能源生产和电力网络、天然气管道建设，废除已有电力和天然气垄断企业的排他性权利；对大的工

① 即指令96/92/EC和指令98/30/EC。

② 即指令2003/54/EC和指令2003/55/EC。

③ See David B. Spence, Can Law Manage Competitive Energy Markets? Cornell Law Review, Vol. 93, No. 4, 2008, p. 782.

④ See Directive 96/92/EC of the European Parliament and of the Council of 19 December 1996 concerning common rules for the internal market in electricity, O J L 27, 30/01/1997, pp. 20-29.

⑤ See Directive 98/30/EC of the European Parliament and of the Council of 22 June 1998 concerning common rules for the internal market in natural gas, O J L 204, 21/07/1998, pp. 1-12.

业客户和配电/气公司的网络引入第三方准入权；对能源服务的生产、输送、分配进行区分，拆分能源服务的基础设施，区分基础性服务（可能要继续作为公共服务）和增值服务（开放进行自由竞争）；监管和运营功能相分离。

欧盟第一次能源改革的立法目的是渐进地引入竞争，从而逐步开放电力和天然气市场，在整体上增进能源部门效率和欧盟经济竞争力，创立一个内部能源市场（the Internal Market for Energy）。但是一些成员国，特别是法国和德国，强烈反对这一观点。

到2000年9月，欧盟大部分成员国已经实施了欧盟第一次能源改革方案的电力和天然气指令，欧盟委员会2001年调查认为，有必要采取更进一步的措施来完善内部能源市场并从中获益。

（二）第二次能源改革

欧盟第一次能源改革使得欧洲能源市场迈上自由化之路，但是自由化并非最终目标，而是一条通往能源市场一体化的途径。欧洲理事会2000年3月提出在电力和天然气领域"加速自由化"，其目标是形成"一个全面起作用的具有操作性的内部市场"①。

欧盟通过加强电力和天然气市场的竞争和跨境贸易，开展了第二次能源改革。2003年至2005年，欧盟通过了两个指令和两个条例来取代 Directive 96/92/EC 和 Directive 98/30/EC，它们是 Directive2003/54/EC②（欧洲议会和理事会关于内部电力市场共同规则及废止指令96/92/EC的指令）、Directive2003/55/EC③（欧洲

① See Neelie Kroes, Improving Competition in European Energy Markets through Effective Unbundling, Fordham International Law Journal. Vol. 31, No. 5, 2007, p. 1387.

② See Directive 2003/54/EC of the European Parliament and of the Council of 26 June 2003 concerning common rules for the internal market in electricity and repealing Directive 96/92/EC-Statements made with regard to decommissioning and waste management activities, O J L 176, 15/07/2003, pp. 37-56.

③ See Directive 2003/55/EC of the European Parliament and of the Council of 26 June 2003 concerning common rules for the internal market in natural gas and repealing Directive 98/30/EC, O J L 176, 15/07/2003, pp. 57-78.

议会和理事会关于内部天然气市场共同规则及废止指令98/30/EC的指令)，以及Regulation（EC）No 1228/2003①（欧洲议会和理事会关于跨境电力交易网络准入条件的条例)、Regulation（EC）No 1775/2005②（欧洲议会和理事会关于天然气输送网络准入条件的条例)。上述条例和指令的主要内容包括：加强对网络运营商的拆分要求；加强网络准入权；消除残留的排他性供应权；建立独立的监管机构。

根据这些条例和指令，成员国同意确定在电力和天然气市场实现全面竞争的时间表，所有针对非住户的天然气和电力消费者的市场到2004年7月实行自由化；对于私人住户，最后期限为2007年7月。此后，商业和私人消费者理论上可以在一个竞争性的市场上自由选择电力和天然气供应商。

（三）第三次能源改革

虽然经过了上述两次改革，加强了市场竞争，但是欧盟内部能源市场仍然存在着一些严重的功能性障碍，比如缺乏市场一体化、缺少透明度、市场过度集中等。

为了解决能源领域所面临的问题，欧盟委员会于2007年1月10日提出了新的提案，其内容包括实现有效的输送网络拆分、建立监管框架、网络准入及提高透明度等，欧洲议会对此表示强烈支持，认为输送网络所有权拆分是“用非歧视性手段提高基础设施投资、高压输电网络对新来者的公平准入以及市场透明度的最有效工具”。③ 这些内容也正是2009年欧盟第三次能源改革方案的核心

① See Regulation（EC）No 1228/2003 of the European Parliament and of the Council of 26 June 2003 on conditions for access to the network for cross-border exchanges in electricity, O J L 176, 15/07/2003, pp. 1-10.

② See Regulation（EC）No 1775/2005 of the European Parliament and of the Council of 28 September 2005 on conditions for access to the natural gas transmission networks, O J L 289, 03/112005, pp. 1-13.

③ See Neelie Kroes, Improving Competition in European Energy Markets through Effective Unbundling, Fordham International Law Journal. Vol. 31, No. 5, 2007, p. 1389.

部分。2009 年 4 月 22 日欧洲议会通过了第三次能源改革方案，6 月 25 日欧洲理事会正式批准了此项能源内部市场改革方案。

第三节　欧盟第三次能源改革方案

欧盟制定的能源法律本质上都是对欧盟及其成员国的行为进行规范和协调，促进成员国之间能源方面的合作，实现共同目标。尽管欧盟第三次能源改革方案主要是要解决欧盟内部电力与天然气市场问题，但是环境保护和可持续发展的理念贯穿于指令和条例中，特别是对于可再生能源的发展，从市场竞争、环境影响以及市场监管等方面进行了有效的规制，这些措施都将促进欧盟新能源的快速发展。

一、第三次能源改革方案服从于新能源目标

欧盟第三次能源改革方案实际上是从改革内部电力与天然气市场的角度，推进欧盟新能源目标的实现。

（一）可持续性

能源问题已经处于可持续发展的前沿，改革能源法是各国和全球经济中实现可持续发展的一个基本要素。可持续发展成为各国制定能源供应多元化以及减少能源生产对环境负面影响等方面法律与政策的推动力。

欧盟始终将应对气候变化和可持续发展放在其能源议程的重要位置。欧盟委员会提出了“20-20-20 目标”，即到 2020 年，温室气体排放与 1990 年相比减少 20%，能源效率提高 20%，新能源占能源生产总量的 20%①。欧盟认为实施可持续发展战略的关键是坚

---

① See Communication from the Commission to the European Parliament, the Council, the European Economic and Social Committee and the Committee of the Regions -20 20 by 2020-Europe's climate change opportunity, COM (2008) 30, 23/01/2008.

持“能源与环境协调原则”，在能源活动中融入环境目标①。

在欧盟第三次能源改革方案中多次述及要建立环境可持续发展的电力和天然气市场的目标，规定了电力和天然气供应商有义务告知终端客户每种能源的贡献率及对环境造成的影响等，要求成员国为实现“20-20-20目标”而努力。

（二）供应安全

根据《欧洲联盟运行条约》第192条（原《欧洲共同体条约》第175条），成员国可以自由选择其能源来源和供应结构，因而政府对能源市场的干预被认为是国家主权范围内的问题②。然而，欧盟能源对外依赖严重，其能源需求的50%依赖进口，预测未来二十年，这一比例将上升到70%③。而且，欧盟能源依赖问题还与地缘政治利益交织在一起，其大部分能源资源来源于俄罗斯、沙特阿拉伯、阿尔及利亚、尼日尔、利比亚、伊朗、伊拉克等国家，这些国家和地区政治形势复杂，能源供应不稳定。欧盟国家能源高依赖性以及在欧盟层面上的石油储备、天然气供应缺乏协调性。因此，欧盟供应安全问题只有提高到欧盟的层面上加以处理，建立一个共同框架，才能提高成员国在危机情况时的稳定性，在能源供应中断时能进行供应安全管理、设施安全管理④。

一个有效的欧洲能源政策和一个一体化的欧洲能源市场将有助于欧盟的能源多样化和供应安全。欧盟第三次能源改革方案要求成员国在建立电力、天然气生产有关标准时要考虑网络安全，输送系统运营商应当为供应安全做贡献。同时，加强成员国之间的合作，

---

① 参见杨泽伟:《欧盟能源法律与政策及其对中国的启示》,载《武大国际法评论》(第七卷),武汉大学出版社2007年版,第135～142页。

② See Consolidated versions of the Treaty on European Union and the Treaty on the Functioning of the European Union, O J C 115, 09/05/ 2008.

③ See European Commission, Green Paper: a European Strategy for Sustainable, Competitive and Secure Energy, COM(2006)105 final, 08/03/2006.

④ See Carlos Padros, Endrius E. Cocciolo. Security of Energy Supply: When Could National Policy Take Precedence over European Law? Energy Law Journal, Vol. 31, No. 1, 2010, pp. 31-54.

保证能源来源和运输渠道的多样化，提高石油贮存、天然气供应、发电的安全性。

（三）竞争性

欧盟的天然气和电力内部市场存在竞争障碍，需要通过改革来保证内部能源市场的有效运行。欧盟第三次能源改革方案的目标是通过在整个欧盟电力和天然气输送方面引入所有权拆分来刺激和形成竞争，力图使天然气、电力输送与生产供应之间明确分离，建立新的电力和天然气输送及贸易框架。

第三次能源改革方案的核心内容——所有权拆分，在一些成员国已得到成功实施。电力部门，13 个成员国已通过输送网络的全面所有权拆分超越了法律和当前指令的功能性拆分要求；天然气部门，有 6 个成员国已经选择拆分 TSOs 的所有权①。由于所有权拆分能给电力和天然气网络带来更多的投资，减少网络用户的支出，在供应方面带来更多的竞争，因此它将给欧洲能源市场带来显著的收益，被认为是解决欧盟能源市场现有利益冲突的最简单、最有效并且很稳定的方案。欧盟第三次能源改革方案将消除市场竞争功能上的障碍，避免垄断，为企业提供一个平等竞争的市场环境；为消费者提供更好的保护和尽可能低的价格，惠及百姓。

二、欧盟第三次能源改革方案的主要内容

2009 年欧盟第三次能源改革方案包括三个条例和两个指令，它们分别是：

Regulation（EC）No713/2009②（欧洲议会和委员会关于建立

---

① See Neelie Kroes, Improving Competition in European Energy Markets through Effective Unbundling, Fordham International Law Journal. Vol. 31, No. 5, 2007, p. 1394.

② See Regulation (EC) No 713/2009 of the European Parliament and of the Council of 13 July 2009 establishing an Agency for the Cooperation of Energy Regulators, O J L 211, 14/08/2009, pp. 1-14.

能源监管合作机构的条例），Regulation（EC）No714/2009①（欧洲议会和委员会关于电力跨境交易网络准入条件及废止条例1228/2003的条例），Regulation（EC）No715/2009②（欧洲议会和委员会关于天然气输送网络准入条件及跨境交易网络准入条件及废止条例1775/2005的条例），Directive2009/72/EC③（欧洲议会和委员会关于内部电力市场共同规则及废止指令2003/54/EC的指令），Directive2009/73/EC④（欧洲议会和委员会关于内部天然气市场共同规则及废止指令2003/55/EC的指令）。

欧盟第三次能源改革方案主要内容包括修正、补充现有的条例和指令，建立专门机构来加强欧盟各成员国能源管理机构的合作，进一步改革内部电力和天然气市场，排除目前存在的反竞争行为，为成员国公民提供更公平的价格、更清洁的能源和更安全的供给等。

（一）拆分输送系统所有权

拆分输送系统所有权，也就是把天然气和电力的生产和供应从网络经营活动中分离出来。欧盟委员会在2007年的提案中提出了两种方案。

第一种是全面拆分方案，即将生产、供应与网络业务在产权上

① See Regulation（EC）No 714/2009 of the European Parliament and of the Council of 13 July 2009 on conditions for access to the network for cross-border exchanges in electricity and repealing Regulation（EC）No 1228/2003, O J L 211, 14/08/2009, pp. 15-35.

② See Regulation（EC）No 715/2009 of the European Parliament and of the Council of 13 July 2009 on conditions for access to the natural gas transmission networks and repealing Regulation（EC）No 1775/2005, O J L 211, 14/08/ 2009, pp. 36-54.

③ See Directive 2009/72/EC of the European Parliament and of the Council of 13 July 2009 concerning common rules for the internal market in electricity and repealing Directive 2003/54/EC, O J L 211, 14/08/2009, pp. 55-93.

④ See Directive 2009/73/EC of the European Parliament and of the Council of 13 July 2009 concerning common rules for the internal market in natural gas and repealing Directive 2003/55/EC, O J L 211, 14/08/2009, pp. 94-136.

进行彻底拆分，欧盟委员会倾向于采用这一方案。第二种方案是按照“独立系统运营商”（Independent System Operator，ISO）的模式，允许垂直一体化公司保留输电、输气网络资产产权，但要求把网络交由完全独立的第三方运营①。

在以法、德两国为首的“反全面拆分联盟”的坚持下，2008年6月欧盟能源部长会议同意引入“独立输送运营商”（Independent Transmission Operator，ITO）方案，即允许垂直一体化电力企业保留输电、输气系统所有权，但是输电、输气系统交由独立输送运营商进行管理，该运营商可以从属于同一个母公司②。

欧盟第三次能源改革方案的两个指令最终允许成员国在上述三种方案中选择其一。从目前情况来看，ISO方案吸引力较小，大部分成员选择全面拆分或者ITO方案。

（二）建立能源监管合作机构

欧盟成立能源监管合作机构（the Agency for the Cooperation of Energy Regulators），帮助成员国的能源市场管理机构开展管理工作，并加强成员国之间电力和天然气输送的跨境管理。这是一个具有法人资格的共同体机构，可在能源管理领域就任何问题提出意见，在电力和天然气领域可参与制定网络规范，在跨境基础设施方面作出决策。该机构在成员国或者欧盟层面上并没有直接的管理权，但是它有权在成员国管理机构不能有效合作的情况下进行干预③。

为了建立有效地欧盟能源市场，解决管理缺乏一致性及成员国能源管理机构执行不力的问题，欧盟第三次能源改革方案提出要协

① See Communication from the Commission to the Council and the European Parliament-Prospects for the internal gas and electricity market, COM (2006) 841, 10/01/2007.

② 参见郭磊、马莉、魏玢：《2008年欧盟电力市场回顾及对我国的启示》，载《电力技术经济》2009年第1期，第25～30页。

③ See Regulation (EC) No 713/2009 of the European Parliament and of the Council of 13 July 2009 establishing an Agency for the Cooperation of Energy Regulators, O J L 211, 14/08/2009, pp. 1-14.

调和加强成员国能源管理机构的责任，使它们的决策能得到公司的遵守，并能对违反者加以惩罚。成员国能源管理机构要真正独立于工业利益和政府干预，能够制定自己的预算和严厉的规则以执行其管理职能，而且所有成员国能源管理机构必须相互合作①。

（三）建立天然气和电力输送系统运营商的欧洲网络

原来欧盟各国天然气、电力输送系统运营商（Transmission System Operators，TSOs）的合作都是建立在自愿基础上的。第三次能源改革方案通过建立输送系统运营商的欧洲网络（European Network for Transmission System Operators，ENTSO）来把这种合作正式化，协调管道和接入电网的规则，调整和保障输送网络规划，以防止发生断电或断天然气的情况。规定电力和天然气输送系统运营商须在 2011 年 3 月 3 日前向欧盟委员会和能源管理合作机构提交有关 ENTSO 的法规草案、成员名单及程序规则草案②。

欧盟建立这一网络的目的是为了提高竞争性和内部电力、天然气市场的协调性。Regulation（EC）No714/2009 和 Regulation（EC）No715/2009 规定，输送系统运营商的欧洲网络的主要任务包括采用共同的网络运营工具、制定一个十年的网络发展计划、提出与共同体输送网络运营商之间技术合作相关的建议、制定年度工作项目、年度报告和每年的夏季与冬季展望。

（四）透明度规则

欧盟电力和天然气内部市场被认为因缺乏透明度而妨碍其发挥应有的功能。因此，欧盟委员会认为有必要重新制定规则和措施，以保证市场公平竞争和保护消费者。

此次能源改革之前，透明度规则主要聚焦于输送网络的可用容量。Directive2009/72/EC 和 Directive2009/73/EC 以及 Regulation（EC）No714/2009 和 Regulation（EC）No715/2009 对透明度提出

① See Regulation (EC) No 713/2009 of the European Parliament and of the Council of 13 July 2009 establishing an Agency for the Cooperation of Energy Regulators, O J L 211, 14/08/2009, pp. 1-14.

② 条例(EC) No 714/2009 和 条例（EC）No 715/2009 均有此规定。

了新的要求，将其延伸到其他方面。

1. 有关配电和配气系统运营的条款中，规定了配电/配气系统运营商负有尊重系统使用者、保证透明度，以及向使用者提供信息的责任，要求天然气电力生产商、网络运营商及供应企业保存所有与操作决定和贸易有关的数据记录。

2. 有关拆分和账户透明度的条款中，规定了电力和天然气企业必须对其所有供电、输送和配电行为采用独立的账户，成员国和竞争监管当局有权检查电力和天然气企业账户。

3. 有关电力和天然气输送网络规范的条款中，规定了电力和天然气 ENTSO 有义务发展数据交换、技术运营与交流以及透明度等方面的规则。

（五）网络拥堵管理

Regulation（EC）No714/2009 和 Regulation（EC）No715/2009 制定了有关输送网络拥堵管理的规则。

1. 输送系统运营商须设立信息交换机制来保证网络在拥堵管理情况下的安全。

2. 基础设施运营商须实行和公布非歧视和透明的拥塞管理程序，便于在非歧视的基础上进行跨境交易。

3. 网络拥堵问题须考虑建立在市场基础上的非歧视性解决方法。

4. 新的网络线路在一定期限内，在下列条件下免受拥堵管理的一般条款限制：其设备增加了电力供应的竞争；其风险等级使豁免成为必要；网络线路必须为一个自然人或法人所拥有；向网络线路的使用者征收费用；豁免必须无损于内部市场的竞争。

（六）系统准入

电力和天然气领域的第三方准入与能源市场的竞争性紧密联系，一直是能源改革的重要内容。欧盟第三次能源改革方案要求在电力方面，成员国须组织一个输、配电第三方准入系统，成员国须制定核准程序标准，在其领土内在客观、无歧视的基础上建设线路，并须公布该系统的税收情况①。

① 指令 2009/72/EC 和指令 2009/73/EC 均有此规定。

天然气贮存、液化天然气基础设施方面，成员国或竞争管理当局须确立贮存设施和管线充填量的准入条件，必须采取措施保证符合条件的用户能够获准进入逆流管网。此外，他们须建立一个输送和配气系统第三方准入机制。天然气企业在缺乏容量或当进入系统会影响其公共服务义务方面的表现时，可以拒绝进入系统。但是，任何拒绝都须有实体化的原因①。

第三次能源改革方案的内容还包括建立单独针对网络准入的税收制度、容量分配、豁免制度、网络平衡等很多方面。

第三次能源改革方案是欧盟近期出台的重大能源立法举措，反映了欧盟能源法律、政策的发展趋势，推进欧盟能源战略目标的实现，为欧盟电力和天然气市场的进一步一体化提供了制度上的保证，并为“能源法规共同空间”的建立创造了条件。

第四节　欧盟内部能源市场法律政策评析

欧盟内部能源市场发展的过程，也是一个相关法律政策不断创新的过程。欧盟内部能源市场发展过程中，既有三个共同体创立初期极大推动共同市场发展的时期，也有20世纪60～70年代共同能源市场几乎陷于停滞的阶段，更有20世纪90年代以来快速前进的黄金时代。而这一发展规律恰恰反映了欧盟内部能源市场法律政策在不同时期的发展状态。纵观相关法律政策的产生与发展历程，我们可以发现欧盟内部能源市场法律政策的发展具有以下特点：

一、结合能源战略目标进行内部能源市场立法

自从经历了20世纪70年代的石油危机以后，欧盟开始制定能源战略，提出各发展阶段的能源战略目标。1974年出台的《关于1985年共同体能源政策目标的决议》被认为是欧盟第一个能源战

---

① See Regulation (EC) No 715/2009 of the European Parliament and of the Council of 13 July 2009 on conditions for access to the natural gas transmission networks and repealing Regulation (EC) No 1775/2005, O J L 211, 14/08/2009, pp. 36-54.

略，它和1980年公布的第二个能源战略《关于1990能源目标及成员国政策趋同的决议》都将能源供应安全作为主要目标①，这一时期的能源次级立法也正是为实现这一目标而制定的②。

由于能源法长期以来将保障能源供应作为发展重点，很多规则的设计仅服从于短期经济目标，能源生产与可持续发展的关系、市场的竞争性以及消费者的平等使用权等往往容易被忽视。2006年3月欧盟《可持续、竞争和安全的欧洲能源战略》绿皮书提出了欧盟能源战略的三大目标——可持续性、竞争性和供应安全，这为欧盟能源立法的进一步确定了发展方向。而天然气和电力是重要的动力能源，在欧盟的能源总量结构中的比重迅速上升，已成为欧洲能源一体化的焦点内容，绿皮书因此将“完善欧洲内部电力和天然气市场”作为首要关注的问题之一③。欧盟此后的能源市场制度法律设计，无疑必须围绕着能源的可持续发展、竞争性和供应安全来进行，需要利用一系列立法和政策措施，减少成员国之间的差异，推进欧盟能源战略目标的实现。

欧盟第三次能源改革方案以电力和天然气市场为重点，制定了有关条例和指令：拆分输送系统所有权，建立能源输送、分配、贮存体系，增强内部能源市场的竞争性，保持能源的合理价格，减少对能源进口的过度依赖，降低能源安全风险④，促进了成员国能源利益的趋同，进而实现三个20%的可持续发展目标。

---

① See Council of the European Communities, Council Resolution of 9 June 1980 Concerning Community Energy Policy Objective of 1990 and Convergence of Policies of the Member States, Council of the European Communities Press Releases, Presidency: Italy, Meeting and Press Releases May-June 1980, p. 6.

② 例如1975年理事会通过两项指令鼓励煤炭和核能发电，减少石油和天然气消费；1976年理事会通过了5项关于利用能源的具体措施的建议，1978年和1979年连续出台了多项节能和能效指令。

③ See European Commission, Green Paper: a European Strategy for Sustainable, Competitive and Secure Energy, COM(2006)105 final, 08/03/2006.

④ 参见高云辉、曹国慧：《欧盟能源市场整合及一体化举措与进程》，载《社会科学战线》2010年第6期，第230～233页。

二、形成自成一类的内部能源市场法律体系

欧盟内部能源市场是在成员国相互分割的市场基础上建立起来的，但它并不是将各成员国的国内市场简单组合起来。欧盟的内部市场既不同于建立在国际贸易基础上的国际市场，也不同于在国家内形成的国内市场，而是以其独特的法律体系为框架形成的自成一类的市场。

能源具有战略重要性，其分布和供应不均衡。当今世界各国对能源资源需求又在不断增长，造成能源领域矛盾重重，欧盟及各成员国都把能源法律、政策作为干预和控制的重要阵地。因此，欧盟的内部能源市场并不是在所有方面完全统一起来的市场，它只是在有关条约的规定与限制范围内的统一市场。

成员国的国内能源市场有自己的法律框架，但是各国国内法都有很大差异，不可能成为在共同能源市场上适用的法律制度。而欧盟的基础条约和通过三次能源改革发展的次级立法，建立了一套适用于欧盟层面的法律体系，来保证内部能源市场的有序运转①。但是，欧盟并非要把内部能源市场建成一个完全类似于成员国内部市场的统一市场。在不涉及欧盟范围内跨国因素的情况下，成员国的国内能源法在各自国内能源市场仍发挥着作用。

三、立法平衡欧盟及成员国的能源市场利益

欧盟内部能源市场在一定时期内自由化程度较低，制约了能源市场一体化进程。欧盟电力和天然气市场，只有英国、瑞典、丹麦、芬兰等少数国家国内市场处于完全竞争状态，法国、德国、意大利、西班牙等国能源市场都为本国大型企业所垄断。很多成员国不愿执行欧盟有关能源市场自由化的规定，而是致力于建设本国大型能源企业；而大型能源公司担心导致竞争，不愿建设联结设施，导致跨国联结设施不足，难以通过在欧盟范围内传输电力和天然气

---

① 参见程卫东:《欧洲市场一体化:市场自由与法律》,社会科学文献出版社 2009 年版,第 28 页。

使各国市场价格趋同①。能源产品和服务的内在属性，以及在某些方面巩固和保护国内公司的政策，国内的电力和天然气竞争机制举步维艰，造成欧盟内部能源市场一体化方面难以形成统一意见。

欧盟介入能源领域的权力有限，能源政策主导权仍然掌握在成员国政府手中。推动第三次能源改革，是一个必须进行却又举步维艰的过程。尤其是在所有权拆分问题上，各国分歧非常大，提出的方案一变再变，经过近三年的博弈，最终达成达成了三种方案择其一的谈判结果。第三次能源改革方案的立法过程是欧盟委员会寻求自身权力与成员国在欧盟能源法框架内实施制定规章的权力之间平衡的过程，全面反映了欧盟及各成员国在能源问题上的利益、立场和偏好，以及各种力量之间的相互关系和能源格局的变化趋势。

四、以欧盟内部能源市场立法促建“能源法规共同空间”

欧盟通过三次能源改革建立有关电力、天然气生产、运输、网络准入、跨境贸易以及监管方面的法律框架，要求各成员国开放能源市场，实现电力、天然气管网的跨国联结等。它具有显著的技术标准和管理规则的特征，以法律的形式确定了欧盟能源市场一整套的技术规范和制度。

欧盟第三次能源改革方案还提出，所有非欧盟国家必须与欧盟成员国的公司一样，遵守同样的拆分要求，才能获许在欧盟市场内运营。如果非成员国公司被认为会对成员国和欧盟能源供应安全造成风险，那么成员国必须拒绝对该公司发放许可证。该条款让成员国决定是否允许第三国公司进入其市场，成员国有权用国家法规制度来保护公共安全利益。这被欧盟委员会称为“互惠条款”②。

---

① 参见刘明礼:《欧盟能源与气候政策的战略调整》,载《国际资料信息》2009 年第 10 期,第 5 ~ 9 页。

② Directive 2009/72/EC of the European Parliament and of the Council of 13 July 2009 concerning common rules for the internal market in electricity and repealing Directive 2003/54/EC, O J L 211, 14/08/2009, pp. 55-93.

Directive 2009/73/EC of the European Parliament and of the Council of 13 July 2009 concerning common rules for the internal market in natural gas and repealing Directive 2003/55/EC, O J L 211, 14/08/2009, pp. 94-136.

欧盟这种内部市场的制度建设是要为日后的能源外交奠定制度基础和市场依托，以欧盟的技术规范为标准，通过签订新条约或双边协议，实现欧盟内部能源市场与周边国家的管、线、网的联结，将东欧、东南欧地区的电力、天然气市场与欧盟市场衔接起来，进而建设欧洲-地中海能源圈，在欧盟周围建立一个“能源法规共同空间”①，逐步推动共同的能源贸易，形成共同的能源贸易、跨境运输和环保规则，促进投资和经济增长，创造一个可预期的、透明的市场，以保证能源供应安全，继而实现最终的一体化。

第五节　欧盟内部能源市场法律政策与新能源

欧盟内部能源市场法律政策演进的过程，也伴随着欧盟新能源的发展过程。从共同体成立伊始，新能源领域就在其中占据一席之地。欧盟建立从共同市场走向单一市场的法律框架，发展推动能源市场竞争和一体化的法律政策，无不对其新能源的发展具有深刻影响。

一、新能源贯穿欧盟内部能源市场法律政策始终

欧盟内部能源市场法律政策的开端就与新能源紧密联系，此后两者的发展始终交织在一起。

（一）早期开始建立核能共同市场

20世纪50年代，核能被认为是一种廉价、安全、有发展潜力的新能源。欧洲三个共同体的建立为西欧六国初步建立的能源合作框架，核能部门的一体化是其中的一项主要内容，有力地促进了欧共体共同能源市场的建立。

通过《欧洲原子能共同体条约》，西欧六国开始尝试联合开发欧洲原子能这一新能源，并对核能开发投资、核能原料管理、专业人员流动等建立了规则。虽然与欧洲经济共同体和欧洲煤钢共同体相比，原子能共同体的发展相对滞后，核能共同市场建设遇到了更多障碍。但是不可否认的是，它对整合成员国的核资源、发展核能

① 参见闫瑾、姜姝：《欧盟能源安全政策分析——新制度主义视角》，载《国际论坛》2010年第5期，第45～49页。

技术、保障核能安全利用还是起到了无可取代的作用。

（二）能源市场政策与环境政策相结合

《单一欧洲法令》加快了欧洲一体化和单一市场的建立，它将欧盟的能源市场政策与环境政策联系在一起，为创建欧盟内部能源市场提供了法律支持。1992 年联合国环境与发展大会以后，欧盟把可持续发展纳入其能源发展战略，特别是 20 世纪 90 年代欧盟确定要将 2000 年二氧化碳排放水平稳定在 1990 年的水平后，新能源在欧盟的发展获得了法律和政策上新的推动力。2005 年《京都议定书》生效，2006 年 3 月欧盟发布《可持续、竞争和安全的欧洲能源战略》，更是促进可再生能源、核能、节能和能源效率进入一个新的发展阶段。事实证明，尊重现有的环境立法，精简授权和计划程序，消除非价格壁垒，使制度、计划更为透明和迅速，能促进可再生能源的使用。

（三）次级立法促进新能源发展

欧盟通过《单一欧洲法令》和《欧洲联盟条约》所赋予的内部市场和环境领域的职能，推进一系列能源法律和政策的发展①。自 1990 年代中后期开始的三次能源改革，其颁布的指令和条例都对新能源的进一步发展起到了推动作用。

可再生能源接入高压电网及其输送问题一直困扰欧盟能源市场的发展，2009 年第三次能源改革对欧盟可再生能源市场的形成产生重大影响，进一步加强绿色电力入网将推动欧盟大力推进新能源基础设施建设，这将极大促进新增欧盟装机发电容量的效率，减少对发电效率不高的装机容量的投资。

2010 年《能源 2020 战略》通报②认为电力市场是一个整体，增加可再生能源生产的电力要考虑到多样、灵活、较小规模的分布式发电与传统的大型、集中式电力资源相比，需要不同的电网和市

① 参见冯建中：《欧盟能源战略——走向低碳经济》，时事出版社 2010 年版，第 534 页。

② See Communication from the Commission to the Parliament, the Council, the European Economic and Social Committee, and the Committee of the Regions, Energy 2020 A strategy for competitive, sustainable and secure energy, COM (2010) 639 final, 10/11/2010.

场设计规则。可再生能源市场一体化应该用一种保证资源发展对经济和环境最有意义的方式产生。这表明新能源已经融入欧盟内部能源市场中，成为法律政策所关注的重要内容。

二、欧盟内部能源市场一体化确立新能源安全观念

开放、竞争的能源市场是能源安全保障的重要前提①。欧盟内部能源市场一体化以煤钢和原子能共同市场为发端，在其发展过程中，能源供应安全始终是一体化法律政策的目标之一。欧盟内部能源市场一体化的过程也是能源安全观念不断演变的过程。

（一）能源安全问题覆盖新能源领域

当前欧盟能源供应的法律与政策已涵盖石油、天然气、矿物燃料、核能、可再生能源及节能和能源效率各方面。早期能源安全的范围主要是煤炭供应问题。20世纪50年代，西欧六国都以煤炭为主要能源，都面临着能源供应短缺的问题。《建立欧洲煤钢共同体条约》建立煤钢共同市场，《建立欧盟原子能共同体条约》建立了成员国共同发展核能的基础，这为一定时期内满足能源需求，获得可靠的能源供应创造了条件。

后来，欧盟的能源市场形势发生变化，煤炭逐步被石油和天然气所取代。能源安全问题也扩展到石油和天然气部门。这种能源市场结构状况增加了欧盟对外部能源的依赖程度，能源不能自给，能源供应的脆弱性逐步增加。

欧盟在促进内部能源市场一体化的过程中，逐步强化能源供应安全观念，并融合了可持续发展目标，将能源供应安全发展为覆盖核能、电力、可再生能源各方面，并且包括了能源供应链的各个环节的一个新的概念。节能与能源效率、核能安全、可再生能源开发、运输网络、新能源技术发展以及国际合作都成为实现能源供应安全所要关注的因素。

（二）能源安全需要新能源产业推动

2006年《可持续、竞争和安全的欧洲能源战略》绿皮书把“完成欧洲内部电力和天然气市场”作为六大优先考虑问题之一，

① 参见杨泽伟:《欧盟能源法律与政策及其对中国的启示》,载《武汉大学国际法评论》(第七卷)，武汉大学出版社2007年版，第220页。

并认为一个真正竞争性的单一能源市场，不但有助于降低供应价格、保障供应安全和增强竞争力，而且还有利于保护环境①。

2009年第三次能源改革方案所颁布的一系列新的条例和指令来看，欧盟正是要加强内部能源市场的能源供应安全，并以此增强保护环境、应对气候变化的能力。而发展新能源是实现能源安全和生态安全目标相结合的一条可靠途径，因而成为欧盟能源法律和支持重点关注的领域。统一的欧盟内部能源市场已呈现出能源供应多元化的趋势，核能的比例增加，可再生能源也获得了强劲增长，节能和能源效率也被作为欧盟的重要能源资源。

欧盟清洁、高效的新能源技术创新，为其继续保持在可再生能源、节能与能源效率领域的全球领导地位创造了条件。它把发展新能源产业作为实现能源供应安全、恢复经济、创造就业的动力源泉，逐步消除能源市场一些历史性、结构性的障碍，以此促进欧盟整体政治经济一体化的进一步发展。

三、欧盟内部能源市场自由化改变了新能源的竞争地位

建立一个一体化的能源市场网络，形成开放的自由竞争的能源市场能够使消费者获益。在欧盟内部能源市场法律与政策框架内，自20世纪90年代开始，内部能源市场的自由化对能源需求带来了巨大影响，消费者逐步享有了自由选择能源供应商的权利。例如，1998年英国完成了电力工业私有化，所有的消费者都可以自由选择电力供应商。这种消费者选择余地的扩大，直接影响到新能源在欧盟能源市场的竞争地位。

（一）提高新能源的地位

欧盟内部能源市场法律政策引导的能源市场自由化趋势，使得欧盟内部能源市场日益完善。同时，市场自由化也严重影响着欧盟未来能源市场的结构形态。从第一次能源改革方案到第三次能源改革方案，可以看到欧盟的内部能源市场自由竞争已经深入到市场准入、运营以及退出市场的各个环节，并把电力、天然气、可再生能源、核能等部门都融入到统一的内部能源市场中。

---

① 参见杨泽伟:《欧盟能源法律与政策及其对中国的启示》,载《武汉大学国际法评论》(第七卷)，武汉大学出版社2007年版，第220页。

近20年的欧盟内部能源市场改革取得显著成效，能源运输网络产权与经营权分离，建立了欧盟能源总局，有利于欧盟各成员国内部能源的协调和匹配，改变了新能源在能源市场中的地位，清除了在跨境贸易、跨境连接等方面长期困扰新能源发展的严重障碍，有利于未来在新能源的研发和统一调配上投入力量，促进对新能源项目建设进行投资。

（二）有利于新能源参加竞争

欧盟内部能源市场自由化打破了各成员国之间能源自由流通的界限。在市场自由化的相关指令中，规定了各国建立能源连接线的时间表，促进跨欧能源输送网络建设，便于可再生能源等新能源进入能源网络，供消费者选择。

另外，透明度规则有助于市场主体了解欧盟能源市场的信息，并向他们传递准确的市场信号，引导市场主体关注新能源发展。消费者能通过智能检测系统等来了解能源的消耗和费用，加强选择的自主性。原产地证明等规则使得可再生能源等新能源在市场中的竞争地位逐步提高，生产者必须积极生产高效的清洁能源，才能保证在能源市场竞争中占据有利地位。这些法律和政策能够促进消费者作出消费决策时考虑新能源的环保效益，也吸引投资者加大对新能源的投资，增强新能源在欧盟内部能源市场的竞争力。

（三）促进节能和能源效率

随着有关法律政策的发展，欧盟内部能源市场竞争性加强，为了适应市场选择，能源公司获得了增强自身竞争力的内在动力。垂直一体化的垄断公司都面临拆分，能源效率低、技术过时的企业也必将遭遇淘汰的命运。从成本效益出发，能源公司需要以更少的燃料资源投入获得更大的能源服务的产出。这种竞争需求为欧盟节能和能源效率技术的发展提供了契机，促使欧盟通过一系列节能和能效计划来提高其内部能源市场的整体能源效率。20世纪末到21世纪初，节能与能源效率在欧盟迎来了高速发展的时期。

虽然欧盟内部能源市场一体化的范围和程度都在加深，但是其发展还是一个渐进的过程。2012年1月5日，欧盟委员会主席巴罗佐指出欧盟需要加快推进统一能源市场的建设，希望欧盟领导人就建设目前缺失的能源基础设施达成一致，并尽快为建设真正的欧洲统一能源市场扫除所有障碍。欧盟未来需要在5个方面优先展开工作，其中包括推行有力的能源政策、建设能源统一市场、建设新的能源基础设施、在提高能效方面取得决定性进展、推行团结一致的对外能源政策等。为了实现“欧洲 2020 战略”中涉及能源发展的两个 20% 的目标，欧盟 2010 年 11 月推出了新的能源战略，计划在未来 10 年向基础设施等领域投资 1 万亿欧元以满足欧盟的能源需求①。未来欧盟的能源法律与政策也会随着能源形势、能源市场的发展呈现出新的趋势，但是不管走向何方，它都将对国际能源法和欧盟成员国国内法的发展作出贡献。

总而言之，欧盟法律政策体系的制度设计在欧盟内部能源市场一体化中起到了重要作用，它既是欧盟应对能源安全方面挑战的重要工具，也是促进新能源发展的主要措施，更是实现欧盟可持续发展目标必不可少的条件。

欧盟基础条约是欧盟建立内部市场最为重要的法律基础，为欧洲能源市场的一体化提供了宪政基础和基本的法律规则，为包括欧盟机构在内的各类主体活动提供了合法性。欧盟次级立法为欧盟内部能源市场的一体化、自由化和竞争性提供了具体的法律规则，为发挥其他市场因素的作用提供了法律框架。

欧盟内部能源市场法律政策演进的过程，也伴随着欧盟新能源的发展过程。发展推动能源市场竞争和一体化的法律政策，无不对其新能源的发展具有深刻影响。20 世纪 80 年代的新自由主义经济思潮为欧盟能源市场竞争带来了理论基础，能源等公用事业掀起私有化热潮，加强欧盟能源市场竞争性的次级立法快速发展。从第一次能源改革方案到第三次能源改革方案，欧盟内部能源市场自由竞争已经深入到市场的各个环节，并把电力、天然气、可再生能源、核能等部门都融入到统一的内部能源市场中，有利于新能源进入能源网络，参与市场竞争。这种竞争需求也为欧盟节能和能源效率技术的发展提供了契机，促使欧盟通过一系列节能和能效计划来提高其内部能源市场的整体能源效率。

---

① http://news.66wz.com/system/2011/01/06/102324308.shtml.

第七章 欧盟新能源法律政策的主要特点及其发展趋势

欧盟要实现能源共同目标需要建立一体化的内部能源市场，保证充足的能源基础设施，提高能源效率，研究和采用新能源技术。近年来，欧盟面临能源供应安全、气候变化、金融危机等多重压力，新能源法律政策作为其应对压力和挑战的主要手段，获得了迅速发展，并形成了自身特点。近期欧盟出台的一些新的能源战略，也预示着欧盟新能源法律政策未来的发展趋势。

第一节 欧盟新能源法律政策的主要特点

从 20 世纪 50 年代起，欧盟就开始发展新能源法律政策。随着欧盟能源形势的变化，新能源法律政策的重要性也在不断增强，逐步形成较为完善的体系。当前，欧盟新能源法律政策已经形成了前瞻性、全面性、协调性三大特点。

一、欧盟新能源法律政策的前瞻性

欧盟通常是在全面分析及预测能源形势，并对法律政策效果进行分阶段评估的情况下，制定新能源法律政策，因此其新能源法律政策呈现出前瞻性的特点。

（一）新能源法律政策目标先进

欧盟新能源法律政策目标不是一成不变的，它呈现出随着能源形势不断变化的发展状态，而且其目标对于新能源中期、长期发展具有前瞻性。欧盟从 20 世纪 50 年代起逐步形成了供应安全、竞争性、可持续性三大目标，其目标的每一步推进，与同一时期其他国家所制定的能源法律政策相比，都具有先进性的特征。

欧盟还把其新能源目标分解为可再生能源、能源效率等方面的具体指标。欧盟2007年提出的20-20-20目标，以及在2011年出台的“2050能源路线图”中提出，到2050年碳排放量比1990年下降80%至95%；到2050年可再生能源占全部能源需求的比例上升到55%以上；到2030年其初级能源的需求将比2005年的峰值下降16%到20%；到2050年时下降32%到41%①。这些指标都表明欧盟力争保持其在发展新能源方面的领先地位。近年来欧盟通过立法将多项指示性指标转变为命令性指标，目的就是确保新能源目标的实现。

（二）新能源法律政策反映时代特征

欧盟的新能源法律政策总是与能源形势密切联系在一起。20世纪90年代以来受到以气候变化为首的环境问题、能源安全问题以及更有效利用能源问题的影响，新能源法律政策在过去二十年一直位于欧盟法律政策制定议程的前列，发展迅速。

从欧盟为了确立法律政策目标而进行的大量公众咨询、专家征询，发表绿皮书、白皮书等文件，征集反馈意见，展开辩论等程序和活动可以看出，欧盟的新能源法律政策目标都是在充分调查能源形势、技术发展背景以及认真评估分析的基础上提出的，非常客观，能够准确地反映时代特征。

（三）重视新能源政策工具创新

欧盟不但一贯在新能源研究和技术创新上具有开拓精神，而且也积极鼓励新能源方面政策工具的创新。欧盟各成员国为达到新能源的各项目标，根据各自能源结构特点、国家环境资源状况，灵活采用符合自身特点的政策工具。

在可再生能源方面，有关政策工具包括拨款、贷款和担保贷款、股权基金、收购价格、津贴、配额/认证计划、财政刺激和投标等。在能源效率方面欧盟使用的主要工具可以归纳为公共基金、市场基础上的工具以及私人支持基金三类，包括温室气体排放交易计划、白色认证、全球能效基金等。欧盟在新能源政策工具上的创

① See Communication from the Commission to the European Parliament, the Council, the European Economic and Social Committee and the Committee of the Regions, Energy Roadmap 2050, COM(2011) 885/2, 15/12/2011, p. 1.

新已为其他国家所效仿，欧盟也不断对有关工具进行评估和改良，力求这些工具在良好的环境中，不扭曲市场竞争，发挥应有的作用。

二、欧盟新能源法律政策的全面性

新能源法律政策是欧盟应对多重挑战的主要工具，其内容涵盖了可再生能源、核能、节能与能源效率、内部能源市场等方面，十分全面。

（一）全面应对多重挑战

人类的福利、工业的竞争性和社会的正常运转都依赖于安全、可持续、能负担得起的能源。面对来自气候、环境、资源、国际形势等多方面的挑战，欧盟新能源法律政策也发挥了应对气候变化、保障能源供应安全、促进可持续发展的多重功能。

气候变化不仅是一个环境问题，也是一个发展问题。气候变化已经严重影响了人类的生存与发展，尤其是全球最贫困国家和地区已受到气候变化的严重影响，不堪重负。近二十年来，随着对气候变化问题认识的加深，欧盟新能源法律政策始终将应对气候变化作为重要主题，力争在促进低碳经济和应对气候问题方面起到领导作用。

虽然能源供应安全的概念在过去几十年发生了很大变化，但是能源供应安全始终是欧盟面临的主要挑战。现在能源供应安全已经发展为覆盖核能、电力、可再生能源各方面，并且包括了能源供应链的各个环节的一个新的概念。欧盟节能与能源效率、核能安全、可再生能源开发、运输网络、新能源技术发展以及国际合作方面法律政策的发展，都为实现能源供应安全提供了重要保障。

可持续发展是人类面临的共同问题，成为各国制定能源供应多元化以及减少能源生产对环境负面影响等方面法律与政策的推动力。欧盟将可持续性作为新能源法律政策的目标，不断推动新能源法律变革。欧盟不但考虑自身的可持续发展问题，还在全球范围内推动可再生能源和能源效率项目，促进发展中国家的可持续发展，成为实现全球经济、社会可持续发展的一股重要推动力量。

（二）全面覆盖新能源各领域

欧盟新能源法律政策已经覆盖新能源的各个领域，全面开展可再生能源、核能、能源效率、内部能源市场竞争各方面的立法和政策制定。

欧盟可再生能源法律政策已具有较完整的体系，既有表明政策导向的能源战略作为指导，又分别在可再生能源发电、供热制冷、运输方面形成了具体的立法框架，同时对风能、生物燃料等能源类型也进行了专门的立法规范。欧盟围绕《建立欧洲原子能共同体条约》的重点行动领域发展核能的次级立法和政策，主要集中在核能共同企业、核能研发和知识传播、核安全、原料供应、核原料安全管制等方面。欧盟节能与能源效率法律政策覆盖范围广，涉及终端使用能效、建筑物能源表现、用能产品标签、热电联产和用能产品的生态设计五大方面，次级立法以指令和条例为主。欧盟法律政策体系的制度设计在欧盟内部能源市场一体化中起到了重要作用，从第一次能源改革方案到第三次能源改革方案，欧盟内部能源市场自由竞争已经深入到市场的各个环节，并把电力、天然气、可再生能源、核能等部门都融入到统一的内部能源市场中，有利于新能源进入能源网络，参与市场竞争。

三、欧盟新能源法律政策的协调性

新能源领域本身包括的范围很广，而且新能源与其他领域的法律政策相互之间有所交叉和影响。另外，欧盟法律政策与成员国的国内法和政策之间也需要相互协调。从目前的发展情况来看，欧盟新能源法律政策能较好地协调各种关系。

（一）新能源法律政策的整合

欧盟新能源法律政策的发展过程至今已有几十年历史，期间随着能源形势变化，新能源法律政策发展的内容和目标也在不断调整之中。新能源各领域的法律政策从初期根据需要分别发展，逐步走向各类新能源法律政策的整合，增加相互之间的协调性。

虽然早期新能源法律政策按照可再生能源、核能、能源效率、内部能源市场竞争四个领域发展的特点非常明显，但是进入21世纪以后，欧盟开始大力协调各领域的法律政策，通过一系列有关新能源的战略，把可再生能源、核能、能源效率、内部能源市场竞争纳入到一个整体性很强的框架中，并快速推进新的立法，协调各领域法律政策的发展，增强目标、路线、战略的统一性。

另外，在可再生能源、核能、能源效率、内部能源市场竞争法律政策内部，也注重加强协调性。例如2009年欧盟可再生能源指令将电力、运输、供热制冷三大领域整合在一起，2011年核能新基本安全标准指令提案更是将已有的五个指令并入一个容量巨大的单一指令之中。

（二）与相关领域法律政策的协调

欧盟新能源法律政策作为其能源法律政策的一部分，是在欧盟法律政策体系中逐步发展起来的。新能源法律政策与其他领域的法律政策需要协调一致，才能确保欧盟经济、社会等各方面发展目标的实现。总体上看，欧盟非常注意新能源法律政策与其他能源法律政策，以及新能源法律政策与环境、税收、运输等法律政策的协调。

新能源虽然区别于传统能源，但是两者在实践中都处于同一个能源大系统内。欧盟新能源法律政策的兴起，和其20世纪70年代传统能源政策的调整有关；在随后的几十年中，传统能源法律政策始终与新能源法律政策的变化相伴而行；在内部能源市场法律政策方面，传统能源和新能源都被纳入其中，参与能源的自由流动和市场竞争。

欧盟的新能源政策中融入了环境目标，并且节能、能源效率法律政策直接关系到欧盟履行其承担的应对气候变化的国际义务。因此，欧盟的新能源法律政策与环境法律政策密切相关，其环境行动计划中也明确将提高能源效率、建立低碳能源结构作为目标。2009年可再生能源指令和气候变化指令，虽然在执行的结果预期方面被认为有可能存在冲突，但是从将两者纳入同一立法方案这一做法来看，欧盟还是非常重视协调新能源与环境法律政策的关系。

另外，在税收、运输、农业等领域的法律政策方面，也都考虑新能源法律政策的协调。在制定能源税、碳税指令以及运输领域可再生能源指标、生物燃料的农业原料来源方面，都是能结合各领域法律政策的发展情况，合理加以协调，避免发生冲突。

（三）与成员国法律政策的协调

成员国国内的能源结构受其本国法律政策的约束。欧盟新能源法律政策并没有代替国家、地区和地方对于加强能源供应安全、竞争性、可持续性的努力，它寻求的是发展一个长期的欧洲框架。在此框架中，新能源法律政策会更加有效。一个应对能源挑战的欧洲框架将增加安全性和稳定性，为新产品和服务提供更为广阔和灵活的市场，与平行的国家规划相比成本更低。欧盟新能源法律政策的责任，是要保证与成员国的决策有相互支持的作用，避免产生负面效果。

一方面，欧盟新能源法律政策通过指令确立新能源发展的目标和具体指标，为成员国立法及制定政策奠定基础。这种立法方式既可以让成员国有明确的新能源目标，同时在采取具体行动方面由有较大的自主空间。另一方面，欧盟的条例和决定对成员国公民和组织具有直接效力，新能源方面也采取了这两种次级法的形式，所以欧盟的新能源法对欧洲公民及组织也形成了直接约束。

在这种情况下，各成员国的法律积极与欧盟新能源法相协调，把两者紧密联系起来。而且，如果成员国不按规定转化、执行欧盟新能源法律，欧委会会启动法律程序，进行区别性警告，甚至将不落实指令的成员国诉至欧洲法院。

第二节 欧盟新能源法律政策的发展趋势

能源价格上涨以及对能源进口的依赖在未来仍会威胁欧盟的安全和竞争性，因此能源挑战仍将是欧盟在相当长时期内所面临的主要考验。欧盟委员会 2011 年 12 月 15 日发布的“2050 能源路线图”，明确指出实现欧盟到 2050 年碳排放量比 1990 年下降 80% 至 95% 这一目标的具体路径①。

能源 2020 战略、2050 能源路线图以及近年来制定的一系列新能源法律政策，为欧盟新能源发展提供了一个坚实而宏大的法律政策框架，确立了未来数十年欧盟发展新能源法律与政策的行动方向。

① See Communication from the Commission to the European Parliament, the Council, the European Economic and Social Committee and the Committee of the Regions, Energy Roadmap 2050, COM(2011) 885/2, 15/12/2011, p. 1.

一、发展新能源法律政策推动经济复苏

2008年开始的金融危机导致欧洲经济大幅下滑。与此同时，欧盟对于温室气体减排和能源供应安全方面的政策需求也在增加。欧盟制定了欧洲经济复兴计划（the European Economic Recovery Plan，EERP）。欧洲能源复兴计划（the European Energy Programme for Recovery，EEPR）是该计划的一个组成部分，目标是运用金融手段，在应对经济危机的同时实现能源政策目标。其资助重点在于一些成熟的项目，这些项目要在短期内能够有效利用大量金融支持和其他类型的投资，在选择项目时也要重视地区平衡①。

根据欧洲能源复兴计划对于资助项目的要求，新能源项目正是符合其标准的。其中离岸风能（offshore wind energy）和电力基础设施是欧洲能源复兴计划重点资助的领域。2011年下半年，欧盟对欧洲能源复兴计划作出评估，确定仍将离岸风能和电力基础设施项目作为重点，继续大力推进。

（一）消除离岸风能发展的不利因素

2008年欧盟委员会在欧洲战略能源技术计划（the European Strategic Energy Technology Plan，SET）中就把新能源中的离岸风能作为战略能源技术。在金融危机初期，很多离岸风电产业方面的投资由于经济下滑的影响而中断。但是欧盟认为离岸风能已经较为成熟，处于能够从展示项目转向深海大规模采用风力涡轮机发电的阶段。因此，在欧洲能源复兴计划下，欧盟大力资助离岸风能发展。被选入计划的风电场必须推动技术进步，位于展示项目和商业发展的前沿，开展远距离和深海风电技术创新。

受到欧洲能源复兴计划资助的离岸风能项目，已经取得了很大成果。欧洲能源复兴计划离岸风能项目大部分位于德国，对经济活动以及低碳经济能源政策目标都作出显著贡献，已经创造了大约4000个工作岗位并开启了德国与离岸风能有关产业大规模就业的

---

① See Regulation (EC) No 663/2009 of the European Parliament and of the Council of 13 July 2009 establishing a programme to aid economic recovery by granting Community financial assistance to projects in the field of energy, O J L 200, 31/07/2011, pp. 31-45.

前景①。这在欧盟其他地区产生了很大反响，将带动欧盟离岸风能产业作为一个整体的竞争性，包括未来在非欧盟市场上都具有竞争潜力。

离岸风能作为大型创新项目运作条件有难度，并且也有风险。欧盟未来有关法律政策的发展不仅要减少发展离岸风能的金融障碍，并且在某种程度上还要克服一些行政障碍，比如，获得行政许可方面存在的困难已经影响到一些风能项目的发展。这些影响离岸风能发展的重要因素，可能将超出欧洲能源复兴计划的覆盖范围。因此，欧盟在新能源法律政策发展方面将进一步重视离岸风能发展，不仅依靠欧洲能源复兴计划，还会从消除行政障碍等多方面入手，为离岸风能发展获得创造法律和政策的条件。

（二）促进电力基础设施建设项目

将电力基础设施项目作为欧洲能源复兴计划的重点，与该计划希望对受到经济下滑重创的部门进行直接刺激有关，例如，建筑业、管道、电缆制造行业等。同时，欧盟在战略能源政策评论（Strategic Energy Policy Review）中确立了基础设施的政策优先性，因此电力基础设施建设也直接关系到欧盟能源政策目标的实现。电力项目对于温室气体减排有重要作用，利用新建的电力基础设施能够更好地管理可再生能源电力的供应。

欧洲能源复兴计划已经使得欧盟境内的电力基础设施获得了很大发展，建立了两条电力内部连线、四个逆流贮存项目，还有一些其他项目正在建设中。欧洲能源复兴计划有助于克服一些阻碍电力基础设施项目发展的金融障碍，加速项目的发展，并带来更广泛的经济利益。欧洲能源复兴计划下的电力基础设施项目短期内已经给欧盟带来了至少5000个就业岗位，尤其是非技术和非管理类工作岗位②。

---

① See European Commission Directorate-General for Energy, Mid-term evaluation of the European Energy Programme for Recovery (Final Report), December 2011, p. 4.

② See European Commission Directorate-General for Energy, Mid-term evaluation of the European Energy Programme for Recovery (Final Report), December 2011, p. 3.

当然，一些与欧洲能源复兴计划有关的项目还没有带来全面效益。电力基础设施项目在能源供应安全及多样化、功能更好的单一市场、更高的资源使用效率，包括可再生能源电力入网及温室气体减排等方面，还有进一步发展的潜力。因此，欧盟将在欧洲能源复兴计划基础上，结合其他能源法律政策，继续推动电力基础设施项目的发展，使它在应对金融危机、促进欧洲经济复兴方面发挥更大作用。

二、能源效率是未来新能源法律政策的中心

欧盟支持提高能源效率，这对于竞争性、供应安全以及实现京都议定书下所作的气候变化承诺具有决定性意义。减少能源消费和消灭能源浪费将是欧盟未来新能源法律政策的中心任务。当前欧盟仍有减少能源消耗的巨大潜能，特别是在能源密集的部门，例如，建筑业、制造业以及能源转换和运输部门。为了达到 2020 年降低初级能源消费 20% 的目标，欧盟正在发动公众、决策者和市场运营者，对产品、服务和基础设施制定最低能效标准和规则。

（一）继续加强资源效率政策的协调

在欧盟最新的政策议程中，资源效率政策是一个重要方面，其中特别关注与新能源相关的政策。

委员会于 2011 年提出了《一个资源效率的欧洲——在欧洲 2020 战略框架下的旗舰动议》①，认为消费者和生产者在能源、运输、气候变化、环境、农业、渔业及地区政策领域的需求发生了转变，强调应全面分析协同效应和权衡利弊，寻找最有价值的政策工具，来保证价格反映社会的真正价值，使消费者能获得有关其选择的最佳信息。该提议的关键理念就是要保证所有法律政策都支持资源效率的目标，其中提出了对于新能源相关政策应确保长期协调性。

---

① See Communication from the Commission to the European Parliament, the Council, the European Economic and Social Committee and the Committee of the Regions, A resource-efficient Europe—Flagship initiative under the Europe 2020 Strategy COM(2011) 21,26/01/2011.

（二）能源效率是实现能源和气候长期目标的关键

2011年3月，与能源效率行动计划同时出台的“低碳经济2050路线图”①，制定了保证欧洲以最有成本效益的方法实现低碳转变的路线。通过欧盟及成员国措施减少碳排放，2030年要比1990年的排放水平低40%，2040年则要低60%，到2050年要达到低80%的水平。该路线图要求欧盟保持全球低碳技术领先地位，在加强能源安全，刺激技术创新、经济增长，增加就业岗位的背景下，使欧盟获得最大限度的利益。委员会分析显示，转向低碳经济所需增加的大部分或全部投资将被减少进口能源所带来的效益所覆盖。

2011年12月发布的“2050能源路线图”是新的长期框架，提供了如何达到一个2050低碳经济的指南。经济去碳化、无碳排放的电力部门、道路交通电气化将为欧盟带来巨大利益。欧盟将通过四种路径的组合来实现路线图中的目标：提高能源利用效率、发展可再生能源、核能使用以及采用碳捕捉与储存技术（CCS）②。

（三）在全面强调资源效率的背景下实施能源效率政策

在不引起巨大经济成本或者结构破裂的条件下，能源效率创新对于显著减少二氧化碳排放具有相当大的潜力。加速能源效率的扩散对于形成一个更可持续发展的能源系统来说，是一个重要的杠杆工具③。在全球层面上已经达成一个共识，即提高能源效率是应对气候变化和保证能源供应安全的最有效和最具成本效益的途径。在全面强调资源效率的背景下实施能源效率政策将会更快地带来成本效益。

能源效率问题不仅仅局限于能源这一部门，它还涉及交通、环

---

① Communication from the Commission to the European Parliament, the Council, the European Economic and Social Committee and the Committee of the Regions, A Roadmap for moving to a competitive low carbon economy in 2050, COM (2011) 112, 08/03/2011.

② See Communication from the Commission to the European Parliament, the Council, the European Economic and Social Committee and the Committee of the Regions, Energy Roadmap 2050, COM(2011) 885/2, 15/12/2011, p. 1.

③ 参见[德]Ulrich Steger等：《能源系统的可持续发展与创新》，廖华等译，机械工业出版社2011年版，第116页。

境、农业、渔业、林业、税收等诸多相关部门。欧盟已经把能源效率放到了全面提高资源效率这一大背景下。2011 年 3 月，欧委会采用白皮书在单一欧洲运输领域制定了路线图，包括未来十年的 40 项具体建议，为建立一个竞争性、资源效率的运输系统增加流动性，消除关键领域的主要障碍和促进增长及就业；同时提出将大幅减少欧洲对于石油的依赖，到 2050 年在运输领域减少碳排放 60%①。4 月，欧委会提议在欧盟全面检查过时的能源产品税收方面的规则。新草案的目标是重构能源产品征税的方式，消除当前的不平衡，既考虑 CO_2 排放，又考虑能源构成，也致力于提高能效和消费更多环境友好型产品，避免扭曲单一市场内的竞争②。2011 年 9 月，委员会出台“资源效率欧洲路线图”，描述了把欧盟经济转向更有效利用主要自然资源的工具和行动③。该路线图建立在“资源效率旗舰动议”基础上，并加以完善。“资源效率欧洲路线图”提供了一个框架，协调、设计和实施未来行动，确立了为达到 2050 目标所需要的结构性、技术性变化的路线。

各相关部门资源效率法律政策的配合，将有利于欧盟实施能源效率方面的措施以及制定更为优化的政策，包括制定中、长期的节能计划，隔热建筑物废热的热电联产计划等。欧盟将为 2030 年甚至更远的未来制定一个更进一步节能的稳定的法律政策框架。

三、确保新能源在内部市场自由流动

2012 年 3 月 2 日，欧盟理事会在春季会议上提出本年度经济

---

① See White Paper: Roadmap to a Single European Transport Area-Towards a competitive and resource efficient transport system, COM(2011)144, 28/03/2011.

② See Proposal for a Council Directive amending Directive 2003/96/EC restructuring the Community framework for the taxation of energy products and electricity, COM(2011)169, 13/04/2011.

③ See Communication from the Commission to the European Parliament, the Council, the European Economic and Social Committee and the Committee of the Regions, Roadmap to a Resource-efficient Europe, COM(2011)571, 20/09/2011.

方面行动的五大优先领域，其中仍包括促进增长和提高竞争性，以及应对失业和金融危机带来的社会后果①。而保证能源在欧盟市场自由流动的措施，可以帮助欧盟应对当前困难，带来很多利益：竞争性；更可靠的价格；消费者更多选择；供应更为安全；投资新能源技术和基础设施的投资者的安全；等等。

（一）新能源的市场准入

对于可再生能源等各种形式的新资源的供应，应保证其能够进入市场，从而其生产、贮存、需求管理能够在市场上得到回报。所有对新能源投资的资本在市场上都应有机会得到合理的回报。在欧盟内部电力市场流动的、来自新能源的发电也会影响到批发市场的电力价格，因此，必须保证内部市场安排能够为此提供具有成本效益的解决方法。

新能源电力通过电网输送，这些电网通常是跨境的，一个国家制定的能源政策决定不可避免地对其他国家产生影响。因此，要确保成员国新能源法律政策的发展不会制造新的电力一体化方面的障碍。无论成员国采用何种能源结构、市场安排、长期合同等，都不能影响新能源进入内部市场。

（二）充足的跨境基础设施

具有充足的输送和贮存设施的功能良好的内部市场是供应安全的最佳保证，能源将根据市场机制流向需要它的地方。正如可再生能源发电增加，需要电力系统能够接受更为灵活的资源，包括灵活的发电、贮存和需求管理。充足的跨境基础设施保证能源利用它在内部市场自由流动。

欧盟必须保证内部能源市场立法的实施。为此，欧盟将规划2020—2030关于发展ENTSO-G和ENTSO-E欧洲基础设施的蓝图。欧盟内部能源市场还将进行基础设施的许可程序和市场规则的精简。为此目的，委员会在ACER的协助下，将继续保证新能源法律

① · See http://www.european-council.europa.eu/home-page/highlights/spring-european-council-2012-day-two? lang=en.

政策推动市场一体化，推动发展市场容量和灵活性。

四、新能源是技术创新的重点领域

（一）欧盟将技术创新作为恢复经济的重要途径

如果欧盟想尽快从当前的经济危机中恢复过来，把研究、创新与市场、创造就业岗位等方面结合起来非常重要。因为，欧盟在研究方面每 1 欧元的投资会带来 7 ~ 14 欧元的产业附加值的增长，2020 年欧洲 GDP 的 3% 用于研发将能创造 370 万个工作岗位，到 2025 年将每年带来 8000 亿欧元的 GDP 增长①。

欧洲 2020 战略把创新联盟（the Innovation Union）作为主要内容，关注气候变化、能源、资源使用效率、健康、食品安全等方面的研究和创新。2011 年 2 月，理事会将创新联盟置于政治议程的前列②。同时，委员会采取措施，使参与当前欧盟的 FP7 研究框架更有吸引力，更有利于最好的研究人员和最具创新性的公司加入进来③。委员会于 2011 年 6 月启动“智能专业化平台”（smart specialisation platform）来支持地区和成员国更好地制定其研究和创新战略④。

虽然在恢复欧盟经济方面无法找到一个放之四海而皆准的政策解决方案，但是新的技术创新政策还是能够帮助欧盟及成员国加强其研究和创新能力，从而增强竞争优势。

（二）欧盟技术创新的最新政策发展

2011 年 7 月欧委会通过新提案，提出在欧盟 FP7 框架下提供大约 70 亿欧元来启动研究和创新。这是委员会在 FP7 框架下最大

---

① See General Report on the Activities of the European Union—2011, Luxembourg: Publications Office of the European Union, 2012, p. 35.

② See http://www. consilium. europa. eu/uedocs/cms_data/docs/pressdata/en/ec/119175. pdf.

③ See http://ec. europa. eu/research/csfri/pdf/com_2011_0048_csf_green_paper_en. pdf.

④ See http://ec. europa. eu/research/innovation-union/pdf/iu-scoreboard-2010_en. pdf.

的一笔资助，也是创新联盟启动后的第一笔资助。这一提案主要关注研究与创新的一体化，通过使欧洲在未来关键技术市场占据领先地位来应对气候变化、能源、资源利用效率等方面的挑战，增加可持续增长及就业，并特别通过大约 10 亿欧元的方案来支持中小企业（small and medium-sized enterprises，SMEs）。2011 年 12 月委员会和欧洲投资银行启动对中小企业提供新的担保工具，帮助他们从银行获得金融支持，预计到 2013 年底将提供 60 亿欧元的贷款①。

2011 年 11 月 30 日，委员会采纳“地平线 2020”（Horizon 2020）②，作为在欧洲推动创造可持续增长和新就业岗位的措施。这是一个 2014—2020 年的研究与创新框架计划，也是一个 800 亿欧元的研究和创新基金方案。地平线 2020 将建立一个单一规则体系，把当前包含在研究和技术发展框架（the framework programmes for research and technical development，FP）、竞争性和创新框架计划（the innovation-related activities of the competitiveness and innovation framework programme，CIP）以及欧洲创新与技术研究所（the European Institute of Innovation and Technology，EIT）所提供的研究和创新基金整合起来。

（三）新能源将是欧盟技术创新的重要领域

没有技术创新，欧盟将无法实现 2050 年在电力和运输部门“去碳化”（decarbonise）的目标③。要支持在欧洲市场启动高性能低碳技术创新，战略性能源技术计划（SET）的实施是一个解决方案，有助于缩短研究和技术发展之间的距离。SET 计划制定了跨部门的中期战略，主要技术发展和展示项目包括：二代生物燃料；智

① See General Report on the Activities of the European Union—2011, Luxembourg: Publications Office of the European Union, 2012, p. 36.

② See http://ec.europa.eu/research/horizon2020/pdf/proposals/communication_from_the_commission_-_horizon_2020_-_the_framework_programme_for_research_and_innovation.pdf.

③ See Communication from the Commission to the European Parliament, the Council, the European Economic and Social Committee and the Committee of the Regions, Energy Roadmap 2050, COM(2011) 885/2, 15/12/2011, p. 1.

能电网，智能城市，智能网络；碳捕捉与贮存；下一代核能；可再生供热与制冷。欧盟将加速发展这些方面的项目。欧盟需要力争在繁荣的能源技术国际市场中，保持领先地位，并加强在特殊技术方面与非欧盟国家的合作。另外，欧盟还发展了 ITER 研究项目，委员会将启动连接整个电网系统的智能电网、大规模可持续生物燃料生产、电力储存、城市和乡村节能的欧洲项目①。

“地平线 2020”对于研究和创新的支持将加强欧盟在科技领域的地位，该计划将提供 317 亿欧元用于气候变化、可再生能源、发展可持续的运输与流通以及保证食品安全和应对老龄化方面的研究②。

（四）可再生能源在能源技术创新中占据重要地位

2020 年以后，更高比例的可再生能源也是建立更加可持续和安全的能源系统的前提条件。到 2030 年，可再生能源的比例可能占欧盟总的最终能源消费的 30%。这需要欧盟有更为高效的法律政策和支持计划，来为市场参与者创造降低可再生能源成本的可能性。进一步发展可再生能源技术，降低成本，需要投资新的可再生能源技术，例如海洋能，集中式太阳能，第二代、第三代生物燃料以及改造现有的离岸风能和太阳能光伏产能效果。根据“能源路线图 2050”关于各种能源场景的分析，可再生能源到 2050 年将占据能源供应技术的最大份额③。因此，加强技术创新研究、供应链工业化将是未来可再生能源政策和支持计划的主要关注点。

如果可再生能源将成为未来欧洲能源供应结构的重心，从技术研发到实质性生产，从小规模到大规模，将本地与远距离资源一体

---

① See General Report on the Activities of the European Union—2011, Luxembourg: Publications Office of the European Union, 2012, p. 36.

② See http://ec. europa. eu/research/horizon2020/pdf/proposals/communication_from_the_commission_-_horizon_2020_-_the_framework_programme_for_research_and_innovation. pdf.

③ See Communication from the Commission to the European Parliament, the Council, the European Economic and Social Committee and the Committee of the Regions, Energy Roadmap 2050, COM(2011) 885/2, 15/12/2011, p. 7.

化，从辅助性到竞争性，可再生能源的这些性质变化，都需要法律政策来配合其发展。

五、发展欧盟新能源国际合作全面战略

欧洲能源市场是世界上最大的地区市场和最大的能源进口者。但是，近年来全球能源市场正在经历着显著转变。过去数十年OECD国家占据了世界能源消费的大部分，现在新兴经济体（尤其是中国和印度）的需求迅速增长。全球能源需求预计从2008年到2035年将增加1/3①。

欧盟当前所面临的多重挑战：气候变化、能源供应、技术发展、能源效率等，也是世界上大部分国家所共同面对的问题。欧盟的新能源法律与政策围绕着供应安全、竞争性、可持续的共同目标不断向前发展，内部能源市场一体化、保证充足的基础设施投资、实现实质性的节约能源、新能源技术创新是新能源法律政策的优先领域。但是，如果欧盟新能源法律政策不充分考虑其外部维度并将其纳入欧盟行动之中，势必影响其三大共同目标的实现。

欧盟经历过多次能源供应中断，在更富有挑战性的国际政治环境和投资条件下其脆弱性可能继续加剧。2011年9月7日，委员会发布题为“欧盟能源政策：与边界外合作者的联系”的能源供应安全与国际合作通报，第一次为欧盟在能源方面的外部关系制定全面战略，表明引导国际合作方向、规范国际合作行为将成为欧盟新能源法律政策发展的重要方向②。

（一）推进有法律拘束力的全球气候协议

全球能源市场的相互依存性不断增加，欧洲能源形势直接受到

---

① See Communication from the Commission to the European Parliament, the Council, the European Economic and Social Committee and the Committee of the Regions, Energy Roadmap 2050, COM(2011) 885/2, 15/12/2011, p. 18.

② See Communication from the Commission to the European Parliament, the Council, the European Economic and Social Committee and the Committee of the Regions, on Security of Energy and International Cooperation-“the EU Energy Policy: Engaging with Partners beyond Our Borders”, COM(2011)539, 07/09/2011.

其邻近国家和全球能源趋势的影响。气候变化不仅是一个环境问题，也是一个发展问题。未来能源形势发展显著依赖于一个全球气候共识，这也将引导全球新能源需求和价格。欧盟将发展新能源作为应对气候变化的主要方法，在未来它仍希望在促进低碳经济和应对气候问题方面起到领导作用。2011 年 11 月 28 日—12 月 11 日在南非德班召开的联合国气候变化大会上，欧盟努力想推进全面的有法律拘束力的全球气候协议。

在此方面，欧盟取得了一定效果，并将按计划逐步推进。欧盟发起了新的联合国法律框架谈判——以议定书或其他法律工具和具有法律效力的协议等形式，包括所有发达国家和发展中国家。通过德班会议期间的有效拓展，欧盟成功在应对气候变化最脆弱的发展中国家（即最不发达国家、小岛国和非洲国家）获得了对谈判路线图的支持。谈判将于 2012 年上半年开始，于 2015 年采取新的法律框架，自 2020 年实施。

《京都议定书》第二承诺期由 2013 年 1 月 1 日开始，直至 2017 年或 2020 年，终止日期和发达国家排放目标将在 2012 年末卡塔尔联合国气候大会上确定。某些提高议定书环境完善性的新规则已经达成，其他决定程序将在卡塔尔启动。欧盟表示如果关键条件获得满足——开始全球法律制度的谈判的协议，加强议定书的环境完整性，将参与第二承诺期。为此，欧盟和小岛国联盟（Alliance of Small Island States，AOSIS）共同提出了一个缩小国家间减排目标的差距工作计划①。

另外，欧盟还希望建立一个新的市场基础上的机制来加强具有成本效益的减排行动，以及为发展中国家制定可操作的新绿色“气候基金”（Green Climate Fund），建立的其他应对气候变化和技术合作、转移的机构和机制②。

---

① See General Report on the Activities of the European Union—2011, Luxembourg: Publications Office of the European Union, 2012, p. 126.

② See General Report on the Activities of the European Union—2011, Luxembourg: Publications Office of the European Union, 2012, p. 127.

（二）建立适应能源需求变化的国际合作框架

欧盟需要建立明确的合作框架，来促进其外部能源合作目标的实现。目前已与主要国家和地区签订了能源对话和谅解备忘录。在欧盟贸易和投资协议、地区性框架（如能源宪章条约）和 WTO 框架内，欧盟正在努力表达其对能源问题的特殊关切。

《能源共同体条约》① 把欧盟与阿尔巴尼亚、波斯尼亚-黑塞哥维那、克罗地亚、前南斯拉夫马其顿共和国、科索沃、黑山、塞尔维亚以及摩尔多瓦、乌克兰联系起来。其总体目标是建立一个稳定的制度和市场框架以达到：1. 吸引对发电和电网的投资，来保证持续和稳定的能源供应；2. 创造一个一体化的能源市场，允许跨境能源贸易并连接到欧盟能源市场；3. 加强供应安全；4. 提高本地区与能源有关的环境状况。

《能源共同体条约》中包括了实施欧盟新能源方面的很多立法，例如，电力指令和条例、可再生能源指令、能源效率指令、生物燃料指令等。

（三）跨境可再生能源基础设施建设

在未来十年乃至更长时期，在全球范围对能源设施大量投资和现代化改造，将有助于欧盟实现能源资源多样化以及应对能源需求变化。除了在欧盟内部进行合作和优化基础设施外，充分投资欧盟主要能源供应国的能源生产基础设施和能源输送基础设施，也非常重要。

在新能源方面，欧盟需要新的可再生能源电力的供应国。在这种情况下，北非就显得特别重要。“地中海太阳能计划”（the Mediterranean Solar Plan）的目标是到 2020 年要达到 20GW 新增可再生能源电力容量，其中 5GW 将出口到欧盟②。为此，需将已有

---

① See http://www.energy-community.org/portal/page/portal/ENC_HOME/ENERGY_COMMUNITY/Legal/Treaty.

② See Communication from the Commission to the European Parliament, the Council, the European Economic and Social Committee and the Committee of the Regions, on Security of Energy and International Cooperation-“the EU Energy Policy: Engaging with Partners beyond Our Borders”, SEC(2011)1022, 07/09/2011.

国际协议与市场规则相结合，在该地区大力建设电力输送基础设施，保证可持续能源方面与非洲的合作。

（四）援助新能源项目是发展政策的一部分

能源不仅是欧盟与合作伙伴政治和政策讨论的优先议题，还是欧盟对外援助项目的主要内容。从2007年到2010年，欧盟已经通过不同的金融工具，向第三国能源部门提供总额大约为17.7亿欧元的援助①。

未来，欧盟仍将继续把能源作为其金融援助项目的重要方面，主要针对欧盟的合作伙伴。正如欧盟发展绿皮书中所规划的，这将作为欧盟发展政策的优先项目②。目前全球仍有13亿人，主要位于非洲和南亚，还无法获得电力，欧盟在对外援助方面将会向发展这些落后地区的新能源项目倾斜。很多国家都制定了开发节能潜力的政策，但是也有一部分国家仍未意识到这一点。因此，仍需要在资源效率和全球低碳能源方面采取进一步的国际合作行动。

（五）促进建立有拘束力的国际核安全标准

欧盟重视核安全方面的国际合作，一方面自愿执行有关国际组织制定的核安全标准，另一方面还大力援助有关国家的核安全项目。2011年是切尔诺贝利核电站事故25周年。4月，欧盟委员会宣布将1.1亿欧元用于完善切尔诺贝利的安全工作。至此，欧委会已承诺提供切尔诺贝利及有关项目大约4.7亿欧元，来提高核安全，处理灾难遗留问题。其中包括通过项目帮助地方人口和向受影响的家庭提供合格的医疗③。

---

① See Communication from the Commission to the European Parliament, the Council, the European Economic and Social Committee and the Committee of the Regions, Energy Roadmap 2050, COM(2011) 885/2, 15/12/2011, p. 11.

② See Green Paper: Development Policy in Support of Inclusive Growth and Sustainable Development, Increasing the impact of EU development policy, COM (2010)629, 10/11/2010, p. 18.

③ See Communication from the Commission to the European Parliament, the Council, the European Economic and Social Committee and the Committee of the Regions, on Security of Energy and International Cooperation-"the EU Energy Policy: Engaging with Partners beyond Our Borders", COM(2011)539, 07/09/2011.

欧盟希望在未来能够促进建立有法律拘束力的核安全、核保障、核不扩散方面的标准。为达到此目的，欧盟必须加强与国际原子能机构的合作，与主要核生产国和使用国缔结欧洲原子能共同体协议。

总之，欧盟几十年来经受了能源供应中断、能源价格上涨、全球气候变化、国际政治环境及投资环境变化的艰巨考验，在应对各种挑战的同时，丰富和发展了其新能源法律政策，并形成了独特的体系和特点。

首先，欧盟新能源法律政策具有前瞻性的特点。与其他国家相比，它制定的目标更为先进，每一阶段法律政策的发展都能反映时代的特征，并积极创新新能源方面的政策工具。其次，欧盟新能源法律政策具有全面性的特点。它是欧盟用于全面应对多重挑战的工具，同时也全面覆盖了新能源的各个领域。最后，欧盟新能源法律政策还具有协调性的特点。它不但不断整合新能源内部各方面法律政策，还注重与环境、税收、运输、农业等方面法律政策协调，并保证与成员国法律政策的相互支持。

新能源在未来仍将是欧盟法律政策发展的重要领域。在当前形势下，欧盟新能源法律政策呈现出五大发展趋势：欧盟将通过发展新能源法律政策推动经济复苏；能源效率是未来新能源法律政策的中心；欧盟将进一步完善内部能源市场，确保新能源在内部市场自由流动；新能源将是欧盟技术创新的重点领域；欧盟将发展新能源国际合作的全面战略。

第八章　欧盟新能源法律与政策对中国的启示

我国新能源资源丰富，在满足能源需求、改善能源结构、减少环境污染、促进经济发展方面发挥了重要作用。2006—2010 年是我国新能源加速发展时期，新能源取得重大进展，风能、太阳能、生物质能和海洋能等可再生能源都具有每年数亿吨标准煤的资源保障潜力，已初步形成快速发展的格局；把节能减排作为调整经济结构、转变经济发展的方式，取得了显著成效；我国是世界上少数拥有比较完整的核工业体系的国家之一，在运核电站和总装机容量都在不断增加。

随着中国经济的较快发展和工业化、城镇化进程的加快，能源需求不断增长，构建稳定、经济、清洁、安全的能源供应体系面临着重大挑战，突出表现在“资源约束突出，能源效率偏低；能源消费以煤为主，环境压力加大；市场体系不完善，应急能力有待加强”三个方面①。

欧盟在可再生能源、核能、节能与能源效率以及市场竞争等新能源法律政策方面有着丰富经验，对中国的新能源法律政策建设具有借鉴意义。

第一节　中国新能源形势及发展目标

一、中国面临的国际能源形势

2011 年 11 月 9 日，国际能源机构（IEA）发布了其年度旗舰

---

①　参见《中国的能源状况与政策》白皮书，2007 年 12 月 26 日，中国中央人民政府网址 http://www.gov.cn/zwgk/2007-12/26/content_844159.htm。

报告《世界能源展望2011》(WEO 2011)①，对未来25年不同国家、不同燃料和不同行业在不同情景中的最新能源需求和供应进行了预测。

（一）世界能源需求持续增长

2010年全球一次能源需求大幅反弹5%，鼓励化石燃料的补贴超过4000亿美元，二氧化碳排放也推向新高。预计到2035年全球人口会增加17亿，全球经济年均增长3.5%，会对能源服务和能源流动性带来更高需求。2010年到2035年期间，非经合组织国家占人口增长的90%，占经济产出的70%，占能源需求增长的90%。

中国会巩固作为世界最大能源消费国的地位：到2035年，中国的能源消费将比第二大能源消费国美国高出近70%，但是人均能源消费仍不到美国的一半。印度、中东、巴西的能源消费增速甚至会快于中国。

2011—2035年，全球能源供应基础设施投资需要38万亿美元（按2010年美元计算），其中经合组织以外国家约占总投资的2/3。油气投资总计将近20亿美元。剩余部分以电力行业为主导，其中超过40%的投资用于输配电网络建设。

（二）化石燃料主导地位下降

化石燃料的时代还远未结束，但其主导地位有所下降。对所有燃料的需求都在上升，但化石燃料在全球一次能源消费中的占比会从2010年的81%小幅下降到2035年的75%。这种下降源于多种因素，包括被认为投资风险较高、政府有意放缓产能开发的政策或者因为优先考虑其他公共项目而使上游的国内资本流动受限。

石油方面，由于石油公司被迫转往开发难度更高、更加昂贵的资源，来替代丧失的产能和满足不断增加的需求，增加了石油销往市场的成本。预计常规原油会从2010年的8700万桶/天小幅下滑到2035年6800万桶/天。美国目前是最大的石油进口国，随着能

① 本部分有关数据和内容来自 World Energy Outlook 2011, available at www. worldenergyoutlook. org.

源效率提高以及新能源开发，其石油进口会下降，而其他国家和地区对石油进口依赖日益增加。预计到 2035 年，非经合组织的亚洲国家消费的石油有 4/5 来自进口。就全球而言，对少数生产商的依赖会增加，主要是中东和北非地区的生产商，该地区产量会占所要求的世界石油产出增长的 90% 以上，到 2035 年，OPEC 在全球生产中的占比会达到 50% 以上。

到 2035 年之前，天然气是唯一一种在全球能源结构中占比增加的化石燃料。对天然气 80% 的新增需求来自非经合组织国家。中国的燃料多元化政策①会促进天然气使用，主要通过改善国内产量和增加液化天然气贸易份额及通过欧亚管线进口满足需求。全球天然气贸易增量超过 1/3 将来自中国。2035 年，俄罗斯仍是最大天然气生产国，会为全球供应增长作出最大贡献，随后是中国、卡塔尔、美国和澳大利亚。

中国煤炭消费占世界需求的一半，2009 年成为煤炭净进口国，中国降低能源强度和碳强度的 2011—2015 五年计划将成为世界煤炭市场的决定性因素。印度的煤炭使用会翻番，以取代美国成为世界上第二大煤炭消费国，并在 2020 年代成为世界上最大的煤炭进口国。

（三）可再生能源强劲增长

在电力行业，以水电和风电为主的可再生能源技术，将占到满足日益增长的需求所需的新增装机容量的一半，有望在能源安全和环境保护方面起到深远作用。受到可再生能源补贴支持，非水电可再生能源在发电中所占比例会从 2009 年的 3% 增加到 15%，补贴会增加 5 倍左右，达到 1800 亿美元。单位产出的补贴成本会下降，但多数可再生能源需要在预期内继续获得支持，以在电力市场中竞争。

中国和欧盟推动可再生能源比例扩大，占增长的近一半。要容

① 参见国务院 2007 年 12 月 26 日发布的《中国的能源状况与政策》白皮书中提出多元发展，中国将加快发展石油天然气，鼓励开发煤层气。中国中央人民政府网址 http://www.gov.cn/zwgk/2007-12/26/content_844159.htm。

纳更多的可再生能源电力，就需要对输电网络进行额外投资，这部分投资约占总输电投资的10%；在欧盟，这部分投资会占输电网络投资的25%。

（四）重新考虑核能

2011年3月发生的日本福岛第一核电站事故，引起了对于核电未来作用的质疑。德国决定于2020年关闭所有核电站，但是这并未改变中国、印度、俄罗斯和韩国等国的政策，它们仍继续推动核电扩张。预计到2035年，核电产出会增加70%。

国际能源机构预测"低核情景"① 会为可再生能源创造机遇，也会助长对化石燃料的需求：全球煤炭需求增长等于当前国际动力煤出口的一半，天然气需求的增长相当于俄罗斯当前天然气出口的2/3。最终导致能源价格额外上行的压力，引起对能源安全的额外关注，使得应对气候变化更加艰难和昂贵。对于本土资源匮乏，一直规划依赖核电的国家后果尤为严重；对于新兴经济体满足自身电力需求也更具有挑战性。

目前，全球仍有13亿人没有用上电，27亿人依靠生物质能的传统用途做饭。一些设计用于帮助最贫困人口的既有政策未达到目标。到2030年为所有人提供能源是联合国宣布的一个关键目标，要实现这一目标，需要各国政府采用强大的治理和监管框架，并对能源基础建设进行投资。

二、中国新能源形势

中国是世界能源生产和消费大国，随着工业化和城市化的发展，中国能源需求持续增长，成为世界上能源产业最为集中的经济体②。2006—2010年，我国能源发展速度加快，国内能源供应保障能力增强，2010年我国能源生产总量接近30亿吨标准煤，消费

① 低核情景假设在经合组织国家不会建设新的核反应堆，非经合组织国家只建造预计增量的一半，现有核电厂的运行寿命会缩短。

② See Europe China Clean Energy Centre (EC^2), Guidelines for Grant Applicants, 20/04/2009, p. 4.

量超过32亿吨标准煤。能源结构也得到优化，其中煤炭产量多年居世界第一位，达到32亿吨；石油产量约2亿吨，原油加工量超过5亿吨；天然气产量接近1000亿立方米；到2011年6月全国发电装机容量已经达到9.97亿千瓦，年底突破10亿千瓦；非化石能源发展迅速，在初级能源消费中比重达到8.3%①。

在我国，新能源日益受到重视，尤其是近年来发展速度较快，已在我国能源消费中占有重要地位。

（一）可再生能源

我国具有大规模发展可再生能源的资源基础，风能、太阳能、生物质能和海洋能等都具有每年数亿吨标准煤的资源保障潜力②，已初步形成快速发展的格局。

可再生能源中，风电发展迅速，截至2011年10月，中国国内并网风电装机容量已达3913万千瓦③；陆上风电机组已实现单机1.5~2.5兆瓦批量生产制造，国产3兆瓦风电机组已经在欧洲之外第一个商业化运行的上海东海大桥项目中安装投入运营④。

太阳能发电市场也已启动，并不断增强其经济竞争力，光伏电池国际竞争力明显提高。2011年中国光伏发电预计装机容量至少可达200万千瓦，累计装机可能突破300万千瓦⑤。2007年以来，中国光伏电池产量连续4年居世界第一位，2010年产量达到800万千瓦，占全球光伏生产量的一半以上。太阳能热利用逐渐普及，

① 参见刘铁男主编:《中国能源发展报告2011》,经济科学出版社2011年版,第3页。

② 参见中国可再生能源学会:《中国新能源与可再生能源年鉴(2010)》2011年,第31页。

③ 参见张旭东《十二五规划:太阳能装机将成倍增长》,载《第一财经日报》2011年12月16日 http://money.163.com/11/1216/02/7LC2G6GI00253B0H.html。

④ 刘铁男主编:《中国能源发展报告2011》,经济科学出版社2011年版,第106页。

⑤ 参见张旭东《十二五规划:太阳能装机将成倍增长》,载《第一财经日报》2011年12月16日 http://money.163.com/11/1216/02/7LC2G6GI00253B0H.html。

到2010年底，太阳能热水器安装使用总量达到1.68亿平方米，替代化石能源约3360万吨标准煤①。

作为农业大国，中国也一直把生物质能放在特殊发展地位，注重促进农、林废弃物为主的多元化生物质能发展，提高综合效益。到2010年底，各类生物质能源总贡献量约1500万吨标准煤。生物质能发电装机约500万千瓦，沼气年利用量约140亿立方米，成型燃料约30万吨，生物燃料乙醇利用量180万吨，生物柴油利用量约50万吨②。

中国是世界水电装机第一大国，2010年水力发电达21340万千瓦。除了三峡大坝这样的世界最大的综合性水电枢纽工程，中国的小水电发展也很迅速。2009年小水电占水电装机容量的1/3，达到6000多万千瓦③。

根据世界地热大会公布的世界地热发展的最新统计数据，中国地热资源直接利用的能量仍居世界第一位。利用地源热泵技术开采浅层地热能为建筑物提供供暖和制冷技术在我国华北、东北地区迅速发展，至2009年全国地源热泵应用面积已超过1亿平方米，位居世界第二位，仅次于美国④。

（二）节能与能源效率

2006—2010年，我国把节能减排作为调整经济结构、转变经济发展方式、推动科学发展的重要抓手和突破口，取得了显著成效。全国单位国内生产总值能耗降低19.1%，二氧化硫、化学需氧量排放总量分别下降14.29%和12.45%，基本实现了“十一五”规划纲要确定的约束性目标，扭转了“十五”后期单位国内生产

① 参见刘铁男主编:《中国能源发展报告2011》,经济科学出版社2011年版,第106页。

② 参见刘铁男主编:《中国能源发展报告2011》,经济科学出版社2011年版,第107页。

③ 参见中国可再生能源学会:《中国新能源与可再生能源年鉴(2010)》,2011年,第5页。

④ 参见中国可再生能源学会:《中国新能源与可再生能源年鉴(2010)》2011年,第7页。

总值能耗和主要污染物排放总量大幅上升的趋势，为保持经济平稳较快发展提供了有力支撑，为应对全球气候变化作出了重要贡献，也为实现“十二五”节能减排目标奠定了坚实基础①。

（三）核能

核能已成为人类使用的重要能源之一，核电是电力工业的重要组成部分。核电不造成对大气的污染排放，在国际社会越来越重视温室气体排放、气候变暖的形势下，积极推进核电建设，是我国能源建设的一项重要政策。这对于满足经济和社会发展不断增长的能源需求，保障能源供应与安全，保护环境，实现电力工业结构优化和可持续发展，提升我国综合经济实力、工业技术水平，都具有重要意义。

我国是世界上少数拥有比较完整核工业体系的国家之一。为推进核能的和平利用，20世纪70年代，国务院作出了发展核电的决定。经过三十多年的努力，我国核电从无到有，得到了很大的发展。自1983年确定压水堆核电技术路线以来，目前在压水堆核电站设计、设备制造、工程建设和运行管理等方面已经初步形成了一定能力，为实现规模化发展奠定了基础②。1991年建成秦山核电站，实现中国核能发电的起步。目前已建成的核电基地分布在广东、浙江、江苏等沿海省份，包括秦山一期、大亚湾、秦山二期、秦山三期、岭澳一期、岭澳二期、田湾等项目，2009年我国核能发电量为701亿千瓦时，占总发电量的1.95%。截至2010年9月，我国在运核电站6座共有11台机组，总装机容量为907.8万千瓦。截至2010年8月31日，我国核准建设机组32台，装机容量共3486万千瓦；其中已开工25台机组，装机容量共2773万千瓦③。

---

① 参见《国务院关于印发“十二五”节能减排综合性工作方案的通知》（国发〔2011〕26号）。

② 参见《核电中长期发展规划(2005-2020年)》,2007年11月2日,国家发展与改革委员会网址 http://www.sdpc.gov.cn/nyjt/nyzywx/t20071102_170122.htm。

③ 参见中国可再生能源学会:《中国新能源与可再生能源年鉴(2010)》,2011年,第132页。

表 8-1　　**我国在运核电站一览表**①　（单位：万千瓦）

核电站名称	额定功率	堆型
大亚湾核电站	2× 98.4	压水堆
岭澳核电站一期	2× 99	压水堆
秦山核电站一期	1× 31	压水堆
秦山核电站二期	2× 65	压水堆
秦山核电站三期	2× 70	重水堆
田湾一期	2× 106	压水堆
合计装机容量	907.8	

三、中国新能源 2011—2015 年发展目标

2009 年 9 月 22 日，中国国家主席胡锦涛在联合国气候变化峰会开幕式上发表题为《携手应对气候变化挑战》的讲话，这是中国国家元首第一次在联合国讲坛上就气候变化问题阐述中方立场。胡锦涛在讲话中表示，中国已制定并实施了《应对气候变化国家方案》，将进一步把应对气候变化纳入经济社会发展规划，并继续采取强有力的措施，其中包括大力发展可再生能源和核能。具体措施包括，一是加强节能、提高能效工作，争取到 2020 年单位国内生产总值二氧化碳排放比 2005 年有显著下降。二是大力发展可再生能源和核能，争取到 2020 年非化石能源占一次能源消费比重达到 15% 左右。三是大力增加森林碳汇，争取到 2020 年森林面积比 2005 年增加 4000 万公顷，森林蓄积量比 2005 年增加 13 亿立方米。四是大力发展绿色经济，积极发展低碳经济和循环经济，研发和推

① 中国可再生能源学会：《中国新能源与可再生能源年鉴（2010）》，2011 年，第 132 页。

广气候友好技术①。

2007年以来，我国在相关政策文件中确立了可再生能源、节能与能源效率、核能的具体发展目标。

（一）可再生能源

2011年12月15日，我国国家能源局正式公布可再生能源发展“十二五”（2011—2015年）规划目标：到2015年，我国将努力建立有竞争性的可再生能源产业体系，风电、太阳能、生物质能、太阳能热利用及核电等非化石能源开发总量将达到4.8亿吨标准煤。这无疑是可再生能源产业的最大利好。按照这个规划，风能、太阳能装机容量均将有数倍增幅。规划提出到2015年风电装机将增长2倍多，风电将达1亿千瓦，年发电量1900亿千瓦时；到2015年太阳能发电将达1500万千瓦，年发电量200亿千瓦时，光伏发电装机将是目前水平的近5倍。另外，据悉国家能源局下一步将推出可再生能源电力配额制。目前该配额制已经有了一个基本框架，可能在明年初形成和实施，支持可再生能源电力发展②。

小水电对环境影响小，是清洁环保、分布更广的水能开发方式。水电开发在中国有一定潜力，特别是西南地区，到2020年将提高到3.5亿千瓦③。

（二）节能和能源效率

国务院2011年8月31日下发《“十二五”节能减排综合性工作方案》。到2015年，全国万元国内生产总值能耗下降到0.869吨标准煤（按2005年价格计算），比2010年的1.034吨标准煤下降16%，比2005年的1.276吨标准煤下降32%；“十二五”期间，

① 参见胡锦涛:《中国将大力发展可再生能源和核能》,中国新闻网,2009年9月22日,参见网址 http://www.chinanews.com/gn/news/2009/09-22/1880315.shtml。

② 参见张旭东:《十二五规划:太阳能装机将成倍增长》,载《第一财经日报》2011年12月16日,http://money.163.com/11/1216/02/7LC2G6GI00253B0H.html。

③ 参见中国可再生能源学会:《中国新能源与可再生能源年鉴(2010)》,2011年,第5页。

实现节约能源6.7亿吨标准煤。2015年，全国化学需氧量和二氧化硫排放总量分别控制在2347.6万吨和2086.4万吨，比2010年的2551.7万吨、2267.8万吨分别下降8%；全国氨氮和氮氧化物排放总量分别控制在238.0万吨、2046.2万吨，比2010年的264.4万吨、2273.6万吨分别下降10%。到2015年，工业锅炉、窑炉平均运行效率比2010年分别提高5个和2个百分点，电机系统运行效率提高2~3个百分点，新增余热、余压发电能力2000万千瓦，北方采暖地区既有居住建筑供热计量和节能改造4亿平方米以上，夏热冬冷地区既有居住建筑节能改造5000万平方米，公共建筑节能改造6000万平方米，高效节能产品市场份额大幅度提高。"十二五"时期，形成3亿吨标准煤的节能能力①。

表8-2　　**"十二五"各地区节能目标②**

地区	单位国内生产总值能耗降低率（%）		
	"十一五"时期	"十二五"时期	2006—2015年累计
全国	19.06	16	32.01
北京	26.59	17	39.07
天津	21.00	18	35.22
河北	20.11	17	33.69
山西	22.66	16	35.03
内蒙古	22.62	15	34.23
辽宁	20.01	17	33.61
吉林	22.04	16	34.51
黑龙江	20.79	16	33.46

① 参见《国务院关于印发"十二五"节能减排综合性工作方案的通知》(国发〔2011〕26号)。

② 《国务院关于印发"十二五"节能减排综合性工作方案的通知》(国发〔2011〕26号)。其中"十一五"各地区单位国内生产总值能耗降低率除新疆外均为国家统计局最终公布数据，新疆为初步核实数据。

续表

地区	单位国内生产总值能耗降低率（%）		
	“十一五”时期	“十二五”时期	2006—2015 年累计
上海	20.00	18	34.40
江苏	20.45	18	34.77
浙江	20.01	18	34.41
安徽	20.36	16	33.10
福建	16.45	16	29.82
江西	20.04	16	32.83
山东	22.09	17	35.33
河南	20.12	16	32.90
湖北	21.67	16	34.20
湖南	20.43	16	33.16
广东	16.42	18	31.46
广西	15.22	15	27.94
海南	12.14	10	20.93
重庆	20.95	16	33.60
四川	20.31	16	33.06
贵州	20.06	15	32.05
云南	17.41	15	29.80
西藏	12.00	10	20.80
陕西	20.25	16	33.01
甘肃	20.26	15	32.22
青海	17.04	10	25.34
宁夏	20.09	15	32.08
新疆	8.91	10	18.02

目前，我国发展仍处于重要的战略机遇期。随着工业化、城镇化进程加快和消费结构持续升级，我国能源需求呈刚性增长，受国内资源保障能力和环境容量制约以及全球性能源安全和应对气候变化影响，资源环境约束日趋强化，节能减排形势仍然十分严峻，任务十分艰巨。特别是我国节能减排工作还存在责任落实不到位、推进难度增大、激励约束机制不健全、基础工作薄弱、能力建设滞后、监管不力等问题。这种状况如不及时改变，不但"十二五"节能减排目标难以实现，还将严重影响经济结构调整和经济发展方式转变。

（三）核能

2007 年 10 月，国务院正式批准了国家发展和改革委员会上报的《核电中长期发展规划（2005—2020 年）》。这是指导我国核电建设的重要文件，对于实施核电自主化发展战略、合理安排核电建设项目、做好核电厂址的开发和储备、建立和完善核电安全运行和技术服务体系、配套落实核燃料循环和核能技术开发项目的保障条件等方面具有重要意义。这标志着我国核电发展进入了新的阶段。

《核电中长期发展规划（2005—2020 年）》提出的发展目标是：到 2020 年，核电运行装机容量争取达到 4000 万千瓦，并有 1800 万千瓦在建项目结转到 2020 年以后续建。核电占全部电力装机容量的比重从现在的不到 2% 提高到 4%，核电年发电量达到 2600 亿～2800 亿千瓦时。规划要求到 2020 年，在引进、消化和吸收新一代百万千瓦级压水堆核电站工程设计和设备制造技术的基础上，进行再创新，实现自主化，全面掌握先进压水堆核电技术，培育国产化能力，形成较大规模批量化建设中国品牌核电站的能力。对于核电厂址的选择和保护，要根据核电厂址的要求、依照核电发展规划，严格复核审定，按照核电发展的要求陆续开展工作。各地区各部门应合理安排核电项目和进度，确保我国核电工业健康有序地发展①。

① 参见《核电中长期发展规划(2005-2020 年)》,2007 年 11 月 2 日,国家发展与改革委员会网址 http://www.sdpc.gov.cn/nyjt/nyzywx/t20071102_170122.htm。

目前，《核电中长期发展规划（2005—2020年）》的部分内容已经启动实施，各地区各部门正在按计划开展工作。随着该规划的实施，我国核电工业将进入新的发展阶段，核电的自主创新能力将得到提高，核电装备的自主化制造将提升我国装备制造业水平，为我国经济社会的可持续发展作出更大贡献。

表 8-3　　我国在建核电机组一览表①　（单位：万千瓦）

核电站名称	额定功率	技术	已开工
岭澳二期	2×108	CPR1000	2台
红沿河一期	4×108	CPR1000	4台
宁德一期	4×108	CPR1000	3台
阳江	6×108	CPR1000	2台
台山一期	2×175	CEPR	2台
防城港一期	2×108	CPR1000	1台
秦山二期扩建	2×65	CNP650	2台
福清一期	2×108	二代加	2台
秦山一期扩建（万家山）	2×108	二代加	2台
三门一期	2×125	AP1000	2台
昌江一期	2×65	CNP650	1台
海阳一期	2×125	AP1000	2台
总计	3486		25台

第二节　中国新能源法律政策概况

完善能源法律制度，为增加能源供应、规范能源市场、优化能

① 中国可再生能源学会：《中国新能源与可再生能源年鉴（2010）》2011年，第132页。

源结构、维护能源安全提供法律保障，是中国能源发展的必然要求。中国高度重视并积极推进能源法律制度建设，《循环经济促进法》、《石油天然气管道保护法》已经颁布实施，配套政策措施陆续出台；《可再生能源法》、修订后的《节约能源法》已经公布；《能源法》正在抓紧制定；《矿产资源法》、《清洁生产促进法》、《煤炭法》和《电力法》正在抓紧修订。同时，我国也正在积极着手研究石油天然气、原油市场和原子能等能源领域的立法。

一、综合性法律政策

我国与新能源密切相关的综合性法律政策主要包括以下内容：

（一）能源法（征求意见稿）①

正在进行的《中华人民共和国能源法》立法是我国能源领域的综合性立法。2006 年 1 月，国家发改委、国务院法制办、财政部等 15 部委组成跨部门的《能源法》起草工作组。2007 年 12 月 1 日正式向社会公布《中华人民共和国能源法》(征求意见稿）（以下简称“征求意见稿”），并征求意见。“征求意见稿”包括总则、能源管理、能源战略和规划、能源开发与加工转换、能源供应与服务、能源节约、能源储备、能源应急、农村能源、财税激励与约束、能源科技、能源国际合作、监督检查、法律责任和附则等 15 章，涵盖了能源领域的一些基本问题。

《中华人民共和国能源法》的立法目的体现在“征求意见稿”总则第 1 条中：“为了规范能源开发利用和管理行为，构建稳定、经济、清洁、可持续的能源供应及服务体系，提高能源效率，保障能源安全，推动资源节约型和环境友好型社会建设，促进能源与经济社会的协调发展，制定本法。”

“征求意见稿”把发展新能源放在突出位置。其中总则第 5 条规定“国家积极优化能源结构，鼓励发展新能源和可再生能源……”；并在第四章《能源开发与加工转换》中提出“国家优先

① 参见国家发展与改革委员会网址 http://www.sdpc.gov.cn/yjzq/t20071227_181560.htm。

开发应用替代石油的新型燃料和工业原料”，确定了新能源的法律地位。

《中华人民共和国能源法》作为我国能源领域的综合性立法，既要规范全局性问题，如能源安全、能源效率、能源管理、能源环境保护等；而且也要对其他各单行能源法不予调整的问题加以规范，发挥其宏观管理和对单行立法之间加以协调的作用①。

（二）电力法②

为了保障和促进电力事业的发展，维护电力投资者、经营者和使用者的合法权益，保障电力安全运行，1995 年 12 月 28 日第八届全国人大常委会第十七次会议通过《中华人民共和国电力法》，1996 年 4 月 1 日起施行，适用于我国境内的电力建设、生产、供应和使用活动。

《电力法》鼓励新能源发电，其第 5 条规定“电力建设、生产、供应和使用应当依法保护环境，采取新技术，减少有害物质排放，防治污染和其他公害。国家鼓励和支持利用可再生能源和清洁能源发电”；第 48 条则规定“国家提倡农村开发水能资源，建设中、小型水电站，促进农村电气化。国家鼓励和支持农村利用太阳能、风能、地热能、生物质能和其他能源进行农村电源建设，增加农村电力供应”。另外，《电力法》还提出节能原则，第 24 条规定“国家对电力供应和使用，实行安全用电、节约用电、计划用电的管理原则”。根据《电力法》的实施情况，2003 年国务院将修订《电力法》列入立法计划，目前仍在审查修订过程中。

（三）循环经济促进法③

2008 年 8 月 29 日，第十一届全国人民代表大会常务委员会第四次会议通过《中华人民共和国循环经济促进法》，自 2009 年 1

① 参见李艳芳:《论我国〈能源法〉的制定——兼论〈中华人民共和国能源法〉征求意见稿》,载《法学家》2008 年第 2 期,第 94 页。

② 参见中国中央人民政府网址 http://www.gov.cn/ztzl/2005-12/30/content_142165.htm。

③ 参见中国中央人民政府网址 http://www.gov.cn/flfg/2008-08/29/content_1084355.htm。

月1日起施行。制定该法的目的是促进循环经济发展，提高资源利用效率，保护和改善环境，实现可持续发展。

《循环经济促进法》制定了资源循环利用的原则，第4条规定“发展循环经济应当在技术可行、经济合理和有利于节约资源、保护环境的前提下，按照减量化优先的原则实施。在废物再利用和资源化过程中，应当保障生产安全，保证产品质量符合国家规定的标准，并防止产生再次污染”。

对于节能等资源节约，《循环经济促进法》在第10条中作出规定，“公民应当增强节约资源和保护环境意识，合理消费，节约资源。国家鼓励和引导公民使用节能、节水、节材和有利于保护环境的产品及再生产品，减少废物的产生量和排放量。公民有权举报浪费资源、破坏环境的行为，有权了解政府发展循环经济的信息并提出意见和建议”。

《循环经济促进法》还要求建立能耗等统计制度以及节能和能效标准。第17条规定，“国家建立健全循环经济统计制度，加强资源消耗、综合利用和废物产生的统计管理，并将主要统计指标定期向社会公布。国务院标准化主管部门会同国务院循环经济发展综合管理和环境保护等有关主管部门建立健全循环经济标准体系，制定和完善节能、节水、节材和废物再利用、资源化等标准。国家建立健全能源效率标识等产品资源消耗标识制度”。

（四）中国的能源状况与政策白皮书①

2007年12月26日，国务院发布《中国的能源状况与政策》白皮书。白皮书总结了中国能源发展现状，认为中国能源资源具有“能源资源总量比较丰富，人均能源资源拥有量较低，能源资源赋存分布不均衡，能源资源开发难度较大”的特点，随着中国经济的较快发展和工业化、城镇化进程的加快，能源需求不断增长，构建稳定、经济、清洁、安全的能源供应体系面临着重大挑战，突出表现在“资源约束突出，能源效率偏低；能源消费以煤为主，环

① 参见《中国的能源状况与政策》白皮书，2007年12月26日，中国中央人民政府网址 http://www.gov.cn/zwgk/2007-12/26/content_844159.htm。

境压力加大；市场体系不完善，应急能力有待加强”三个方面。

《中国的能源状况与政策》白皮书提出我国能源发展的原则。中国能源发展坚持节约发展、清洁发展和安全发展原则。坚持走科技含量高、资源消耗低、环境污染少、经济效益好、安全有保障的能源发展道路，最大程度地实现能源的全面、协调和可持续发展。中国能源发展坚持立足国内的基本方针和对外开放的基本国策，以国内能源的稳定增长，保证能源的稳定供应，促进世界能源的共同发展。中国能源的发展将给世界各国带来更多的发展机遇，将给国际市场带来广阔的发展空间，将为世界能源安全与稳定作出积极的贡献。

中国能源战略的基本内容是：坚持节约优先、立足国内、多元发展、依靠科技、保护环境、加强国际互利合作，努力构筑稳定、经济、清洁、安全的能源供应体系，以能源的可持续发展支持经济社会的可持续发展。

《中国的能源状况与政策》白皮书将发展新能源作为提高能源供应能力的措施，提出“积极发展热电联产，加快淘汰落后的小火电机组。在保护生态、妥善解决移民问题的条件下，大力发展水电。积极推进核电建设。适度发展天然气发电。鼓励可再生能源和新能源发电”。“可再生能源是中国能源优先发展的领域。可再生能源的开发利用，对增加能源供应、改善能源结构、促进环境保护具有重要作用，是解决能源供需矛盾和实现可持续发展的战略选择。”“中国将继续积极发展农村户用沼气、生物质能利用、太阳能热利用等，为农村地区提供清洁的生活能源。继续推广应用省柴节能灶炕、小风电、微水电等农村小型能源设施……积极开展绿色能源示范县建设，加快推进农村可再生能源开发利用。”

白皮书第三部分提出“全面推进能源节约”，认为节约能源是中国缓解资源约束的现实选择，推进能源节约是中国经济社会发展长期而艰巨的战略任务。中国坚持政府为主导、市场为基础、企业为主体，在全社会共同参与下，全面推进能源节约。中国坚持以提高能源效率为核心，以转变经济发展方式、调整经济结构、加快技术进步为根本，构建能源资源节约型的产业结构、发展方式和消费模式。建立节能型的产业体系，落实节能目标责任制和评价考核体系。完善节能技术推广机制，鼓励节能技术和产品的研发。深化能源体制改革，完善能源价格形成机制，充分发挥财政税收等经济政策对节能的推动作用。要求通过“推进结构调整、加强工业节能、实施节能工程、加强节能管理、倡导社会节能”等具体措施来实现节能目标。

（五）其他综合性法规与政策

1. 国家中长期科学和技术发展规划纲要（2006—2020）①

2006 年 2 月 9 日，国务院发布《国家中长期科学和技术发展规划纲要（2006—2020）》，是从全面建设小康社会、加快推进社会主义现代化建设的全局出发，制定的国家科学和技术长远发展规划。该纲要把“能源”作为国家中长期科学和技术发展的重点领域，提出的科技发展思路中突出了新能源主题：

（1）坚持节能优先，降低能耗。攻克主要耗能领域的节能关键技术，积极发展建筑节能技术，大力提高一次能源利用效率和终端用能效率。（2）推进能源结构多元化，增加能源供应。在提高油气开发利用及水电技术水平的同时，大力发展核能技术，形成核电系统技术自主开发能力。风能、太阳能、生物质能等可再生能源技术取得突破并实现规模化应用。（3）促进煤炭的清洁高效利用，降低环境污染。大力发展煤炭清洁、高效、安全开发和利用技术，并力争达到国际先进水平。（4）加强对能源装备引进技术的消化、吸收和再创新。攻克先进煤电、核电等重大装备制造核心技术。（5）提高能源区域优化配置的技术能力。重点开发安全可靠的先进电力输配技术，实现大容量、远距离、高效率的电力输配。

2. 国务院关于加快培育和发展战略性新兴产业的决定②

① 参见《国家中长期科学和技术发展规划纲要（2006—2020）》，2006 年 2 月 9 日，中国中央人民政府网址 http://www.gov.cn/jrzg/2006-02/09/content_183787.htm。

② 参见《关于加快培育和发展战略性新兴产业的决定》，2010 年 10 月 10 日，中国中央人民政府网址 http://www.gov.cn/zwgk/2010-10/18/content_1724848.htm。

战略性新兴产业是引导未来经济社会发展的重要力量，发展战略性新兴产业已成为世界主要国家抢占新一轮经济和科技发展制高点的重大战略。2010 年 10 月 10 日，国务院发出《关于加快培育和发展战略性新兴产业的决定》，提出“现阶段重点培育和发展节能环保、新一代信息技术、生物、高端装备制造、新能源、新材料、新能源汽车等产业”。

《关于加快培育和发展战略性新兴产业的决定》中节能环保产业和新能源产业作为重点领域，为产业发展制定了战略方向。节能环保产业要重点开发推广高效节能技术装备及产品，实现重点领域关键技术突破，带动能效整体水平的提高；加快资源循环利用关键共性技术研发和产业化示范，提高资源综合利用水平和再制造产业化水平；示范推广先进环保技术装备及产品，提升污染防治水平；推进市场化节能环保服务体系建设；加快建立以先进技术为支撑的废旧商品回收利用体系，积极推进煤炭清洁利用、海水综合利用。新能源产业则要积极研发新一代核能技术和先进反应堆，发展核能产业；加快太阳能热利用技术推广应用，开拓多元化的太阳能光伏光热发电市场；提高风电技术装备水平，有序推进风电规模化发展，加快适应新能源发展的智能电网及运行体系建设；因地制宜开发利用生物质能。并要求深化重点领域改革，建立健全创新药物、新能源、资源性产品价格形成机制和税费调节机制；实施新能源配额制，落实新能源发电全额保障性收购制度。

3. 清洁发展机制项目管理办法

中国重视环境保护和全球气候变化，将保护环境作为一项基本国策，采取了一系列与保护环境和应对气候变化相关的政策和措施。为推进清洁发展机制项目在中国的有序开展，我国 2005 年颁布了《清洁发展机制项目管理办法》，并于 2011 年 8 月 3 日发布修订后的《清洁发展机制项目管理办法》，自发布之日起施行。该办法包括总则、管理体制、申请和实施程序、法律责任、附则共五章 39 条，同时还附有可直接向国家发改委提交清洁发展机制项目申请的中央企业名单。

二、可再生能源法律政策

中国已经颁布《可再生能源法》，制定了可再生能源发电优先上网、全额收购、价格优惠及社会公摊的政策；建立了可再生能源发展专项资金，支持资源调查、技术研发、试点示范工程建设和农村可再生能源开发利用；发布了《可再生能源中长期发展规划》，积极落实可再生能源发展的扶持和配套政策，培育持续稳定增长的可再生能源市场，逐步建立和完善可再生能源产业体系和市场及服务体系，促进可再生能源技术进步和产业发展。

（一）《可再生能源法》①

为了促进可再生能源的开发利用，增加能源供应，改善能源结构，保障能源安全，保护环境，实现经济社会的可持续发展，第十届全国人民代表大会常务委员会第十四次会议于2005年2月28日通过《中华人民共和国可再生能源法》，共八章33条，自2006年1月1日起施行。

《可再生能源法》明确了可再生能源是指风能、太阳能、水能、生物质能、地热能、海洋能等非化石能源。规定国家将可再生能源的开发利用列为能源发展的优先领域，通过制定可再生能源开发利用总量目标和采取相应措施，推动可再生能源市场的建立和发展。国家鼓励各种所有制经济主体参与可再生能源的开发利用，依法保护可再生能源开发利用者的合法权益。对资源调查与发展规划、产业指导与技术支持、推广与应用、价格管理与费用分摊、经济激励与监督措施以及法律责任都作出规定。

《可再生能源法》于2005年审议通过后，对加快推动我国可再生能源开发利用产生了非常重要的作用，国家各种配套规定相继出台，风力发电、太阳能发电等各种可再生能源产业迅猛发展，可再生能源法不仅成为我国可再生能源发展的重要法律保障，在国际上也产生了积极良好的影响。2009年12月26日第十一届全国人

① 参见中国中央人民政府网址 http://www.gov.cn/ziliao/flfg/2005-06/21/content_8275.htm。

民代表大会常务委员会第十二次会议通过《全国人民代表大会常务委员会关于修改〈中华人民共和国可再生能源法〉的决定》①，自2010年4月1日起施行。

在原来《可再生能源法》的“国家责任和全社会支持相结合、政府引导和市场运作相结合、当前需求和长远发展相结合”三项原则的基础上，法律修正案（草案）的起草过程中突出强调三个原则：一是统筹规划的原则。加强可再生能源开发利用规划与国家能源发展战略的综合协调，强化国家规划对地方规划的指导调控作用，促进可再生能源产业科学的快速有序发展，又要防止不具备基本条件时盲目发展。二是市场配置与政府宏观调控相结合的原则。坚持现行法律确定的市场配置资源与竞争机制，坚持可再生能源并网发电的招标制度的同时，通过保障性收购的最低限额指标，加强政府对可再生能源市场的宏观调控能力。三是国家扶持资金集中统一使用的原则。在现有资金渠道不变的情况下，将国家财政设立的可再生能源发展专项资金和可再生能源电价附加资金集中使用，调整资金管理方式，形成政府统一调控的可再生能源发展基金②。

修改后的《可再生能源法》明确要依据能源发展战略和可再生能源技术发展状况，编制全国可再生能源开发利用规划，报国务院批准后实施；增强批准的全国和省级可再生能源开发利用规划的调控作用，对可再生能源开发利用规划以及实施规划应当坚持因地制宜、统筹兼顾、合理布局、有序发展的原则；规划内容应包括发展目标、主要任务、区域布局、重点项目、实施进度、服务体系和保障措施等；增加国家实行可再生能源发电全额保障性收购制度的规定，并明确提出国务院能源主管部门会同国家电力监管机构和国务院财政部门，依照全国可再生能源开发利用规划，制定全国可再

① 参见中国中央人民政府网址 http://www.gov.cn/flfg/2009-12/26/content_1497462.htm。

② 参见汪光焘：第十一届全国人民代表大会常务委员会第十二次会议上《关于修改〈中华人民共和国可再生能源法〉草案的说明》,《全国人大常委会公报》2010年第1期。

生能源发电量的年度收购指标和实施计划，确定并公布对电网企业应达到的全额保障性收购可再生能源发电量的最低限额指标，国家电力监管机构负责监管最低限额指标的实施；规定电网企业应当加强电网规划和建设，扩大可再生能源电力配置范围，发展和应用智能电网等先进技术，完善电网运行管理，提高吸纳可再生能源电力的能力，为可再生能源发电提供上网服务；把可再生能源法规定征收的电价附加和国家财政专项资金合并为政府基金性质的国家可再生能源发展基金。

（二）《可再生能源中长期发展规划》①

为了加快可再生能源发展，促进节能减排，积极应对气候变化，更好地满足经济和社会可持续发展的需要，在总结我国可再生能源资源、技术及产业发展状况，借鉴国际可再生能源发展经验基础上，国家发改委 2007 年 8 月 31 日制定颁布了《可再生能源中长期发展规划》，提出了到 2020 年我国可再生能源发展的指导思想、主要任务、发展目标、重点领域和保障措施，以指导我国可再生能源发展和项目建设。我国可再生能源发展的指导思想是以邓小平理论、“三个代表”重要思想为指导，全面落实科学发展观，促进资源节约型、环境友好型社会和社会主义新农村建设，认真贯彻《可再生能源法》，把发展可再生能源作为全面建设小康社会和实现可持续发展的重大战略举措，加快水能、风能、太阳能和生物质能的开发利用，促进技术进步，增强市场竞争力，不断提高可再生能源在能源消费中的比重。基本原则包括坚持开发利用与经济、社会和环境相协调；坚持市场开发与产业发展互相促进；坚持近期开发利用与长期技术储备相结合；坚持政策激励与市场机制相结合。

《可再生能源中长期发展规划》提出到 2010 年使可再生能源消费量达到能源消费总量的 10%，到 2020 年达到 15% 的发展目标。预计在 2010—2020 年间，大多数可再生能源技术可具有市场

① 参见关于印发《可再生能源中长期发展规划》的通知，2007 年 8 月 31 日，中国国家发展与改革委员会网址 http://www.sdpc.gov.cn/zcfb/zcfbtz/2007tongzhi/t20070904_157352.htm。

竞争力，在2020年以后将会有更快的发展，并逐步成为主导能源。该规划介绍了世界各国为了促进可持续发展，应对全球气候变化，积极推动可再生能源发展所积累的丰富经验。根据初步资源评价，分析我国资源潜力大、发展前景好的可再生能源主要包括水能、生物质能、风能和太阳能。根据各类可再生能源的资源潜力、技术状况和市场需求情况，2010年和2020年可再生能源发展重点领域：中国将推进水电流域梯级综合开发，加快大型水电建设，因地制宜开发中小型水电，适当建设抽水蓄能电站。推广太阳能热利用、沼气等成熟技术，提高市场占有率。积极推进风力发电、生物质能和太阳能发电等利用技术，将建设若干个百万千瓦级风电基地，以规模化带动产业化。

（三）其他的政策文件

为促进我国可再生能源发展，根据《可再生能源法》的要求，国家发改委先后公布了多项关于可再生能源产业的部门规范性文件，指导相关部门制定支持政策和措施。2005年11月29日发布的《可再生能源发展指导目录》涵盖风能、太阳能、生物质能、地热能、海洋能和水能等6个领域88项可再生能源开发利用和系统设备/装备制造项目，引导相关研究机构和企业的技术研发、项目示范和投资建设方向。2006年1月4日，出台了《可再生能源发电价格和费用分摊管理试行办法》，可再生能源发电价格和费用分摊标准本着促进发展、提高效率、规范管理、公平负担的原则制定，可再生能源发电价格实行政府定价和政府指导价两种形式①。2006年1月5日颁布了《可再生能源发电有关管理规定》规范可再生能源发电项目管理，可再生能源发电项目实行中央和地方分级管理。可再生能源开发利用要坚持按规划建设的原则。可再生能源发电规划的制定要充分考虑资源特点、市场需求和生态环境保护等因素，要注重发挥资源优势和规模效益。可再生能源发电项目的上

① 参见关于印发《可再生能源发电价格和费用分摊管理试行办法》的通知，2006年1月4日，参见国家发展与改革委员会网址 http://www.sdpc.gov.cn/jggl/zcfg/t20060120_57586.htm。

网电价，由国务院价格主管部门根据不同类型可再生能源发电的特点和不同地区的情况，按照有利于促进可再生能源开发利用和经济合理的原则确定，并根据可再生能源开发利用技术的发展适时调整和公布①。

为缓解能源供应压力，促进可再生能源开发利用，根据《可再生能源法》的要求，中央财政设立了可再生能源发展专项资金，财政部制定了《可再生能源发展专项资金管理暂行办法》，发展专项资金用于资助可再生能源开发利用的科学技术研究、标准制定和示范工程；农村、牧区生活用能的可再生能源利用项目；偏远地区和海岛可再生能源独立电力系统建设；可再生能源的资源勘查、评价和相关信息系统建设；促进可再生能源开发利用设备的本地化生产。发展专项资金安排应遵循突出重点、兼顾一般，鼓励竞争、择优扶持，公开、公平、公正的原则②。2006 年 9 月 4 日，财政部又颁布《可再生能源建筑应用专项资金管理暂行办法》③ 和《可再生能源建筑应用示范项目评审办法》④，规范可再生能源建筑应用专项资金的分配、使用和管理以及示范项目的评审工作。

2011 年 11 月 29 日，财政部、国家发展改革委、国家能源局共同颁布了《可再生能源发展基金征收使用管理暂行办法》，规范可再生能源发展基金的资金筹集、使用管理和监督检查等，于

---

① 参见国家发改委，关于印发《可再生能源发电有关管理规定》的通知，2006 年 1 月 5 日，中国新能源网网址 http://www. newenergy. org. cn/html/0067/2006712_10847. html。

② 参见关于印发《可再生能源发展专项资金管理暂行办法》的通知，2006 年 5 月 30 日，中国财政部网址 http://www. mof. gov. cn/preview/jinjijianshesi/zhengwuxinxi/zhengcefagui/200805/ t20080523_34033. html。

③ 参见关于印发《可再生能源建筑应用专项资金管理暂行办法》的通知，2006 年 9 月 4 日，中国财政部网址 http://www. mof. gov. cn/zhengwuxinxi/caizhengwengao/caizhengbuwengao2006/caizhengbuwengao 200610/200805/t2008 0519_24660. html。

④ 参见关于印发《可再生能源建筑示范项目评审办法》的通知，2006 年 9 月 4 日，中国财政部网址 http://www. mof. gov. cn/zhengwuxinxi/caizhengwengao/caizhengbuwengao2006/caizhengbuwengao 200610/200805/t 2008 0519_24670. html。

2012年1月1日起施行。可再生能源发展基金包括国家财政公共预算安排的专项资金和依法向电力用户征收的可再生能源电价附加收入等。可再生能源发展专项资金由中央财政从年度公共预算中予以安排（不含国务院投资主管部门安排的中央预算内基本建设专项资金）。可再生能源电价附加征收标准为8厘/千瓦时。根据可再生能源开发利用中长期总量目标和开发利用规划以及可再生能源电价附加收支情况，征收标准可以适时调整。可再生能源发展基金用于支持可再生能源发电和开发利用活动①。

三、核能法律政策

我国目前还没有出台《核能法》或《原子能法》，规范核能活动以条例及其实施细则为主，主要包括《民用核设施安全监督管理条例》、《核材料管制条例》、《核电厂核事故应急管理条例》、《核出口管制条例》、《民用核安全设备监督管理条例》等。另外，2007年制定的《核电中长期发展规划（2005—2020）》是核能领域重要的政策文件。

（一）民用核设施安全监督管理条例②

为了在民用核设施的建造和营运中保证安全，保障工作人员和群众的健康，保护环境，促进核能事业的顺利发展，1986年10月29日国务院颁布实施了《中华人民共和国民用核设施安全监督管理条例》。民用核设施安全监督管理的原则包括：民用核设施的选址、设计、建造、运行和退役必须贯彻安全第一的方针；必须有足够的措施保证质量，保证安全运行，预防核事故，限制可能产生的有害影响；必须保障工作人员、群众和环境不致遭到超过国家规定限值的辐射照射和污染，并将辐射照射和污染减至可以合理达到的

---

① 参见关于印发《可再生能源发展基金征收使用管理暂行办法》的通知，中国国土资源部网址 http://www.mlr.gov.cn/xwdt/bmdt/201112/t20111220_1047196.htm。

② 参见国家能源局网址 http://nyj.ndrc.gov.cn/nyfhb/nyfhb1/nyfhb15/t20070117_111859.htm。

尽量低的水平。国家核安全局对全国核设施安全实施统一监督，独立行使核安全监督权，国家实行核设施安全许可制度，由国家核安全局负责制定和批准颁发核设施安全许可证件，国家核安全局及其派出机构可向核设施制造、建造和运行现场派驻监督组（员）执行核安全监督任务。

根据《民用核设施安全监督管理条例》的规定，国家核安全局先后发布了三个实施细则，分别规范核电厂安全许可证件的申请和颁发（1987 年 4 月 1 日起施行）、核设施的安全监督（1995 年 10 月 1 日起施行）、研究堆安全许可证件的申请和颁发（2006 年 3 月 1 日起施行）。

（二）核材料管制条例①

为保证核材料的安全与合法利用，防止被盗、破坏、丢失、非法转让和非法使用，保护国家和人民群众的安全，促进核能事业的发展，国务院 1987 年 6 月 15 日发布了《中华人民共和国核材料管制条例》。国家对核材料实行许可证制度，国家核安全局负责民用核材料的安全监督，核材料管制的基本要求是：保证符合国家利益及法律的规定；保证国家和人民群众的安全；保证国家对核材料的控制，在必要时国家可以征收所有核材料。

1990 年 9 月 1 日国家核安全局、能源部、国防科工委发布《核材料管制条例实施细则》，对核材料许可证的申请、审查、核准、颁发和核材料的账务衡算管理及实物保护作出具体规定。

（三）核电厂核事故应急管理条例②

为了加强核电厂核事故应急管理工作，控制和减少核事故危害，1993 年 8 月 4 日国务院制定颁布《核电厂核事故应急管理条例》。该条例适用于可能或者已经引起放射性物质释放、造成重大辐射后果的核电厂核事故应急管理工作。规定了核事故应急管理工

---

① 参见国家能源局网址 http://nyj.ndrc.gov.cn/nyfhb/nyfhb1/nyfhb15/t20070117_111860.htm。

② 参见国家能源局网址 http://nyj.ndrc.gov.cn/nyfhb/nyfhb1/nyfhb15/t20070117_111861.htm。

作实行常备不懈，积极兼容，统一指挥，大力协同，保护公众，保护环境的方针。全国的核事故应急管理工作由国务院指定的部门负责，必要时由国务院领导、组织、协调全国的核事故应急管理工作。核电厂所在地的省、自治区、直辖市人民政府指定的部门负责本行政区域内的核事故应急管理工作。针对核电厂可能发生的核事故，核电厂的核事故应急机构、省级人民政府指定的部门和国务院指定的部门应当预先制定核事故应急计划。核事故应急状态分为四级：应急待命，厂房应急，场区应急，场外应急。核电厂的核事故应急机构和省级人民政府指定的部门应当做好核事故后果预测与评价以及环境放射性监测等工作，为采取核事故应急对策和应急防护措施提供依据。

2001 年国防科工委制定了《国际核事件分级和事件报告系统管理办法（试行）》和《核电厂核事故应急报告制度》，2007 年出台了《关于加强核设施营运单位核应急管理工作的意见》，通过这些政策文件进一步规范核应急管理。

（四）核出口管制条例①

核出口是指核材料、核设备和反应堆用非核材料等物项及其相关技术的贸易性出口及对外赠送、展览、科技合作和援助。为了加强对核出口的管制，维护国家安全和社会公共利益，促进和平利用核能的国际合作，1997 年 9 月 10 日国务院颁布《中华人民共和国核出口管制条例》。国家对核出口实行严格管制，严格履行所承担的不扩散核武器的国际义务。核出口应当遵守国家有关法律、行政法规的规定，不得损害国家安全或者社会公共利益。条例制定了核出口审查、许可准则，核出口由国务院指定的单位专营，任何其他单位或者个人不得经营。条例的附件《核出口管制清单》，具体列明核材料、核设备和反应堆用非核材料的内容。

国务院 1998 年 6 月 10 日颁布《中华人民共和国核两用品及相关技术出口管制条例》，加强对核两用品及相关技术出口的管制，

① 参见国家能源局网址 http://nyj.ndrc.gov.cn/nyfhb/nyfhb1/nyfhb15/t20070117_111914.htm。

防止核武器扩散，促进和平利用核能的国际合作，维护国家安全和社会公共利益。条例附件《核两用品及相关技术出口管制清单》列明了管制的设备、材料及相关技术的内容①。

（五）民用核安全设备监督管理条例②

民用核安全设备是指在民用核设施中使用的执行核安全功能的设备，包括核安全机械设备和核安全电气设备。为了加强对民用核安全设备的监督管理，保证民用核设施的安全运行，预防核事故，保障工作人员和公众的健康，保护环境，促进核能事业的顺利发展，国务院2007年7月4日通过《民用核安全设备监督管理条例》，自2008年1月1日起施行。国务院核安全监管部门对民用核安全设备设计、制造、安装和无损检验活动实施监督管理。民用核安全设备设计、制造、安装和无损检验单位，应当建立健全责任制度，加强质量管理，并对其所从事的民用核安全设备设计、制造、安装和无损检验活动承担全面责任。国家建立健全民用核安全设备标准体系。民用核安全设备设计、制造、安装和无损检验单位应当依照本条例规定申请领取许可证。民用核安全设备设计、制造、安装和无损检验单位，应当提高核安全意识，建立完善的质量保证体系，确保民用核安全设备的质量和可靠性。

（六）核电中长期发展规划（2005—2020年）③

我国的核电发展指导思想和方针是：统一技术路线，注重安全性和经济性，坚持以我为主，中外合作，通过引进国外先进技术，进行消化、吸收和再创新，实现核电站工程设计、设备制造和工程建设与运营管理的自主化，形成批量建设中国自主品牌大型先进压水堆核电站的综合能力。为了确保规划内容的顺利实施，《规划》

① 参见国家能源局网址 http://nyj.ndrc.gov.cn/nyfhb/nyfhb1/nyfhb15/t20070117_111915.htm。

② 参见中国中央人民政府网址 http://www.gov.cn/zwgk/2007-07/19/content_690167.htm。

③ 参见《核电中长期发展规划(2005-2020年)》,2007年11月2日,国家发展与改革委员会网址 http://www.sdpc.gov.cn/nyjt/nyzywx/t20071102_170122.htm。

提出了如下保障措施和政策安排：核电企业要按照社会主义市场经济的总体要求，建立健全现代产权制度，规范企业法人治理结构，推进体制改革和机制创新；将核电设备制造和关键技术纳入国家重大装备国产化规划，形成设备的成套能力；依法强化政府核电安全监督工作，加强安全执法和监管；加强核应急系统建设，制定事故预防和处理措施，建立并保持对辐射危害的有效防御体系；建立和完善核电专业化运行与技术服务体系，全面提高核电站的安全、稳定运行水平；大力加强各类人才的培养工作，提高待遇，做好人才储备；对国家确定的核电自主化依托项目和国内承担核电设备制造任务的企业实行税收优惠及投资优惠政策。

四、节能和能源效率法律政策

我国已经制定了《节约能源法》以及《民用建筑节能条例》，并于 2007 年和 2011 年发布了两个《节能减排综合性工作方案》，分别作为“十一五”和“十二五”期间我国节能减排的指导性文件。

（一）《节约能源法》①

节能是指加强用能管理，采取技术上可行、经济上合理以及环境和社会可以承受的措施，减少从能源生产到消费各个环节中的损失和浪费，更加有效、合理地利用能源。为了推进全社会节约能源，提高能源利用效率和经济效益，保护环境，保障国民经济和社会的发展，满足人民生活需要，1997 年 11 月 1 日我国颁布了《中华人民共和国节约能源法》，把节能作为国家发展经济的一项长远战略方针，并明确规定国家鼓励开发、利用新能源和可再生能源。国家制定节能政策，编制节能计划，并纳入国民经济和社会发展计划，保障能源的合理利用，并与经济发展、环境保护相协调。《节约能源法》共六章 50 条，自 1998 年 1 月 1 日起施行。

《节约能源法》促进国民经济向节能型发展，要求国务院和

① 参见国家能源局网址 http://nyj.ndrc.gov.cn/nyfhb/nyfhb1/nyfhb16/t20070117_111916.htm。

省、自治区、直辖市人民政府应当加强节能工作，合理调整产业结构、企业结构、产品结构和能源消费结构，推进节能技术进步，降低单位产值能耗和单位产品能耗，改善能源的开发、加工转换、输送和供应，逐步提高能源利用效率。《节约能源法》实行能源节约与能源开发并举，把能源节约放在首位的方针。在对能源节约与能源开发进行技术、经济和环境比较论证的基础上，择优选定能源节约、能源开发投资项目，制定能源投资计划。国务院和省、自治区、直辖市人民政府应当在基本建设、技术改造资金中安排节能资金，用于支持能源的合理利用以及新能源和可再生能源的开发。

《节约能源法》将合理使用能源作为一项原则。用能单位应当按照合理用能的原则，加强节能管理，制定并组织实施本单位的节能技术措施，降低能耗。用能单位应当开展节能教育，组织有关人员参加节能培训。《节约能源法》鼓励节能技术进步。国家鼓励、支持开发先进节能技术，确定开发先进节能技术的重点和方向，建立和完善节能技术服务体系，培育和规范，节能技术市场。要求各级人民政府应当按照因地制宜、多能互补、综合利用、讲求效益的方针，加强农村能源建设，开发、利用沼气、太阳能、风能、水能、地热等可再生能源和新能源。

（二）《民用建筑节能条例》①

民用建筑节能是指在保证民用建筑使用功能和室内热环境质量的前提下，降低其使用过程中能源消耗的活动。建设部于 2005 年颁布《民用建筑节能管理规定》②，2008 年 7 月 23 日国务院又通过《民用建筑节能条例》，加强民用建筑节能管理，降低民用建筑使用过程中的能源消耗，提高能源利用效率。该条例自 2008 年 10 月 1 日起施行。

国家建立健全民用建筑节能标准体系。国家民用建筑节能标准

① 参见中国中央人民政府网址 http://www.gov.cn/flfg/2008-08/07/content_1067062.htm。

② 参见中国中央人民政府网址 http://www.gov.cn/gongbao/content/2006/content_421780.htm。

由国务院建设主管部门负责组织制定，并依照法定程序发布。各级人民政府应当加强对民用建筑节能工作的领导，积极培育民用建筑节能服务市场，健全民用建筑节能服务体系，推动民用建筑节能技术的开发应用，做好民用建筑节能知识的宣传教育工作。国家鼓励制定、采用优于国家民用建筑节能标准的地方民用建筑节能标准。对新建建筑和既有建筑的节能分别作出规定。民用建筑节能项目依法享受税收优惠。

国家鼓励和扶持在新建建筑和既有建筑节能改造中采用太阳能、地热能等可再生能源。在具备太阳能利用条件的地区，有关地方人民政府及其部门应当采取有效措施，鼓励和扶持单位、个人安装使用太阳能热水系统、照明系统、供热系统、采暖制冷系统等太阳能利用系统。

(三)“十二五”节能减排综合性工作方案①

2007年6月3日，国务院首次发布《节能减排综合性工作方案》②，作为“十一五”时期节能减排工作的纲领性政策文件。“十一五”期间我国把节能减排作为调整经济结构、转变经济发展方式、推动科学发展的重要抓手和突破口，取得了显著成效。全国单位国内生产总值能耗降低19.1%，二氧化硫、化学需氧量排放总量分别下降14.29%和12.45%，基本实现了“十一五”规划纲要确定的约束性目标。

国务院2011年8月31日发布的《“十二五”节能减排综合性工作方案》，是我国2011—2015年节能减排的重要政策文件。工作方案提出了节能减排总体要求和主要目标，要求严格落实节能减排目标责任，进一步形成政府为主导、企业为主体、市场有效驱动、全社会共同参与的推进节能减排工作格局。

工作方案要求切实发挥政府主导作用，综合运用经济、法律、

① 参见中国中央人民政府网址 http://www.gov.cn/zwgk/2011-09/07/content_1941731.htm。

② 参见中国中央人民政府网址 http://www.gov.cn/jrzg/2007-06/03/content_634545.htm。

技术和必要的行政手段，加强节能减排统计、监测和考核体系建设，着力健全激励和约束机制，进一步落实地方各级人民政府对本行政区域节能减排负总责、政府主要领导是第一责任人的工作要求。要进一步明确企业的节能减排主体责任，严格执行节能环保法律法规和标准，细化和完善管理措施，落实目标任务。要进一步发挥市场机制作用，加大节能减排市场化机制推广力度，真正把节能减排转化为企业和各类社会主体的内在要求。要进一步增强全体公民的资源节约和环境保护意识，深入推进节能减排全民行动，形成全社会共同参与、共同促进节能减排的良好氛围。

工作方案对于各部门工作进行了分工，要求全面加强对节能减排工作的组织领导，狠抓监督检查，严格考核问责。发展改革委负责承担国务院节能减排工作领导小组的具体工作，切实加强节能减排工作的综合协调，组织推动节能降耗工作；环境保护部为主承担污染减排方面的工作；统计局负责加强能源统计和监测工作；其他各有关部门要切实履行职责，密切协调配合。各省级人民政府要立即部署本地区“十二五”节能减排工作，进一步明确相关部门责任、分工和进度要求。

五、新能源电力法规政策

发电是风能、太阳能、生物质能、海洋能、地热能等最常用的能源利用方式，发展新能源发电，实施煤炭替代，可显著减少二氧化碳和二氧化硫排放，产生巨大的环境效益。我国目前分别针对不同的新能源类型制定了不同的电力法规政策，主要包括以下几个方面：

（一）风电法规政策

1. 《风力发电场并网运行管理规定（试行）》①

为了促进风力发电的发展，规范风力发电场并网运行的管理，1994年我国电力工业部颁布《风力发电场并网运行管理规定（试

① 参见觅法网，网址 http://www.34law.com/lawfg/law/6/1187/law_4316894325.shtml。

行)》，共11条。

该规定要求风电场并入电网运行，必须严格遵守和执行《电网调度管理条例》。各级电力部门要积极协助本地区做好风电场建设规划、可行性研究、风资源详测等前期工作，并负责设计审查和协调风电场并网工作。电网管理部门应允许风电场就近上网，并收购全部上网电量。风电场容量与电网统一调度的容量的比例，原则上由稳态运行下的电能质量、最小线路损失和暂态稳定性等因素决定。风电场上网电价按发电成本加还本付息、合理利润的原则确定，并兼顾用户承受能力，增值税在价外计征。高于电网平均电价部分，其价差采取均摊方式，由全网共同负担，电力公司统一收购处理。风电场必须建立完善的自动监控系统。

2. 《促进风电产业发展实施意见》①

为了促进“十一五”时期风电产业发展，2006年国家发改委和财政部发布《促进风电产业发展实施意见》，提出“十一五”期间风电产业发展的主要任务是初步建立比较完善的风电产业化体系，为大规模发展风电打好基础。培育技术先进、具有自主知识产权和品牌的风电装备能力，建立具有技术研发、检测认证、试验测试等功能的技术及产业服务体系。加强风能资源评价和规划工作，建立满足长期可持续开发需要的风电项目储备，同时做好配套电网建设，实现风电资源有序开发利用。主要目标是到“十一五”末，完成约5000万千瓦的风能资源详细测量、评价和建设规划；建立国家风电设备标准、检测认证体系和用于整机及关键零部件试验测试的公共技术平台；培育风电机组整机制造企业和关键零部件配套生产企业，逐步形成自主创新能力，研发生产具有自主知识产权和品牌的风力发电设备。风电总装机容量达到500万千瓦。实施意见还提出了风电发展的基本思路和原则，对主要工作作出了安排，指出促进风电产业发展工作是一项系统工程，要统一思想，加强领导，协同配合，扎实工作，把促进风电产业发展作为调整能源结

① 参见中国新能源网，网址 http://www.newenergy.org.cn/html/0114/461139556_2.html。

构、保障能源安全、保护环境、应对气候变化的大事来抓，以实现我国风电产业的可持续发展。

3.《关于完善风力发电上网电价政策的通知》①

国家发改委2009年7月20日发出《关于完善风力发电上网电价政策的通知》，规范风电价格管理。通知规定我国分资源区制定陆上风电标杆上网电价，按风能资源状况和工程建设条件将全国分为四类风能资源区，相应制定风电标杆上网电价，并且继续实行风电价格费用分摊制度。该通知的规定自2009年8月1日起实行。

4.《海上风电开发建设管理暂行办法》②

海上风电项目是指沿海多年平均大潮高潮线以下海域的风电项目，包括在相应开发海域内无居民海岛上的风电项目。2010年1月22日国家能源局和国家海洋局联合发布《海上风电开发建设管理暂行办法》，就海上风电开发建设中海域使用和海洋环境保护管理要求作出原则规定。明确海上风电开发建设管理责任，国家能源主管部门负责全国海上风电开发建设管理；国家海洋行政主管部门负责海上风电开发建设海域使用和环境保护的管理和监督。该暂行办法对规划、项目授予与核准、建设用海、环境保护、运行信息等方面作出规定。

2011年7月15日，国家能源局与国家海洋局联合制定并出台了《海上风电开发建设管理暂行办法实施细则》，重点明确了海上风电规划和项目建设的具体程序和管理要求，力求使各级相关管理部门和企业在项目开发建设过程中，在管理职责、要求和工作程序上更为清晰，推动海上风电行业健康有序发展。细则共有21条规定，适用于海上风电项目前期、项目核准、工程建设与运行管理等海上风电开发建设管理工作，对海上风电规划的编制与审查、海上风电项目预可研和可研阶段的工作内容和程序、建设运行管理中的

---

① 参见国家发展与改革委员会网址 http://www.sdpc.gov.cn/zcfb/zcfbtz/2009tz/t20090727_292827.htm。

② 参见中国中央人民政府网址 http://www.gov.cn/gzdt/2011-07/15/content_1907124.htm。

要求等作了具体规定。

（二）太阳能发电政策

太阳能发电在我国起步较晚，为推进太阳能发电产业的发展，我国近年来也出台了一些相关政策措施。

1.《关于开展大型并网光伏示范电站建设有关要求的通知》①

为了促进我国太阳能光伏发电产业的发展，实现可再生能源中长期规划提出的发展目标，国家发改委办公厅 2007 年 11 月 22 日发出《关于开展大型并网光伏示范电站建设有关要求的通知》，决定开展大型并网光伏示范电站建设。该通知规定：并网光伏示范电站建设规模应不小于 5 兆瓦；并网光伏示范电站建设占地应主要是沙漠、戈壁、荒地等非耕用土地；并网光伏示范电站应靠近电网，易于接入，并可考虑与大型风电场配合建设；并网光伏示范电站投资者通过公开招标方式，以上网电价为主要条件进行选择，高出当地平均上网电价的部分通过可再生能源电价附加收入在全国进行分摊。

2.《关于加快推进太阳能光电建筑应用的实施意见》②

财政部、住房和城乡建设部为落实国务院节能减排战略部署，加强政策扶持，加快推进太阳能光电技术在城乡建筑领域的应用，2009 年 3 月 23 日出台《关于加快推进太阳能光电建筑应用的实施意见》。该实施意见提出，为有效缓解光电产品国内应用不足的问题，在发展初期采取示范工程的方式，实施我国“太阳能屋顶计划”，加快光电在城乡建设领域的推广应用。国家财政支持实施“太阳能屋顶计划”，注重发挥财政资金政策杠杆的引导作用，形成政府引导、市场推进的机制和模式，加快光电商业化发展。把太阳能光电建筑应用作为建筑节能工作的重要内容，完善技术标准，推进科技进步，加强能力建设，逐步提高太阳能光电建筑应用

① 参见国家发展与改革委员会网址 http://www.sdpc.gov.cn/zcfb/zcfbtz/2007tongzhi/t20090123_258060.htm。

② 参见中国中央人民政府网址 http://www.gov.cn/zwgk/2009-03/26/content_1269282.htm。

水平。

3.《关于完善太阳能光伏发电上网电价政策的通知》①

为规范太阳能光伏发电价格管理，促进太阳能光伏发电产业健康持续发展，国家发改委2011年7月24日发出《关于完善太阳能光伏发电上网电价政策的通知》，完善太阳能光伏发电价格政策。该通知提出按照社会平均投资和运营成本，参考太阳能光伏电站招标价格以及我国太阳能资源状况，对非招标太阳能光伏发电项目实行全国统一的标杆上网电价。通过特许权招标确定业主的太阳能光伏发电项目，其上网电价按中标价格执行，中标价格不得高于太阳能光伏发电标杆电价。对享受中央财政资金补贴的太阳能光伏发电项目，其上网电量按当地脱硫燃煤机组标杆上网电价执行。

（三）生物质能发电政策

生物质能发电是生物质能利用的重要形式，是我国的新兴产业，对促进农村发展、实现节能减排有着积极作用。为了促进生物质发现的健康发展，我国近年来开始出台一些相关政策，但是还未能形成体系。

1.《关于完善农林生物质发电价格政策的通知》②

为促进农林生物质发电产业健康发展，2010年7月国家发改委发出《关于完善农林生物质发电价格政策的通知》，进一步完善农林生物质发电价格政策。其内容与风电、太阳能光伏发电上网价格规定的内容基本一致。对农林生物质发电项目实行标杆上网电价政策。农林生物质发电企业和电网企业要真实、完整地记载和保存项目上网交易电量、价格和补贴金额等资料，接受有关部门监督检查。各级价格主管部门要加强对农林生物质上网电价执行情况和电价附加补贴结算情况的监管，确保电价政策执行到位。

① 参见中国中央人民政府网址 http://www.gov.cn/zwgk/2011-08/01/content_1917358.htm。

② 参见中国网网址 http://www.china.com.cn/guoqing/2011-10/12/content_23603774.htm。

2.《关于生物质发电项目建设管理的通知》①

国家发改委2010年8月10日发出《关于生物质发电项目建设管理的通知》，指出为确保生物质发电的有序发展，必须做好生物质发电规划工作，通常协调生物质资源的合理利用，合理制定生物质发电目标和建设布局，不可盲目建设；应合理确定生物质电站建设场址和规模，优先建设生物质热电联产发电厂；必须把落实生物质资源作为生物质电站建设的前提条件；严格生物质发电项目的核准管理，要把生物质发电规划制定、生物质资源落实作为项目核准的重要条件。

第三节　欧盟新能源法律政策对中国的启示

欧盟作为当今国际能源制度最为先进的实验室②，其在可再生能源、核能、节能与能源效率以及市场竞争等新能源法律政策方面有着丰富经验，为中国的新能源法律政策带来诸多启示。

一、重视国际义务的承担

（一）气候变化是全球共同面临的挑战

全球气候变化是指全球气候平均值和离差值两者中的一个或两者同时随时间出现了统计意义上的显著变化③。气候变化造成极端天气、冰川消融、海平面上升、生态系统改变、旱涝灾害增加等后果，给人类带来灾难。温室气体被认为是引起气候变化的主要原因。大气中能产生温室效应的气体已经发现近30种，而使用化石燃料等传统能源是温室气体的主要来源。气候变化问题是国际社会面临的共同挑战。

---

① 参见百度网址 http://wenku.baidu.com/view/7a546f8a6529647d2728525a.html。

② 参见杨泽伟:《美国〈2009年清洁能源与安全法〉及其对中国的启示》,《中国能源法研究报告2010》,立信会计出版社2011年版,第133页。

③ 参见百度网址 http://baike.baidu.com/view/2097170.htm。

为了控制温室气体排放和气候变化危害，1992年联合国环境与发展大会通过《气候变化框架公约》，提出到20世纪90年代末使发达国家温室气体的年排放量控制在1990年的水平①。1997年通过了《京都议定书》，规定了6种受控温室气体，明确了各发达国家削减温室气体排放量的比例，并且允许发达国家之间采取联合履约的行动，发展中国家温室气体的排放尚不受限制②。各国政府采取应对气候变化的政策包括限制化石燃料使用和温室气体排放，应用经济手段征收污染税费、实施排污权交易以及提供补助资金和开发援助等。面对全球气候变化问题，很多国家已把开发节能和新能源技术列为能源战略的重点。

（二）欧盟新能源法体现国际义务的承担

欧盟始终追求成为应对气候变化领域的全球领跑者。在签署《联合国气候变化框架公约》后，欧盟开始制定一系列气候政策。1997年5月，欧委会发布了题为《气候变化的能源维度》的通报，体现了欧盟将能源政策与气候变化政策紧密结合，为实现温室气体减排寻找有效途径③。1999年欧盟提出需要发展与《京都议定书》衔接的新机制，并于2000年启动“欧洲气候变化计划”（European Climate Change Programme，ECCP），鼓励成员使用可再生能源发电、在交通部门推广生物燃料、改善建筑能效④。

欧盟逐步将其承担的国际气候责任融入新能源法律政策中。2002年和2007年新能源领域的两次大规模的立法提案中，都体现了应对气

① See U. N. Framework Convention on Climate Change, May 9, 1992, S. Treaty Doc. No. 102-38(1992),1771 U. N. T. S. 108.

② See Kyoto Protocol to the U. N. Framework Convention on Climate Change, Dec. 10,1997,37 I. L. M. 32.

③ See European Commission, the Energy Dimension of Climate Change, COM (97)196 final,14/05/1997.

④ See European Commission, Communication from the Commission to the Council and the European Parliament on EU policies and Measures to reduce green gas emissions: towards a European Climate Programme (ECCP), COM(2000) 88 final,08/03/2000.

候变化的目标。2008 年 1 月，欧委会为实施 20-20-20 目标提出了有拘束力的立法提案：“气候行动和可再生能源法案。”欧洲议会 2008 年 12 月通过，2009 年 6 月正式成为法律①。欧洲议会通过气候行动和可再生能源法案，为欧盟实现温室气体减排目标提供了一个立法框架，是其通过立法承担应对气候变化国际义务的体现。

（三）中国应重视承担有区别的责任

“共同但有区别的责任”是 1992 年《里约环境与发展宣言》中提出的重要原则：“各国应本着全球伙伴精神，为保存、保护和恢复地球生态系统的健康、完整进行合作。鉴于导致全球环境退化的各种因素，各国负有共同但是又有区别的责任。发达国家承认，由于他们的社会给全球环境带来的压力，以及他们所掌握的技术和财力资源，他们在追求可持续发展的国际努力中负有责任。”② 由此可见，“共同但有区别的责任”包含着“共同责任”和“区别责任”两重含义。

一方面，所有国家都有责任共同努力应对气候变化；另一方面，发达国家与发展中国家应根据各自的历史及现实情况对气候变化承担有区别的责任。在《京都议定书》、“巴厘路线图”等有关国际文件中对发达国家提出明确要求，发展中国家也需要制定自身应对气候变化的具体措施。

中国作为世界上最大的能源消费国③以及一个负责任的大国，不能仅仅等待发达国家提供资金和技术支持，也需要制定相应的任务承担计划。

一个国家有无比较完备的气候变化立法体系是衡量该国应对气候变化问题水平高低的重要标志④。从新能源法律政策的角度来

① 参见欧委会气候行动网址 http://ec. europa. eu/clima/policies/package/index_en. htm。

② U. N. Conference on Environment and Development, June 3-14, 1992, Rio Declaration on Environment and Development, U. N. Doc. A/CONF. 151/26 (1992).

③ See World Energy Outlook 2011, available at www. worldenergyoutlook. org.

④ 参见郭冬梅：《气候变化法律应对实证分析——从国家公约到国内法的转化》，《中国能源法研究报告 2010》，立信会计出版社 2011 年版，第 238 页。

看，目前我国应对气候变化的国际责任只是在《节能减排综合性工作方案》等有关政策文件中有所体现，但是远未形成法律政策体系。借鉴欧盟新能源立法经验，我国在制定能源基本法以及其他新能源法律时，应把控制温室气体排放、应对气候变化战略结合进去，再逐步加强有关部门规章和地方法规中应对气候变化的内容，逐渐形成体系。

二、加强新能源立法研究

（一）中国新能源立法研究不足

我国的新能源立法近年来取得了一定进展，但是在立法研究方面还很欠缺。一方面，中央和地方在新能源发展战略上还不够协调一致，立法前还做不到扎实地开展资源调查，实现中央与地方规划的衔接。另一方面，各地对全国性立法以及部门规章和政策制定的参与不够，也很少能在充分调研的基础上制定适合本地区的可再生能源发展的地方性法规，因地制宜，弥补全国性配套政策的不足。

另外，公众、企业及其他利益相关者没有获得充分发表意见的机会。缺乏立法研究论证，没有充分吸收公众意见，制定出来的法律在执行中也更难得到各方面的支持。

（二）欧盟重视立法前的研究论证

欧盟非常重视立法前的研究论证，前期调研结果会以《绿皮书》或《白皮书》的形式公开发表，充分征询公众和各成员国的意见，根据成员国或其他机构、公众的意见而修改内容，最终被欧盟的指令和决定等具有法律拘束力的文件所采用。包括参加联合国气候变化大会等国际会议前，欧盟也会发表《绿皮书》分析问题的背景和原因，向公众征询意见，以确定欧盟在谈判中的立场和政策。

成员国的合意是欧盟新能源法律获得合法性与有效性的前提，而且其实施也离不开成员国的合作。在立法过程中，欧盟与成员国之间、成员国之间、成员国中央政府与地方政府之间以及不同利益集团不断博弈，不同层次的机构在不同阶段表达自己的利益需求，保证了各方参与，在执行过程中也相对容易得到各层次机构和不同利益集团的配合。

（三）中国应加强新能源立法研究

从欧盟的新能源立法状况来看，加强立法前的研究论证工作可以从以下几个方面进行。一方面可以成立专家组，吸收能源、法律、行政管理、经济学、公共政策等领域的专家，开展立法研究，对新能源法律的基本理论和实践问题进行研讨，形成对立法模式、制度结构的基本意见；另一方面，要深入了解各利益相关部门、机构、地方政府对当前新能源法律政策实施的具体意见，以及新的能源形势对立法的需求；另外，还要保障人民群众能够通过有效途径参与立法活动，广泛征求公众意见，并认真收集整理反馈信息，在新能源立法中集中人民智慧，表达公民意志。

三、形成新能源法律政策体系

（一）中国新能源法规政策需要清理

长期以来，我国能源领域主要依赖行政手段来进行管理。我国涉及新能源法规政策制定的行政部门很多，目前国家发改委、国家能源局、财政部、住建部、农业部、科技部、国家海洋局等都分别出台与新能源有关的规章和政策，呈现多头并行的局面。

各部门制定的规章和政策文件在政策取向、制度安排、程序规范、奖惩措施等方面不协调，交叉重复，甚至相互冲突的情况时有出现。例如，我国的可再生能源立法“规划缺乏足够的资源评价基础，规划目标缺乏科学预见性，国家和地方规划间缺乏相互衔接，使可再生能源的发电规划同电网规划不同步、不协调的问题日益突出”①。这样必然影响法规、政策的质量，也难以形成清晰的法律政策框架。虽然2010年成立了国家能源委员会，但是到现在为止还未能形成能源委统一牵头，通过部门协作制定法规政策的新局面。

---

① 汪光焘：第十一届全国人民代表大会常务委员会第十二次会议上《关于修改〈中华人民共和国可再生能源法〉草案的说明，《全国人大常委会公报》，2010年第1期。

（二）欧盟新能源法律政策框架清晰

欧盟新能源立法在发展过程中逐步明确目标，法律政策框架也由松散走向整合，脉络清晰。2009 年 12 月 1 日正式生效的《里斯本条约》修订了《欧洲联盟条约》与《欧洲共同体条约》，确立欧盟在能源领域的法律基础和正式职能。新能源次级立法方面清晰地分为可再生能源、节能与能源效率、核能、能源市场竞争 4 个方面。

欧盟立法不仅在整体上对能源制度进行规划，而且还分门别类规定了有关新能源的执行标准、程序和指标，对于一些成员国的成功经验也加以推广。随着能源形势的发展，欧盟立法也在不断推进，但是新旧指令、条例之间始终都很好地进行了衔接，不会产生重复或者自相矛盾的问题。新能源战略和政策也与立法相协调，起到相辅相成的作用。

（三）中国应形成新能源法律政策体系

近年来，我国修订一些能源法律，如 2008 年修订了《节约能源法》，2009 年修订了《可再生能源法》，适应了当前新能源的发展形势，推动了新能源法律政策的发展，但是仍未能形成完整的法律政策体系。

我国应做好新能源法律政策体系规划。首先，我国需要加快《能源法》的立法工作，以便形成新能源法律体系的基础；其次，还需要制定《核能法》，改变核能领域仅有部门规章和政策文件的状况；最后，由于新能源涉及多部门，在部门规章和政策制定方面需要进行全面清理，淘汰不适应新能源发展形势或与上位法不一致的部分，修改相互之间不协调的部分，整理公布清理结果，作为行政管理的依据。

在新能源法律政策体系规划下，才能形成《能源法》为基础，《可再生能源法》、《节约能源法》、《核能法》、《电力法》、《循环经济法》为主干，新能源行政法规、规章、政策为细节的统一协调、相互联系和补充的新能源法律政策体系。

四、保障新能源法律政策执行

（一）中国新能源法律政策执行力不足

近年来我国新能源法律政策的制定取得了一定进展，社会各方面也都逐步重视能源立法工作，但是已经颁布的法律法规政策在执行方面却困难重重，很多具体制度无法落到实处。

修改后的《可再生能源法》对配套电网建设、服务体系、保障措施等方面做了具体规定，强化了电网企业建设电网配套设施的义务，但是在实践中却很难付诸实施，并网问题成为导致风电机组等可再生能源设备大量闲置的主要因素①。

另外，新能源产业市场庞大，不易规范和引导，一些政策在执行中产生了不符合政策目标的负面影响，这主要体现在鼓励性政策中。比如，国家出台“金太阳工程”等一系列政策鼓励太阳能产业发展，此时一些质量不高的太阳能热水器产品一哄而上，充斥市场，扰乱了正常市场秩序。如何监督新能源法律政策的实施成为一个急需解决的问题。

（二）欧盟新能源法律政策得到较好落实

欧盟并不是指令、条例等法律文件的执行者。有关新能源指令需要通过转化为成员国的国家法律、法规和标准，甚至分解为量化的任务配额，通过各成员国的执行机构加以落实。成员国与欧盟之间法律系统的相互衔接，为可再生能源立法的落实，提供了保障。欧盟委员会也积极采取措施落实电力市场等各项指令，加大对违规者和潜在违规者的惩罚力度。对于没有完全遵守相关指令的成员国，进行区别性警告，并表示如果不落实指令将被诉至欧洲法院。

欧盟新能源指令中还包含了行政程序和监管方面强有力的条款，来增强投资者和消费者对可再生能源立法的法律确信。欧盟新能源法律和政策中有很多消费者教育、培训方面的条款，并安排资金资助成员国及相关机构开展公众教育和培训，让消费者了解新能

---

① 参见陈兴华:《对我国清洁能源产业发展的反思及立法跟进》,《中国能源法研究报告2010》,立信会计出版社2011年版,第123页。

源的相关信息，增强消费者对新能源法律和政策的信心，从而得到公众支持，便于有关法律政策的实施。

（三）增强新能源法律政策执行力

要增强新能源法律政策执行力，首先必须确立统一的能源主管部门。国家能源委和国家能源局目前都还未能真正集中行使相关权力，有必要将国家能源委建设成欧盟可再生能源委员会、英国可再生能源应用办公室这样的机构，能够协调制定部门规章和其他规范性文件，统一行使在新能源发展领域的行政职能，监督新能源法律政策的执行，推动我国新能源的发展。

另外，目前我国存在重视出台鼓励性政策，轻视惩罚违法违规行为的状况，需要重视法律政策的执行，尤其是全国性政策在地方、在企业的执行，加大中央部门与地方政府及企业的沟通，了解执行难的症结所在，理顺关系，促使地方和企业积极执行新能源法律政策。

最后，我国还要加强公众培训和教育，让公众有机会充分了解新能源以及相关法律政策，这不但能促使公众自身理解和支持新能源政策，还能发挥公众的积极性，对政府及企业的行为进行监督，保障新能源法律政策的落实。

五、综合应用政策工具

（一）中国新能源政策工具品种少

我国除了《可再生能源法》规定的并网发电审批、全额收购制度、可再生能源专项资金和税收、信贷等政府产业扶持政策外，也出台了针对新能源的税收优惠政策、财政贴息政策和研发资助政策等。但是我国的政策品种少、缺乏创新工具，而且在执行效果方面并不理想，无法满足各种新能源开发利用的需要，急需建立互相协调与配合的稳定的政策机制。

现有的政策主要由某一个或几个部门制定，权威性较差，缺乏协调，没有以市场为导向的运行机制，导致政策连续性和稳定性不够。国家能源委、能源局与国务院各部门的关系、职能还未完全厘清，还未能从政策层面起到全面协调的作用。

（二）欧盟综合采用多种政策工具

欧盟及成员国根据自身能源结构特点、环境资源状况，灵活采用政策工具。税务减免有利于新能源的发展，并向企业和消费者发出了明确的信号，有助于减少能源消耗中的二氧化碳排放和提高能效，实现欧盟温室气体减排目标和经济可持续增长。投资补贴也是欧盟国家促进可再生能源发展的重要措施，被广泛用于建设新能源发电接入电网所必须的基础设施，支持企业研发、开展营销和公益活动。固定电价是替代生产补贴的一种方式，是诸多欧盟成员国采用的政策工具之一，通过对电力的购买和出售固定一个强制性的补贴来给长期投资者以信心。可再生能源配额在不引起价格扭曲的情况下促进可再生能源发展，是自由市场原则下的选择。欧盟各成员国均根据自身特点综合采用多种政策工具，在运用中也充分表现出各种工具的优点与不足，其经验值得我们加以分析和借鉴。

（三）研究并逐步采用多种政策工具

从我国目前新能源市场的发展情况来看，要促使我国新能源发展，解决可再生能源发电并网难题，可以考虑固定电价政策，并在市场逐渐成熟后，还应考虑可再生能源电力配额制。

虽然国家能源局表示配额制已经有了一个初步框架，但是推出可再生能源电力配额制目前还没有比较成熟的、可操作的方案，还需要开展更多的研究，学习欧盟等发达国家和地区的先进经验，要做到可测量、可报告、可核实才能开始推行。而且配额制的难点在于配额对象上，究竟对发电企业和电网企业要求使用多大比例的可再生能源，需要严格论证。除了上述两种政策工具外，特许权招标政策对于选择项目开发商，减低发电成本有较大的刺激作用，也可以在新能源领域考虑采用。

六、促进中欧新能源合作

（一）中国是国际能源合作的积极参与者

随着经济全球化的深入发展，中国在能源发展方面与世界联系日益紧密。中国的能源发展不仅满足了本国经济社会发展的需求，也给世界各国带来了发展机遇和广阔的发展空间。

中国是国际能源合作的积极参与者。在多边合作方面，中国是亚太经济合作组织能源工作组、东盟与中日韩（10+3）能源合作、国际能源论坛、世界能源大会及亚太清洁发展和气候新伙伴计划的正式成员，是能源宪章的观察员，与国际能源机构、石油输出国组织等国际组织保持着密切联系。

在双边合作方面，中国与美国、日本、欧盟、俄罗斯等许多能源消费国和生产国都建立了能源对话与合作机制，在能源开发、利用、技术、环保、可再生能源和新能源等领域加强对话与合作，在能源政策、信息数据等方面开展广泛的沟通与交流。在国际能源合作中，中国既承担着广泛的国际义务，也发挥着积极的建设性作用。

（二）新能源合作有助于实现全球能源安全

发展新能源，节能增效，促进能源多元发展，是实现全球能源安全的长远大计。我国应大力加强节能技术研发和推广，推动新能源综合利用，支持和促进各国提高能效，积极倡导在洁净煤技术等高效利用化石燃料方面的合作，推动国际社会加强可再生能源和氢能、核能等重大能源技术方面的合作，探讨建立清洁、经济、安全和可靠的世界未来能源供应体系。我国需要从人类社会可持续发展的高度，处理好资金投入、知识产权保护、先进技术推广等问题，使世界各国都从中受益，共同分享人类进步成果。

（三）中欧新能源合作有良好基础

我国已与欧盟建立了良好的新能源合作基础。自1994年开始，中欧双方通过每年一次的工作组会议以及欧盟-中国能源合作会议开展能源对话，建立了较好的沟通机制。欧委会1996年出台的《欧盟对华新战略》中，将“推动改善环境和可持续发展战略”作为对华战略之一，在能源合作方面，为中国开发能源资源、提高能源效率、能源保护、清洁或可再生能源供应提供技术支持，并向中国转让能源技术和技能①。这在欧盟内为中欧新能源合作奠定了政

① 参见郭关玉:《中国-欧盟合作研究》,世界知识出版社2006年版,第89页。

策基础。

2005年9月中国与欧盟签署了《中国与欧盟气候变化联合宣言》，双方建立气候变化伙伴关系，将新能源作为重点领域，开展可再生能源、节能、能源效率、碳捕获、发电和电力传输、清洁煤等方面的合作①。

2010年4月29日中国国家发展和改革委员会副主任解振华和欧盟委员会气候行动委员康妮·赫泽高于在北京举行中欧气候变化部长级磋商，并发表《中欧气候变化对话与合作联合声明》，形成了中欧气候变化部长级对话与合作机制。声明重申“共同但有区别的责任”原则和各自能力，以及全面、有效和持续实施《联合国气候变化框架公约》和《京都议定书》的目标。重申支持哥本哈根协议这一重要政治文件，并将推动在联合国谈判进程中反映协议的政治共识。双方同意根据“巴厘路线图”加紧努力并在《联合国气候变化框架公约》和《京都议定书》两个特设工作组中紧密合作②。

（四）推进中欧新能源合作

中国与欧盟在核能、氢能等新能源领域开展科技合作。2004年12月双方签署《中华人民共和国政府与欧洲原子能共同体和平利用核能研发合作协定》，开展核能研究合作，对双方研究人员开放研究设施。同年，双方签署中欧氢能合作会谈纪要，在氢能研发、示范方面交流开展合作③。在2003—2008年的中欧“能源/环境技术援助项目”中，提高能源效率和增加可再生能源的使用两个新能源子项目取得了很好的成效，在此基础上可以推进中欧能源效率和可再生能源产业合作行动计划。

中国与欧盟应加强信息和政策交流。中国需要在排放贸易等以

---

① 参见 http://www.riel.whu.edu.cn/article.asp? id=2767。

② 参见中国中央人民政府网址 http://www.gov.cn/gzdt/2010-04/29/content_1595630.htm。

③ 参见郭关玉:《中国-欧盟合作研究》,世界知识出版社2006年版,第87页。

市场为基础的其他政策工具的设计和实施以及对这些工具的成本效益进行评估方面学习欧盟先进做法，促进信息和经验交流。开展在能力建设、机构建设方面的合作，包括提高公众意识、开展人员交流和培训等。核能和氢能方面，今后还应继续通过科技合作显著降低关键能源技术成本并促进其应用和推广。

综上所述，世界能源需求处于持续增长状态，未来 20 年化石燃料的主导地位成下降趋势；可再生能源在能源总消费中所占比例不断增加；由于日本福岛第一核电站核事故的影响，各国对待核能态度不一。中国已经成为世界最大能源消费国，到 2035 年，中国的能源消费将比第二大能源消费国美国高出近 70%。推动新能源发展，未来仍将是中国的政策取向。

中国新能源的发展需要完善能源法律制度，为增加能源供应、规范能源市场、优化能源结构、维护能源安全提供法律保障。中国目前的新能源法律政策在承担国际义务、立法研究、体系规划、法律政策执行、政策工具运用等方面，还面临很多问题。欧盟作为当今国际能源制度最为先进的实验室，形成了较为完善的新能源法律体系，在可再生能源、核能、节能与能源效率以及市场竞争等新能源法律政策方面有着丰富的经验，为中国的新能源法律政策带来诸多启示。

中国可以借鉴欧盟的先进立法和政策制定经验，从重视承担有区别的责任、加强立法研究、探索新能源法律政策体系、增强新能源法律政策执行力、协调运用政策工具以及加强国际合作等方面入手，逐步完善新能源立法和政策制定，为实现我国的能源安全和可持续发展提供良好的法律和政策基础。

参考文献

1. 中文连续出版物

[1]胡德胜．可持续发展是国际法的一项基本原则[J]．郑州大学学报(哲学社会科学版),2001,34(2):50-54.

[2]裘元伦．技术、合作、政治生态学——欧盟能源政策[J]．中国石油石化,2001,9:28-29.

[3]曾令良等．欧盟法律研究在中国:过去、现在和未来[J]．法学评论,2002,4:76-82.

[4]朱仁显等．欧盟决策机制与欧洲一体化[J]．厦门大学学报(哲学社会科学版),2002,6:81-88.

[5]伍贻康,张海冰．论欧盟发展的法律问题和制宪前景[J]．国际问题研究,2002,6:34-38.

[6]郑爽．欧盟将如何履行京都议定书[J]．中国能源,2002,10:18-22.

[7]黄德明．论欧洲联盟机构及其职员的特权与豁免[J]．法学评论,2003,3:73-79.

[8]国家发改委．欧洲可持续能源政策及对我国的启示[J]．中国能源,2003,4:4-7.

[9]肖江平．我国《可再生能源促进法》的制度设计[J]．中国法学,2004,2:101-108.

[10] 丁一凡．世界能源形势的变化与中国的能源安全[J]．国际经济评论,2004,6:19-23.

[11] 肖主安,陆根法．欧盟可持续能源政策及其对中国的启示[J].

环境保护,2005,1:68-73.

[12] 李艳芳. 我国《可再生能源法》的制度构建与选择[J]. 中国人民大学学报,2005,1:133-140.

[13] 杨泽伟. 我国能源安全保障的法律问题研究[J]. 法商研究,2005,4:19-25.

[14] 崔宏伟. 实现中国能源安全战略——兼谈欧洲经验的借鉴[J]. 世界经济研究,2005,6:23-27.

[15] 徐绍峰. 中国能源状况与经济社会可持续发展分析[J]. 经济论坛,2005,7:8-11.

[16] 黄速建,郭朝先. 欧盟发展可再生能源的主要做法及对我国的启示[J]. 经济管理·新管理,2005,10:4-11.

[17] 曾东红. 发达国家可再生能源融资法律制度的发展趋势及借鉴[J]. 南方经济,2005,12:110-112.

[18] 齐绍洲,刘健,罗威. 欧盟能源市场一体化浅析[J]. 法国研究,2006,1:66-70.

[19] 蒋一澄. 欧盟能源政策:动力、机制与评价[J]. 浙江社会科学,2006,1:108-112.

[20] 杨泽伟. "东北亚能源共同体"法律框架初探[J]. 法学,2006,4:119-127.

[21] 龚向前. 试论德国能源安全法律及启示[J]. 德国研究,2006,21(4):37-42.

[22] 郭志俊. 欧盟共同能源政策:制约因素及路径选择[J]. 国际论坛,2006,8(5):31-35.

[23] 程春华. 欧洲能源宪章与俄欧油气合作[J]. 国际石油经济,2006,6:44-47.

[24] 中国石油和石化工业协会. 欧盟能源政策绿皮书主要内容[J]. 中国石油和化工标准和质量,2006,8:62-63.

[25] 杨泽伟. 反恐与海上能源通道安全的维护[J]. 华东政法学院学报,2007,1:137-142.

[26] 杨泽伟. 欧盟能源法律政策及其对我国的启示[J]. 法学,2007,2:135-142.

[27] 齐绍洲,李萌．欧盟能源效率与“欧洲理智能源计划”评析[J]. 法国研究,2007,(2):74-84.

[28] 龚向前．欧盟能源市场化过程中供应安全的法律保障及启示[J]. 德国研究,2007,22(2):44-50.

[29] 王明远．我国能源法实施中的问题及解决方案—以《节约能源法》和《可再生能源法》为例[J]. 法学,2007,2:122-129.

[30] 马俊驹,龚向前．论能源法的变革[J]. 中国法学,2007,3:147-155.

[31] 李俊峰,时璟丽,王仲颖．欧盟可再生能源发展的新政策及对我国的启示[J]. 可再生能源,2007,25(3):1-3.

[32] 王灿发．国外的节能立法及其借鉴意义[J]. 世界环境,2007,3:49-50.

[33] 杨光．欧盟能源安全战略及其启示[J]. 欧洲研究,2007,5:56-72.

[34] 雷敏,曹明明,杨海娟．欧盟能源政策及其对中国西北地区的启示研究[J]. 科技导报,2007,25(5):30-33.

[35] 毕洪业．俄罗斯与欧盟能源对话:成果、问题及前景[J]. 国际石油经济,2007,(5):42-54.

[36] 贾文华,许海云．欧盟对俄能源战略述论[J]. 当代世界与社会主义,2007,(6):90-94.

[37] 周茂荣,祝佳．欧盟新能源政策:动因分析与前景展望[J]. 世界经济研究,2007,(12):67-70.

[38] 郭志俊．欧盟能源政策的环境因素及其对中国的启示[J]. 环境保护,2007,(12):74-78.

[39] 金永明．论合作:构建和谐世界之方法与途径——以国际法领域的相关制度为中心[J]. 政治与法律,2008,2:107-113.

[40] 李艳芳．论我国《能源法》的制定——兼论《中华人民共和国能源法》(征求意见稿)[J]．法学家, 2008, 2: 92-100.

[41] 杨泽伟．国际能源法：一个新的国际法分支[J]．华冈法粹, 2008, 40 (3): 187-205.

[42] 李俊．中国—欧盟可持续发展领域合作现状与前景[J]．国

际经济合作，2008，5：28-31.

[43] 徐建华．欧盟能源一体化战略探析［J］．特区经济，2008，(7)：25-27.

[44] 程春华．欧盟新能源政策与能源安全［J］．中国社会科学院研究生院学报，2009，(1)：113-118

[45] 郭磊，马莉，魏玢．2008年欧盟电力市场发展回顾及对我国的启示［J］．电力技术经济，2009，21（1)：25-30.

[46] 刘明礼．欧盟能源与气候政策的战略调整［J］．国际资料信息，2009，10：5-9.

[47] 罗涛．德国新能源和可再生能源立法模式及其对我国的启示［J］．中外能源，2010，15（1)：34-44.

[48] 闫瑾，姜姝．欧盟能源安全政策分析——新制度主义视角［J］．国际论坛，2010，12（5)：45-51.

[49] 高云辉，曹国慧．欧盟能源市场整合及一体化举措与进程［J］．社会科学战线，2010，(6)：230-233.

[50] 黄梦华．欧盟可再生能源政策研究［J］．中国商界，2010，8：1-3.

[51] 黄颖．跨界自然资源国际法规则的新发展——从可持续发展原则说起［J］．云南师范大学学报（哲学社会科学版)，2011，43（3)：124-130.

[52] 程荃．欧盟第三次能源改革方案及其对中国的启示［J］．暨南学报（哲学社会科学版)，2011，33（5)：92-97.

2. 中文专著

[1] 肖乾刚，肖国兴．能源法［M］．北京：法律出版社，1996.

[2] 袁振宏，吴创之，马隆龙．生物质能利用原理与技术［M］．北京：化学工业出版社，2004.

[3] 傅庆云等编．各国能源概况［M］．北京：中国大地出版社，2004.

[4] 何建坤主编．国外可再生能源法律译编［M］．北京：人民法

院出版社，2004 年．
[5] 李俊峰，王仲颖．中华人民共和国可再生能源法解读［M］．北京：化学工业出版社，2005.
[6] 褚同金编著．海洋能资源开发利用［M］．北京：化学工业出版社，2005.
[7] 马栩泉编著．核能开发与应用［M］．北京：化学工业出版社，2005.
[8] 张希良主编．风能开发利用［M］．北京：化学工业出版社，2005.
[9] 毛宗强编著．氢能——21 世纪的绿色能源［M］．北京：化学工业出版社，2005.
[10] 胡荣花．欧盟未来：挑战与前景［M］．北京：中国社会科学出版社，2005.
[11] 中国现代国际关系研究院经济安全研究中心编．全球能源大棋局［M］．北京：时事出版社，2005.
[12] 魏一鸣等著．中国能源报告（2006）——战略与政策研究［M］．北京：科学出版社，2006.
[13] 姚向君，王革华，田宜水编．国外生物质能的政策与实践［M］．北京：化学工业出版社，2006.
[14] 郭关玉．中国-欧盟合作研究［M］．北京：世界知识出版社，2006.
[15] 杨泽伟．主权论——国际法上的主权问题及其发展趋势［M］．北京：北京大学出版社，2006.
[16] 杨泽伟．国际法析论［M］（第二版）．北京：中国人民大学出版社，2007.
[17] 袁新华．俄罗斯的能源战略与外交［M］．上海：上海人民出版社，2007.
[18] 姜润宇主编．石油战略储备：欧盟的储备体制及其借鉴意义［M］．北京：中国市场出版社，2007.
[19] 钱伯章编．新能源——后石油时代的必然选择［M］．北京：化学工业出版社，2007.

[20]《中国能源发展报告》编辑委员会编．2007 中国能源发展报告［M］．北京：中国水利水电出版社，2007.

[21] 国家发展和改革委员会能源局编．能源法律法规政策汇编（上下卷）［M］．北京：中国经济出版社，2007.

[22] 曾令良．欧洲联盟法总论：以《欧洲宪法条约》为新视角［M］．武汉：武汉大学出版社，2007.

[23] 黄进主编．中国能源安全问题研究［M］．武汉：武汉大学出版社，2008.

[24] 龚向前．气候变化背景下能源法的变革［M］．北京：中国民主法制出版社，2008.

[25] 何沙，秦扬主编．国际石油合作法律基础［M］．北京：石油工业出版社，2008.

[26] 周弘，【德】贝娅特·科勒-科赫主编．欧盟治理模式［M］．北京：社会科学文献出版社，2008.

[27] 程卫东主编．欧盟法律创新［M］．北京：社会科学文献出版社，2008.

[28] 吕振勇．能源法简论［M］．北京：中国电力出版社，2008.

[29] 王泰铨．欧洲联盟法总论［M］．台湾：台湾智库，2008.

[30] 杨文兰．俄罗斯与欧盟的经贸关系：基于博弈论的视角［M］．北京：社会科学文献出版社，2009.

[31] 吴磊．能源安全与中美关系［M］．北京：中国社会科学出版社，2009.

[32] 杨泽伟．中国能源安全法律保障研究［M］．北京：中国政法大学出版社，2009.

[33] 杨烨，【捷克】梅耶斯特克主编．欧盟一体化：结构变迁与对外政策［M］．上海：华东师范大学出版社，2009.

[34] 程卫东．欧洲市场一体化［M］．北京：社会科学文献出版社，2009.

[35] 何志鹏．发展权与欧盟的法律体制［M］．吉林：吉林大学出版社，2009.

[36] 肖兴利．国际能源机构能源安全法律制度研究［M］．北京：

中国政法大学出版社，2009.

[37] 高宁．国际原子能机构与核能利用的国际法律控制［M］．北京：中国政法大学出版社，2009.

[38] 赵爽．能源法律制度生态化研究［M］．北京：法律出版社，2010.

[39] 张焕波．中国、美国和欧盟气候政策分析［M］．北京：社会科学文献出版社，2010.

[40] 冯建中．欧盟能源战略：走向低碳经济［M］．北京：时事出版社，2010.

[41] 杨泽伟主编．发达国家新能源法律与政策研究［M］．武汉：武汉大学出版社，2011.

[42] 中国法学会能源法研究会编．中国能源法研究报告 2010［M］．上海：立信会计出版社，2011.

[43] 刘铁男主编．中国能源发展报告 2011［M］．北京：经济科学出版社，2011.

[44] 陈淑芬．国际法视角下的清洁发展机制研究［M］．武汉：武汉大学出版社，2011.

[45] 梁西原著主编，曾令良修订主编．国际法［M］（第三版）．武汉：武汉大学出版社，2011.

[46] 杨泽伟．国际法［M］（第二版）．北京：高等教育出版社，2012.

[47] 杨泽伟．国际法析论［M］（第三版）．北京：中国人民大学出版社，2012.

3. 中文译著

[1]【美】罗杰·斯特威尔著，潘大松等译．法律社会性导论［M］．北京：华夏出版社，1989.

[2]【德】马克斯·韦伯著，张乃根译．论经济与社会中的法律［M］．北京：中国大百科全书出版社，1998.

[3]【美】爱蒂丝·布朗·魏伊丝著，汪劲等译．公平地对待未来

人类：国际法、共同遗产与世代间平衡［M］．北京：法律出版社，2000.

[4]【德】维尔纳·魏登费尔德，沃尔夫冈·韦塞尔斯主编，赖志金、裴晟等译．欧洲联盟与欧洲一体化手册［M］．北京：中国轻工业出版社，2001.

[5]【美】埃德加·博登海默著，邓正来译．法理学——法律哲学与法律方法［M］．北京：中国政法大学出版社，2002.

[6]【美】迈克尔·T. 克莱尔著，童新耕、之也译．资源战争：全球冲突的新场景［M］．上海：上海译文出版社，2002.

[7]【英】伊恩·布朗利著，曾令良、余敏友等译．国际公法原理［M］（第5版）．北京：法律出版社，2003.

[8]【挪】斯万·S. 安德森，契尔·A. 艾里亚森主编，陈寅章等译．欧洲政策制定［M］．北京：国家行政学院出版社，2003.

[9]【美】罗斯科·庞德著，邓正来译．法理学［M］（第一卷）．北京：中国政法大学出版社，2004.

[10]【德】贝娅特·科勒-科赫等著，顾俊礼等译．欧洲一体化与欧盟治理［M］．北京：中国社会科学出版社，2004.

[11]【俄】斯·日兹宁著，强晓云译．国际能源政治与外交［M］．上海：华东师范大学出版社，2005.

[12]【美】路易斯·亨金著，张乃根等译．国际法：政治与价值［M］．北京：中国政法大学出版社，2005.

[13]【法】法布里斯·拉哈著，彭姝祎、陈志瑞译．欧洲一体化史［M］.（1945-2004）．北京：中国社会科学出版社，2005.

[14]【澳】艾德里安·J·布拉德布鲁克主编，曹明德等译．能源法与可持续发展［M］．北京：法律出版社，2005.

[15]【美】霍华德·格尔勒著，刘显法等译．能源革命——通向可持续未来的政策［M］．北京：中国环境科学出版社，2006.

[16] 美国能源信息署编，张军等译．国际能源展望［M］．北京：科学出版社，2006：3-16.

[17]【法】德尼·西蒙著，王玉芳、李滨、赵海峰译．欧盟法律体系［M］．北京：北京大学出版社，2007.

[18]【荷兰】尼科·斯赫雷弗著，汪习根、黄海滨译．可持续发展在国际法中的演进：起源、涵义及地位［M］．北京：社会科学文献出版社，2010.

[19]【德】Ulrich Steger 等著，廖华等译．能源系统的可持续发展与创新［M］．北京：机械工业出版社，2011.

4. 学位论文

[1] 郭志俊．欧盟共同能源政策——新功能主义理论的视角［D］．济南：山东大学，2008.

[2] 崔宏伟．欧盟能源安全战略研究［D］．上海：上海社会科学院，2008.

[3] 赵娜娜．欧盟能源安全及战略选择——以《欧盟能源战略：稳定、竞争和安全》为框架［D］．济南：山东大学，2009.

[4] 白中红．《能源宪章条约》的争端解决机制研究［D］．武汉：武汉大学，2011.

5. 英文连续出版物

[1] Harold Lubell, "Security of Supply and Energy Policy in West Europe", *World Politics*, Vol. 13, No. 3, 1961: pp. 400-422.

[2] David A. Deese, "Energy: Economics, Politics and Security", *International Security*, Vol. 4, No. 3, 1979: pp. 140-153.

[3] Stephen Padgett, "The Single European Energy Market: The Politics of Realization", *Journal of Common Market Studies*, Vol xxx, No. 1, March 1992: pp. 53-76.

[4] P. R. Odell, "Global and Regional Energy Suppliers", *Energy Policy*, Vol. 20, No. 4, 1992: pp. 284-296.

[5] Adrain J. Bradbrook, "Energy Law: The Neglected Aspect of

Environmental Law", *Melbourne University Law Review*, Vol. 19, No. 1, 1993: pp. 1-19.

[6] Peter Hall, "Policy Paradigms, Social Learning and the State", *Comparative Politics*, Vol. 25, No. 3, 1993: pp. 275-296.

[7] Adrain J. Bradbrook, "Energy Law as an Academic Discipline", *Journal of Energy & Natural Resources Law*, Vol. 14, No. 2, 1996: pp. 193-217.

[8] Daniel Yergin, "Energy Security in the 1990s", *Foreign Affairs*, Vol. 67, No. 1, 1998: p. 111-132.

[9] Steven R. Rather etc. "Appraising the Methods of International Law: A Prospectus for Readers", *American Journal of the International Law*, Vol. 93, No. 2, 1999: pp. 291-302.

[10] Karen McMillan, "Strengthening the International Legal Framework for Nuclear Energy", *Georgetown International Environmental Law Review*, Vol. 13, No. 3, 2001: pp. 983-1011.

[11] Timotby E. Wirtb, C. Boyden Gray and John D. Podesta, "The Future of Energy Policy", *Foreign Affairs*, Vol. 82, No. 4, 2003: pp. 132-155.

[12] Lutz Mez, "Renewable Energy Policy in Germany-Institutions and Measures Promoting a Sustainable Energy System", *History and Perspectives* (*Special Issue of Energy & Environment*), Vol. 15, No. 4, 2004: pp. 599-623.

[13] Lakshman Guruswamy, Energy, Environment and Sustainable Development, *Chapman Law Review*, Vol. 8, No. 1, 2005: pp. 77-102.

[14] Lakshman Guruswamy, a New Framework: Post-Kyoto Energy and Environmental Secutity, *Colorado Journal of International Environment Law and Policy*, Vol. 16, No. 2, 2005: pp. 333-352.

[15] Gawdat Bahgat, "Europe's Energy Security: Challenges and Opportunities", International Affairs, Vol. 82, No. 5, 2006: pp. 961-975.

[16] Marc Ringle, "Fostering the Use of Renewable Energies in the European Union: the Race Between Feed-in Tariffs and Green Certificates", *Renewable Energy*, Vol. 31, No. 1, 2006: pp. 1-17.

[17] Daniel Yergin, "Ensuring Energy Security", *Foreign Affairs*, Vol. 85, No. 2, 2006: pp. 69-82.

[18] Richard G. Lugar, "The New Energy Realists", *The National Interest*, No. 84, Summer 2006: pp. 30-32.

[19] Robert Falkner, "The EU as a 'Green Normative Power'? EU Leadership in International Biotechnology Regulation", Centre for European Studies, Harvard University, *Working Paper*, 2006: pp. 1-19.

[20] Kornelis Blok, "Renewable Energy Policies in the European Union", *Energy Policy*, Vol. 34, No. 3, 2006: pp. 251-255.

[21] Paolo Bertoldi, "Tradable Certificates for Renewable Energy and Energy Saving", *Energy Policy*, Vol. 34, No. 2, 2006: pp. 212-222.

[22] Yang Zewei, "International Energy Law: Has It Emerged as a New Discipline of International Law? " *AALCO* Quarterly Bulletin, Vol. 3, No. 3, 2007: pp. 111-132.

[23] Neelie Kroes, "Improving Competition in European Energy Markets through Effective Unbundling". *Fordham International Law Journal*. Vol. 31, No. 5, 2007: pp. 1387-1441.

[24] Dalia Streimikiene et., " Use of EU Structual Funds for Sustainable Energy Development in New EU Member States", *Renewable & Sustainable Energy Reviews*, Vol. 11, No. 6, 2007: pp. 1167-1187.

[25] Frank Umbach, Towards a European Energy Foreign Policy?, *Foreign Policy in Dialogue*, Vol. 8, No. 20, 2007: pp. 7-15.

[26] David B. Spence, "Can Law Manage Competitive Energy Markets?" *Cornell Law Review*, Vol. 93, No. 4, 2008: pp. 765-818.

[27] Tobias Wiesenthal, Guillaume Leduc, Panayotis Christidies, "Biofuel Support Policies in Europe: Lessons Learnt for the Long Way Ahead", *Renewable and Sustainable Energy Reviews*, Vol. 13,

No. 4,2009: pp. 789-800.

[28] Tyler Hagenbuch, "Establishing an Aggressive Legal Framework for the Future of Wind Energy in Europe", *Vanderbilt Journal of Transnational Law*, Vol. 42, No. 5, 2009: pp. 1597-1629.

[29] Carlos Padros, Endrius E. Cocciolo. , "Security of Energy Supply: When Could National Policy Take Precedence over European Law?" *Energy Law Journal*, Vol. 31, No. 1, 2010: pp. 31-54.

[30] Lakshman Guruswamy, "Energy Justice and Sustainable Development", *Colorado Journal of International Environment Law and Policy*, Vol. 21, No. 2, 2010: pp. 231-276.

[31] Stathis N. Palassis, "Beyond the Global Summits: Reflecting on the Environmental Principles of Sustainable Development", *Colorado Journal of International Environment Law and Policy*, Vol. 22, No. 1, 2011: pp. 41-78.

6. 英文专著

[1] Bela Belassa, *the Theory of Economic Integration*, Illinois: Richard D. Irwin, 1961.

[2] Gregory F. Treverton, *Energy and Security*, Gower Publisher Co. Ltd. , 1980.

[3] Charles K. Ebinger, *The Critical Link: Energy and National Security in the* 1980*s*, Ballinger Publishing Company, 1982.

[4] Vanda Lamm, *The Utilization of Nuclear Energy and International Law*, Budapest, 1984.

[5] Edward J. Donelan, *Energy and Mineral Resources Law in Ireland*, The Round Hall Press, 1985.

[6] Nobert Pelzer, *Status, Prospects and Possibilities of International Harmonization in the Field of Nuclear Energy Law*, Baden-Baden, 1986.

[7] Lawrence Scheinman, *The International Atomic Energy Agency and*

World Nuclear Order, Resources for the Future Inc. ,1987.

[8] Jan G. Laitos and Joseph P. Tomain, *Energy and Natural Resources Law in a Nutshell*, West Publishing Co. ,1992.

[9] Robert Mabro, *OPEC and the Price of Oil*, Oxford University Press, 1992.

[10] E. D. Brown, *Sea-bed Energy and Minerals: the International Legal Regime* (*Volume* 2), Martinus Nijhoff Publishers, 1992.

[11] Mohamed Baradei etc. , *The International Law of Nuclear Energy: Basic Documents*, *Vo. I-II*, Dordrecht, 1993.

[12] David S. Macdougall, Thomas W. Walde, *European Community Energy Law*, Kluwer Law International Ltd. ,1994.

[13] Stephen George, *Politics and Policy in the European Union*, New York: Oxford University Press, 1996.

[14] Janne Haaland Matlary, *Energy Policy in the European Union*, St. Martin's Press, 1997.

[15] Werner Weidenfeld, Wolfgang Wessels, *Europe from A to Z: Guide to European Integration*, Office for Official Publications of the European Communities, 1997.

[16] Zhiguo Gao, *Enviromental Regulation of Oil and Gas*, Kluwer Law International Ltd 1998.

[17] Rex J. Zedalis, *International Energy Law: Rules Governing Future Exploration, Exploitation and Use of Renewable Resources*, Ashgate Publishing Company, 2000.

[18] Peter Cameron, *Competition in Energy Markets: Law and Regulation in the European Union*, Oxford University Press, 2002.

[19] Malcolm N. Shaw, *International Law* (5th *ed.*), Cambridge University Press, 2003.

[20] John Gillingham, *European Integration*, 1950-2003: *Superstate or New Market Economy*? New York; Cambrige University Press, 2003.

[21] Adrian J. Bradbrook, Richard L. Ottinger ed. , *Energy Law and Sustainable Development*, IUCN-the World Conservation Union,

2003.

[22] Richard L. Ottinger, Nicolas Robinson, Victor Tafur ed. , *Compendium of Sustainable Energy Laws*, Cambridge: Cambridge University Pess, 2004.

[23] Markus Burgstaller, *Theories of Compliance with International Law*, Boston: Martinus Nijhoff Publishers, 2005.

[24] Jan H. Kalicki, David L. Goldwyn. *Energy and Security: Towards a New Foreign Policy Strategy*, The John Hopkins University Press, 2005.

[25] Peter Cameron, *Legal Aspect of EU Energy Regulation: Implementing The New Directives On Electricity And Gas Across Europe*, Oxford University Press, 2005.

[26] Antonio Cassese, *International Law* (2nd *ed.*), Oxford University Press, 2005.

[27] Neil Nugent, *The Government and Politics of the European Union* (6th *ed.*), Duke University Press, 2006.

[28] Rosemary Lyster, Adrain J. Bradbrook, *Energy Law and the Environment*, Cambridge University Press, 2006.

[29] Martha M. Roggenkamp C. Redgwell, I. Del Guayo ed. , *Energy Law in Europe: National, EU and International Law and Institutions* (2nd ed), Oxford University Press, 2007.

[30] P. J. G. . Kapteyn, A. M. McDonnell. ed. , *the Law of the European Union and the European Communities* (4th *ed*), Kluwer Law International, 2008.

[31] Silvia Rezessy and Paolo Bertoldi, *Financing Energy Efficiency: Forging the Link between Financing and Project Implementation*, Report Prepared by the Joint Research Centre of European Commission, Ispra, 2010.

[32] Aileen McHarg, Barry Barton, Adrian J. Bradbrook, Lee Godden, *Property and the Law in Energy and Natural Resources*, Oxford University Press, 2010.

[33] Helen Wallace, Mark A. Pollack, Alasdair R. Young, *Policy-making in the European Union*, Oxford University Press, 2010.

[34] Nancy K. Kubasek, Gary S. Silverman, *Environmental Law* (7th *ed.*), Englewood Cliffs: Prentice Hall, 2010.

[35] Kristin Shrader-Frechette, *What Will Work: Fighting Climate Change with Renewable Energy, Not Nuclear Power*, New York: Oxford University Press, 2011.

[36] Ecofys, *Financing Renewable Energy in the European Energy Market* (*Final Report*), by order of European Commission, DG Energy, 2011.

7. 欧盟文件

A. 条约

[1] Treaty establishing the European Coal and Steel Community (1951), 18/04/1951.

[2] Treaty establishing the European Atomic Energy Community (1957), 25/03/1957.

[3] Treaty establishing the European Economic Community (1957), 25/03/1957.

[4] Merger Treaty (1965), OJ 152, 13/07/1967, pp. 1-72.

[5] Treaty amending certain budgetary provisions (1970), OJ L 2, 02/01/1971, p. 1.

[6] Treaty amending certain financial provisions (1975), OJ L 359, 31/12/1977, pp. 1-19.

[7] Single European Act (1986), OJ L 169, 29/06/1987, pp. 1-19.

[8] Treaty on European Union (1992), OJ C 191, 29/07/1992, pp. 1-112.

[9] Treaty of Amsterdam (1997), OJ C 340, 10/11/1997, pp. 1-144.

[10] Charter of Fundamental Rights of the European Union (2000), OJ

C 364,18/12/2000,pp. 1-22.

[11] Treaty of Nice (2001), OJ C 80,10/03/2001,pp. 1-87.

[12] Draft Treaty establishing a Constitution for Europe (2004), OJ C 169,18/07/2003,pp. 1-150.

[13] Treaty of Lisbon amending the Treaty on European Union and the Treaty establishing the European Community (2007), OJ C 306, 17/12/2007,pp. 1-271.

B. 次级法

能源总体

[1] Council Regulation (EU,Euratom) No 617/2010 of 24 June 2010 concerning the notifi-cation to the Commission of investment projects in energy infrastructure within the European Union and repealing Regulation (EC) No. 736/96, O J L 180,15/07/2010 pp. 7-14.

[2] Commission Regulation No. 833/2010 of 21 September 2010 implementing Council Regulation No 617/2010 concerning the notification to the Commission of investment projects in energy infrastructure within the European Union, O J L 248,22/09/2010 pp. 36-56.

[3] Directive 94/22/EC of the European Parliament and of the Council of 30 May 1994 on the conditions for granting and using authorizations for the prospection, exploration and production of hydrocarbons, O J L 164,30/06/1994,pp. 3-8.

[4] Regulation (EC) No 663/2009 of the European Parliament and of the Council of 13 July 2009 establishing a programme to aid economic recovery by granting Community financial assistance to projects in the field of energy, O J L 200,31/07/2009,pp. 31-45.

[5] Regulation (EU) No 1233/2010 of the European Parliament and of the Council of 15 December 2010 amending Regulation (EC) No 663/2009 establishing a programme to aid economic recovery by

granting Community financial assistance to projects in the field of energy, O L 346, 30/12/2010, pp. 5-10.

[6] Council of the European Union, Council Directive 2003/96/EC of 27 October 2003 restructuring the Community framework for the taxation of energy products and electricity, O J L 283, 31/10/2003, pp. 51-70.

石油

[7] Council Regulation (EC) No 2964/95 of 20 December 1995 introducing registration for crude oil imports and deliveries in the Community, O J L 310, 22/12/1995, pp. 5-6.

[8] Council decision 68/416/EEC of 20 December 1968 on the conclusion and implementation of individual agreements between Governments relating to the obligation of Member States to maintain minimum stocks of crude oil and/or petroleum products, as amended by Council Directive 72/425/EEC, O J L 308, 23/12/1968, p. 19.

[9] Council Directive 73/238/EC of 24 July 1973 on measures to mitigate the effects of difficulties in the supply of crude oil and petroleum production, O J L 228, 16/08/1973, pp. 1-2.

[10] Council Decision 77/706/EEC of 7 November 1977 on the setting of a Community target for a reduction in the consumption of primary sources of energy in the event of difficulties in the supply of crude oil and petroleum products (+implementing Commission Decision 79/639), O J L 292, 16/11/1977, pp. 9 -10.

[11] Council Directive 2006/67/EC of 24 July 2006 imposing an obligation on Member States to maintain minimum stocks of crude oil and/or petroleum products (Codified version) (Text with EEA relevance), O J L 217, 08/08/2006, pp. 8-15.

[12] Council Directive 2009/119 of 14 September 2009 imposing an obligation on Member States to maintain minimum stocks of crude oil and/or petroleum products, O J L 265, 09/10/ 2009, pp. 9-23.

[13] Council Decision 1999/280/EC of 22 April 1999 regarding a Community procedure for information and consultation on crude oil supply costs and the consumer prices of petroleum products Official Journal L 110,28/04/1999 pp. 0008-0011

[14] Commission Decision 1999/566/EC of 26 July 1999 implementing Council Decision 1999/ 280/EC regarding a Community procedure for information and consultation on crude oil supply costs and the consumer prices of petroleum products, O J L 216, 14/08/1999, pp. 8-12.

天然气

[15] Directive 2009/73 /EC of the European Parliament and of the Council of 13 July 2009 concerning common rules for the internal market in natural gas and repealing Directive 2003/55/EC. O J L 211,14/08/2009,pp. 94-136.

[16] Regulation (EC) No 715/2009 of the European Parliament and of the Council of 13 July 2009 on conditions for access to the natural gas transmission networks and repealing Regulation (EC) No 1775/2005, O J L 211,14/08/2009,pp. 36-54.

[17] Commission decision 2010/685/UE of 10 November 2010 amending Chapter 3 of Annex I to Regulation (EC) No 715/2009 of the European Parliament and of the Council on conditions for access to the natural gas transmission networks (Text with EEA relevance) Official Journal L 293,11/11/2010 pp. 65-71

[18] Regulation (EU) No 994/2010 of 20 October 2011 concerning measures to safeguard security of gas supply and repealing Council Directive 2004/67/EC, O JL 295,12/11/2010,pp. 1-22.

[19] Directive 2008/92/EC of the European Parliament and of the Council of 22 October 2008 concerning a Community procedure to improve the transparency of gas and electricity prices charged to industrial end-users (recast) (text with EEA importance),O J L 298,07/11/2008,pp. 9-19.

[20] Commission Decision 2003/796/EC of 11 November 2003 on establishing the European Regulators Group for Electricity and Gas, O J L 296, 14/11/2003, pp. 34-35.

[21] Commission Decision 2011/280/EU of 16 May 2011 repealing Decision 2003/796/EC on establishing the European Regulators Group for Electricity and Gas, O J L 129, 17/05/2011, p. 14.

[22] Regulation (EC) No 713/2009 of the European Parliament and of the Council of 13 July 2009 establishing an Agency for the Cooperation of Energy Regulators (Text with EEA relevance) O J L 211, 14/08/2009, pp. 1-14.

电力

[23] Commission Regulation (EU) No 838/2010 of 23 September 2010 on laying down guidelines relating to the inter-transmission system operator compensation mechanism and a common regulatory approach to transmission charging, O J L 250, 24/09/2009, pp. 5-11.

[24] Commission Regulation (EU) No 774/2010 of 2 September 2010 on laying down guide-lines relating to inter-transmission system operator compensation and a common regulatory approach to transmission charging, O J L 233, 03/09/2010, pp. 1-6.

[25] Directive 2009/72/EC of the European Parliament and of the Council of 13 July 2009 concerning common rules for the internal market in electricity and repealing Directive 2003/54/ EC, O J L 211, 14/08/2009, pp. 5-93.

[26] Regulation (EC) No 714/2009 of the European Parliament and of the Council of 13 July 2009 on conditions for access to the network for cross-border exchanges in electricity repealing Regulation (EC) 1228/2003, O JL 211, 14/08/2009, pp. 15-35.

[27] Regulation 1228/2003/EC of the European Parliament and of the Council of 26 June 2003 on the conditions for access to the network for cross-border exchanges in electricity, O J L 176, 15/

07/2003, pp. 1-10.

[28] Directive 2005/89/EC of the European Parliament and of the Council of 18 January 2006 concerning measures to safeguard security of electricity supply and infrastructure investment, O J L 033, 04/02/2006, pp. 22-27.

[29] Directive 2008/92/EC of the European Parliament and of the Council of 22 October 2008 concerning a Community procedure to improve the transparency of gas and electricity prices charged to industrial end-users (recast) (text with EEA importance), O J L 298, 07/11/2008, pp. 9-19.

[30] Commission Decision 2003/796/ECof 11 November 2003 on establishing the European Regulators Group for Electricity and Gas, O J L 296, 14/11/2003, pp. 34-35.

[31] Directive 96/92/EC of the European Parliament and of the Council of 19 December 1996 concerning common rules for the internal market in electricity, O J L 27, 30/01/1997, pp. 20-29.

[32] Directive 2003/54/EC of the European Parliament and of the Council of 26 June 2003 concerning common rules for the internal market in electricity and repealing Directive 96/92/EC, O J L 176, 15/07/2003, pp. 37-56.

[33] Commission Decision 2011/280/EU of 16 May 2011 repealing Decision 2003/796/EC on establishing the European Regulators Group for Electricity and Gas, O J L 129, 17/05/2011, p. 14.

[34] Regulation (EC) No 713/2009 of the European Parliament and of the Council of 13 July 2009 establishing an Agency for the Cooperation of Energy Regulators (Text with EEA relevance), O J L 211, 14/08/2009, pp. 1-11.

可再生能源

[35] Directive 2009/28/EC of the European Parliament and of the Council of 23 April 2009 on the promotion of the use of energy from renewable sources and amending and subsequently repealing

Directives 2001/77/EC and 2003/30/EC, OJ L 140, 05/06. 2009, pp. 16-62.

[36] Directive 2003/30/EC of the European Parliament and of the Council of 8 May 2003 on the promotion of the use of biofuels or other renewable fuels for transport, OJ L 123, 17/05/2003, pp. 42-46.

[37] Directive 2001/77/EC of the European Parliament and of the Council of 27 September 2001 on the promotion of electricity produced from renewable energy sources in the internal electricity market, OJ L 283, 27/10/2001, pp. 33-40.

[38] Decision 646/2000/EC of the European Parliament and of the Council of 28 February 2000 adopting a multiannual programme for the promotion of renewable energy sources in the Community (Altener) (1998-2002), O J L 79, 25/10/2000, pp. 1-5.

[39] Council of the European Communities, Council Decision 93/500/EEC of 13 September 1993 concerning the promotion of renewable energy sources in the Community (Altener Programme), O J L 235, 18/09/1993. p. 40.

能源效率

[40] Council Directive 92/75/EECof 22 September 1992 on the indication by labeling and standard product information of the consumption of energy and other resources by household appliances and its amendments and implementing measures ("Energy Labeling Directive"), O J L 297, 13/10/1992, pp. 16-19.

[41] Directive 2010/30/EU of the European Parliament and of the Council of 19 May 2010 on the indication by labeling and standard product information of the consumption of energy and other resources by energy-related products (recast), O J L 153, 18/06/2010, pp. 1-12.

[42] Regulation (EC) No 106/2008 of the European Parliament and of the Council of 15 January 2008 on a Community energy-efficiency

labeling programme for office equipment (Energy Star), O J L 039,13/02/2008, pp. 1-7.

[43] 2006/ 1005/EC: Council decision of 18 December 2006 concerning conclusion of the Agreement between the Government of the United States of America and the European Community on the coordination of energy-efficient labeling programmes for office equipment, O J L 381, 28/12/2006, pp. 24-104.

[44] Commission decision 2003/168/EC of 11 March 2003 establishing the European Community Energy Star Board, O J L 067, 12/03/2003, pp. 22-24.

[45] Regulation (EC) No 2422/2001of the European Parliament and of the Council of 6 November 2001 on a Community energy efficiency labeling programme for office equipment, O J L 332, 15. 12. 2001, pp. 1-6.

[46] Regulation (EC) No 1222/2009 of the European Parliament and of the Council of 25 November 2009 on the labeling of tyres with respect to fuel efficiency and other essential parameters, O J L 342, 22/12/2009, pp. 46-58.

[47] Commission Delegated Regulation (EU) No 1059/2010 of 28 September 2010 supplementing Directive 2010/30/EU of the European Parliament and of the Council with regard to energy labeling of household dishwashers, O J L 314, 30/11/2010, pp. 1-16.

[48] Commission Delegated Regulation (EU) No 1061/2010 of 28 September 2010 supplementing Directive 2010/30/EU of the European Parliament and of the Council with regard to energy labeling of household washing machines, O J L 314, 30/11/2010, pp. 64-80.

[49] Commission Delegated Regulation (EU) No 1062/2010 of 28 September 2010 supplementing Directive 2010/30/EU of the European Parliament and of the Council with regard to energy

labeling of televisions of 28 September 2010, O J L 314, 30/11/2010, pp. 64-80.

[50] Commission Delegated Regulation (EU) No 1060/2010 supplementing Directive 2010/30/EU of the European Parliament and of the Council with regard to energy labeling of household refrigerating appliances, O J L 314, 30/11/2010, pp. 17-46.

[51] Commission Delegated Regulation (EU) No 626/2011 of 4 May 2011 supplementing Directive 2010/30/EU of the European Parliament and of the Council with regard to energy labeling of air conditioners Eco-design of Energy-Using Products, O J L 178, 06/07/2011, pp. 1-72.

[52] Directive 2005/32/EC of the European Parliament and of the Council of 6 July 2005, as amended by Directive 2008/28/EC of the European Parliament and of the Council of 11 March 2008, establishing a framework for the setting of ecodesign requirements for energy-using products and amending Council Directive 92/42/EEC and Directives 96/57/EC and 2000/55/EC of the European Parliament and of the Council ("Ecodesign Directive"), Official Journal L 191, 22/07/2005 pp. 0029-0058

[53] Directive 2009/125/EC of the European Parliament and of the Council of 21 October 2009 establishing a framework for the setting of ecodesign requirements for energy-related products (recast), O J L 285, 31/10/2009, pp. 10-35.

[54] Commission Regulation (EU) No 327/2011 of 30 March 2011 implementing Directive 2009/ 125 /EC of the European Parliament and of the Council with regard to ecodesign requirements for fans driven by motors with an electric input power between 125 W and 500 kW, O J L 090, 06/04/2011, pp. 8-21.

[55] Commission Regulation (EU) No 1015/2010 of 10 November 2010 implementing Directive 2009/125/EC of the European Parliament and of the Council with regard to ecodesign

requirements for household washing machines, O J L 293, 11/11/2010, pp. 21-30.

[56] Commission Regulation (EU) No 1016/2010 of 10 November 2010 implementing Directive 2009/125/EC of the European Parliament and of the Council with regard to ecodesign requirements for household dishwashers, O J L 293, 11/11/2010, pp. 31-40.

[57] Commission Regulation (EC) No 641/2009 of 22 July 2009 implementing Directive 2005/32/EC of the European Parliament and of the Council with regard to ecodesign requirements for glandless standalone circulators and glandless circulators integrated in products, OJ L 191, 23/07/2009, pp. 35-41.

[58] Commission Regulation (EC) No 640/2009 of 22 July 2009 implementing Directive 2005/32/EC of the European Parliament and of the Council with regard to ecodesign requirements for electric motors, O J L 191, 23/07/2009, pp. 26-34.

[59] Commission Regulation (EC) No 643/2009 of 22 July 2009 implementing Directive 2005/32/EC of the European Parliament and of the Council with regard to ecodesign requirements for household refrigerating appliances, O J L 191, 23/07/2009, pp. 53-68.

[60] Commission Regulation (EC) No 642/2009 of 22 July 2009 implementing Directive 2005/32/EC of the European Parliament and of the Council with regard to ecodesign requirements for televisions, O J L 191, 23/07/2009, pp. 42-52.

[61] Commission Regulation (EC) No 278/2009 of 6 April 2009 implementing Directive 2005/32/EC of the European Parliament and of the Council with regard to ecodesign requirements for no-load condition electric power consumption and average active efficiency of external power supplies, O J L 093, 07/04/2009, pp. 3-10.

[62] Commission Regulation (EU) No 347/2010 of 21 April 2010 amending Commission Regulation (EC) No 245/2009 as regards the ecodesign requirements for fluorescent lamps without integrated ballast, for high intensity discharge lamps, and for ballasts and luminaires able to operate such lamps, O J L 104, 24/04/2010, pp. 20-28.

[63] Commission Regulation (EC) No 859/2009 of 18 September 2009 amending Regulation (EC) No 244/2009 as regards the ecodesign requirements on ultraviolet radiation of non-directional household lamps, O J L 247, 19/09/2009, pp. 3-5.

[64] Commission Regulation (EC) No 244/2009 of 18 March 2009 implementing Directive 2005/32/EC of the European Parliament and of the Council with regard to ecodesign requirements for non-directional household lamps, O J L 076, 24/03/2009, pp. 3-16.

[65] Commission Regulation (EC) No 245/2009 of 18 March 2009 implementing Directive 2005/32/EC of the European Parliament and of the Council with regard to ecodesign requirements for fluorescent lamps without integrated ballast, for high intensity discharge lamps, and for ballasts and luminaries able to operate such lamps, and repealing Directive 2000/55/EC, O J L 076, 24/03/2009, pp. 17-44.

[66] Commission Regulation (EC) No 107/2009 of the European Parliament and of the Council of 4 February 2009 implementing Directive 2005/32/EC of the European Parliament and of the Council with regard to ecodesign requirements for simple set-top boxes of 17 December 2008 implementing, O J L 036, 05/02/2009, pp. 8-14.

[67] Commission Regulation (EC) No 1275/2008 Directive 2005/32/EC of the European Parliament and of the Council with regard to ecodesign requirements for standby and off mode electric power consumption of electrical and electronic household and office

equipment, O J L 339, 18/12/2008, pp. 45-52.

[68] Directive 2006/32 of the European Parliament and of the Council of 5 April 2006 on energy end-use efficiency and energy services and repealing Council Directive 93/76/EEC ("The Energy Services Directive"), OJ L 114, 27/04/2006, pp. 64-85.

[69] Council Directive 93/76/EEC of 13 September 1993 to limit carbon dioxide emissions by improving energy efficiency (SAVE), O J L 237, 22/09/1993, pp. 28-30.

[70] Directive 2002/91 of the European Parliament and of the Council of 16 December 2002 on the energy performance of buildings and its amendments, O J L 001, 04/01/2003, pp. 65-71.

[71] Directive 2010/31 of the European Parliament and of the Council of 17 May 2010 on the energy performance of buildings and its amendments (the recast Directive entered into force in July 2010, but the repeal of the current Directive will only take place on 1/02/2012), O J L 153, 18/06/2010, pp. 13-35.

[72] Directive 2004/8/EC of the European Parliament and of the Council of 11 February 2004 on the promotion of cogeneration based on a useful heat demand in the internal energy market and amending Directive 92/42/EEC of 21 May 1992 on efficiency requirements for new hot-water boilers fired with liquid or gaseous fuels, O J L 052, 21/02/2004, pp. 50-60.

[73] Commission Decision (notified under document number C(2006) 6817) of 21 December 2006 establishing harmonised efficiency reference values for separate production of electricity and heat in application of Directive 2004/8/EC of the European Parliament and of the Council, O J L 32, 06/02/2007, pp. 183-188.

[74] 2008/952/EC: Commission Decision (notified under document number C (2008) 7294) of 19 November 2008 establishing detailed guidelines for the implementation and the application of Annex II to Directive 2004/8/EC of the European Parliament and

of the Council, O J L 338,17/12/2008,pp. 55-61.

跨欧能源网络

[75] Regulation(EC)67/2010 of the European Parliament and of the Council of 30 November 2009 laying down general rules for the granting of Community financial aid in the field of trans-European networks (codified version), O J L 027,30/01/2010,pp. 20-32.

[76] Regulation (EC) No 680/2007 of the European Parliament and of the Council of 20 June 2007 laying down general rules for the granting of Community financial aid in the field of the trans-European transport and energy networks (TEN Financial Regulation), O J L 162,22/06/ 2007,pp. 1-10.

[77] Decision No1364/2006/EC of the European Parliament and of the Council of 6 September 2006 laying down guidelines for trans-European energy networks and repealing Decision 96/391/EC and Decision No 1229/2003/EC, O J L 262,22/09/2006,pp. 1-23.

清洁能源投资

[78] Council Regulation (Euratom) No 2587/1999 of 2 December 1999 defining the invest-ment projects to be communicated to the Commission in accordance with Article 41 of the Treaty establishing the European Atomic Energy Community, O J L 315, 09/12/1999,pp. 1-3.

[79] Commission Regulation (EC) No 1209/2000 of 8 June 2000 determining procedures for effecting the communications prescribed under Article 41 of the Treaty establishing the European Atomic Energy Community, O J L 138,09/06/2000,pp. 12-14.

[80] Commission Regulation (Euratom) No 1352/2003 of 23 July 2003 amending Regulation (EC) 1209/2000 determining procedures for effecting the communications prescribed under Article 41 of the Treaty establishing the European Atomic Energy Community, O J L 192,31/07/ 2003,pp. 15-17.

核能

[81] EAEC Council: Decision on the establishment of the "société d'energie nucléaire franco-belge des Ardennes" Joint Undertaking, O J 065,09/10/1961,pp. 1173-1189.

[82] Council Decision 87/297/Euratom of 18 May 1987 approving an amendment of the Statutes (articles of association) of the Joint Undertaking 'Société d'énergie nucléaire franco-belge des Ardennes' (SENA), O J L 148,09/06/1987,pp. 1-16.

[83] Council Decision 74/296/Euratom of 4 June 1974 on the conferring of advantages on the Hochtemperatur-Kernkraftwerk GmbH (HKG) Joint Undertaking, O J L 165,20/06/1974,pp. 14-15

[84] Council Decision 75/725/Euratom of 17 November 1975 on the approval of an amendment to the statutes of the joint undertaking "Schnell-Brüter-Kernkraftwerksgesellschaft mbH", O J L 311,01/12/1975,pp. 38-39.

[85] Council Decision 79/1002/Euratom of 22 November 1979 approving an amendment to the statutes of the joint undertaking "Schnell-Brüter-Kenkraftwerksgesellschaft mbH" (SBK), O J L 308,04/12/1979,pp. 21-22.

[86] Council Decision 75/328/Euratom of 20 May 1975 on the establishment of the Joint Undertaking 'Schnell-Brüter-Kernkaftwerksgesellschaft mbH' (SBK), O J L 152,12/06/1975,pp. 8-10.

[87] Council Decision 80/1043/Euratom of 11 November 1980 amending Decision75/ 328/ Euratom on the establishment of the joint undertaking Schnell-Brüter-Kernkraftwerksgesellschaft mbH (SBK), O J L 307,18/11/1980,p. 25.

[88] Council Decision 75/329/Euratom of 20 May 1975 on the conferring of advantages on the 'Schnell-Brüter-Kernkraftwerks-geselschaft mbh' (SBK) Joint Undertaking, O J L 152, 12/06/

1975, pp. 11-12.

[89] Council Decision 80/1044/Euratom of 11 November 1980 on the adaption of the tax advantages conferred on the Schnell-Brüter-Kernkraftwerksgesellschaft mbH (SBK) joint undertaking, O J L 307, 18/11/1980, p. 25.

[90] Council Decision 2002/355/Euratom of 7 May 2002 on extension of the joint-undertaking status of Hochtemperatur-Kernkraftwerk GmbH (HKG), O J L 123, 09/05/2002, p. 53.

[91] Council Decision 2002/356/Euratom of 7 May 2002 on the extension of the advantages conferred on the Joint Undertaking Hochtemperatur-Kernkraftwerk GmbH (HKG), O J L 123, 09/05/2002, pp. 54-55.

[92] Council Decision 2008/114/Euratom of 12 February 2008 establishing Statutes for the Euratom Supply Agency, O J L 041, 15/02/2008, pp. 15-20.

[93] EAEC Commission: Decision fixing the date on which the Euratom Supply Agency shall take up its duties and approving the Agency Rules of 5 May 1960 determining the manner in which demand is to be balanced against the supply of ores, source materials and special fissile materials, O J 032, 11/05/1960, p. 776.

[94] EAEC Supply Agency: Rules of the Supply Agency of the European Atomic Energy Community of 5 May 1960 determining the manner in which demand is to be balanced against the supply of ores, source materials and special fissile materials, O J 032, 11/05/1960, pp. 777-779.

[95] Regulation of the Supply Agency of the European Atomic Energy Community amending the rules of the Supply Agency of 5 May 1960 determining the manner in which demand is to be balanced against the supply of ores, source materials and special fissile materials, O J L 193, 25/07/1975, pp. 37-38.

[96] Commission Decision 93/428/Euratom of 19 July 1993 on a

procedure for the application of the second paragraph of Article 53 of the EAEC Treaty (Only the Portuguese text is authentic), O J L 197, 06/08/1993, pp. 54-56.

[97] Commission Decision of 4 February 1994 relating to a procedure in application of the second paragraph of Article 53 of the Euratom Treaty (Only the German text is authentic), O J L 048, 19/02/1994, pp. 45-47.

[98] Commission Decision 94/285/Euratom of 21 February 1994 relating to a procedure inapplication of the second paragraph of Article 53 of the Euratom Treaty (Only the German text is authentic), O J L 122, 17/05/1994, pp. 30-36.

[99] Commission Regulation (Euratom) No 66/2006 of 16 January 2006 exempting the transfer of small quantities of ores, source materials and special fissile materials from the rules of the chapter on supplies, O J L 011, 17/01/2006, pp. 6-8.

[100] Convention on nuclear safety-Declaration by the European Atomic Energy Community according to the provisions of Article 30(4)(iii) of the Nuclear Safety Convention, O J L 318, 11/ 12/ 1999, pp. 21-30.

[101] Commission Decision 1999/819/Euratom of 16 November 1999 concerning the accession to the 1994 Convention on Nuclear Safety by the European Atomic Energy Community (Euratom) O J L 318, 11/12/1999, p. 20.

[102] Council Directive 2009/71/Euratom of 25 June 2009 establishing a Community frame-work for the nuclear safety of nuclear installations, O J L 172, 02/07/2009, pp. 18-22.

[103] Communication 2006/C/155/02 from the Commission on Verification of environmental radioactivity monitoring facilities under the terms of Article 35 of the Euratom Treaty ! a Practical arrangements fr the conduct of verification visits in Member States, O J C 155, 04/07/2006, pp. 2-5.

[104] Corrigendum to Commission Recommendation 2004/2/Euratom of 18 December 2003 on standardised information on radioactive airborne and liquid discharges into the environment from nuclear power reactors and reprocessing plants in normal operation, O J L 063,28/02/2004,p. 83.

[105] Commission Recommendation 2000/473/Euratom of 8 June 2000 on the application of Article 36 of the Euratom Treaty concerning the monitoring of the levels of radioactivity in the environment for the purpose of assessing the exposure of the population as a whole (notified under document number C(2000) 1299),O J L 191, 27/07/2000,pp. 37-46.

[106] Commission Recommendation 2010/635/Euratom of 11 October 2010 on the application of Article 37 of the Euratom Treaty, O J L 279,23/10/2010,pp. 36-67.

[107] Council Directive 96/29/Euratom of 13 May 1996 laying down basic safety standards for the health protection of the general public and workers against the dangers of ionizing radiation (and corrigendum to it),repealing and replacing Council Directive 80/836/Euratom of 15 July 1980 and Council Directive 84/467/Euratom of 3 September 1984, O J L 159,29/06/1996, pp. 1-114.

[108] Communication 98/C 133/03 from the Commission concerning the implementation of Council Directive 96/29/Euratom of 13 May 1996 laying down basic safety standards for the protection of the health of workers and the general public against the dangers arising from ionising radiation (COM/98/0087 final), O J C 133,30/04/1998 p. 25.

[109] Commission Recommendation 91/444/Euratom of 26 July 1991 on the application of the third and fourth paragraphs of Article 33 of the Euratom Treaty,O J L 238,27/08/1991,pp. 31-33.

[110] Council Directive 90/641/Euratom of 4 December 1990 on the

operational protection of outside workers exposed to the risk of ionizing radiation during their activities in controlled areas, O J L 349, 13/12/1990, pp. 21-25.

[111] Council Directive 97/43/Euratom of 30 June 1997 on health protection of individuals against the dangers of ionizing radiation in relation to medical exposure, and repealing Directive 84/466/Euratom, O J L 180, 09/07/1997, pp. 22-27.

[112] Commission Communication 91/C 103/03 on the implementation of Council Directive 89/618/Euratom, O J C 103, 19/04/1991, pp. 12-16.

[113] Council Directive 89/618/Euratomof 27 November 1989 on informing the general public about health protection measures to be applied and steps to be taken in the event of a radiological emergency, O J L 357, 07/12/1989, pp. 31-34.

[114] Council Decision 87/600/Euratom of 14 December 1987 on Community arrangements for the early exchange of information in the event of a radiological emergency, O J L 371, 30/12/1987, pp. 76-78.

[115] Commission Decision 2005/844/Euratom of 25 November 2005 concerning the accession of the European Atomic Energy Community to the Convention on Early Notification of a Nuclear Accident, O J L 314, 30/11/2005, p. 21

[116] Commission Decision 2005/845/Euratom of 25 November 2005 concerning the accession of the European Atomic Energy Community to the Convention on Assistance in the case of a Nuclear Accident or Radiological Emergency, O J L 314, 30/11/2005, pp. 27-34.

[117] Council Regulation (EC) No 733/2008 on the conditions governing imports of agricultural products originating in third countries following the accident at the Chernobyl nuclear power station (codified version); Council Regulation (EC) No 1048/

2009 extends its validity until 31 March 2020), O J L 201, 30/07/2008, pp. 1-7.

[118] Council Regulation (EC) No 1048/2009 of 23 October 2009 amending Regulation (EC) No 733/2008 on the conditions covering imports of agricultural products originating in third countries following the accident of the Chernobyl nuclear power station, O J L 290, 06/1 /2009, p. 4.

[119] Commission Regulation (EC) No 1635/2006 of 6 November 2006 laying down detailed rules for the application of Council Regulation (EEC) No 737/90 on the conditions governing imports of agricultural products originating in third countries following the accident at the Chernobyl nuclear power-station, O J L 306, 07/11/2006, pp. 3-9.

[120] Commission Regulation (EC) No 1609/2000 of 24 July 2000 establishing a list of products excluded from the application of Council Regulation (EEC) No 737/90 on the conditions governing imports of agricultural products originating in third countries following the accident at the Chernobyl nuclear power station, O J L 185, 25/07/2000, pp. 27-29.

[121] Commission Recommendation (EC) No2003/274/ECof 14 April2003 on the protection and information of the public with regard to exposure resulting from the continued radioactive caesium contamination of certain wild food products as a consequence of the accident at the Chernobyl nuclear power station, amended by corrigendum, O J L 099, 17/04/2003, pp. 55-56.

[122] Updated list of customs offices in which products listed in Annex I of Commission Regulation (EC) No 1635/2006 may be declared for free circulation in the European Community, O J C 262, 29/09/2010, pp. 13-15.

[123] Commission Regulation (Euratom) No 770/90 of 29 March 1990

laying down maximum permitted levels of radioactive contamination of feeding stuffs following a nuclear accident or any other case of radiological emergency, O J L 083, 30/03/1990, pp. 78-79.

[124] Council Regulation (EEC) No 2219/89 of 18 July 1989 on the special conditions for exporting foodstuffs and feeding stuffs following a nuclear accident or any other case of radiological emergency, OJ L 211, 22/07/1989, pp. 4-5.

[125] Commission Regulation (Euratom) No 944/89 of 12 April 1989 laying down maximum permitted levels of radioactive contamination in minor foodstuffs following a nuclear accident or any other case of radiological emergency, O J L 101, 13/04/1989, pp. 17-18.

[126] Council Regulation (Euratom) No 3954/87of 22 December 1987 laying down maximum permitted levels of radioactive contamination of foodstuffs and of feedingstuffs following a nuclear accident or any other case of radiological emergency, O J L 371, 30/12/1987, pp. 11-13.

[127] Council Regulation (Euratom) No 2218/89 of 18 July 1989 amending Regulation (Euratom) No 3954/87 laying down maximum permitted levels of radioactive contamination of foodstuffs and of feeding stuffs following a nuclear accident or any other case of radiological emergency, O J L 211, 22/07/1989, pp. 4-5.

[128] Council Directive 2003/122/Euratom of 22 December 2003 on the control of high-activity sealed radioactive sources and orphan sources, O J L 346, 31/12/2003, pp. 57-64.

[129] Commission Recommendation 90/143/Euratom of 21 February 1990 on the protection of the public against indoor exposure to radon, Official Journal L 080, 27/03/1990, pp. 26-28.

[130] Council Regulation (Euratom) No 1493/93 of 8 June 1993 on

shipments of radioactive substances between Member States, O J L 148, 19/06/1993, pp. 1-7.

[131] Commission Communication 2009/C 41/02 concerning Council Regulation (Euratom) No 1493/93 on shipments of radioactive substances between Member States, O J C 041, 19/02/2009, pp. 2-6.

[132] Council Directive 2006/117/Euratom of 20 November 2006 on the supervision and control of shipments of radioactive waste and spent fuel between Member States and into and out of the Community, repealing Council Directive 92/3/Euratom, OJ L 337, 05/12/2006, pp. 21-32.

[133] Commission decision 2008/312/Euratom of 5 March 2008 establishing the standard document for the supervision and control of shipments of radioactive waste and (notified under spent fuel referred to in Council Directive 2006/117/Euratom document number C(2008) 793), O J L 107, 17/04/2008, pp. 32-59.

[134] Council Decision 2005/84/Euratom of 24 January 2005 approving the accession of the European Atomic Energy Community to the Joint Convention on the Safety of Spent Fuel Management and on the Safety of Radioactive Waste Management, O J L 030, 03/02/2005, pp. 10-11.

[135] Commission Decision 2005/510/ Euratom of 14 June 2005 concerning the accession of the European Atomic Energy Community to the Joint Convention on the Safety of Spent Fuel Management and on the Safety of Radioactive Waste Management (notified under document number C(2005) 1729), O J L 185, 16/07/2005, pp. 33-34.

[136] Commission Decision 90/413/Euratom of 1 August 1990 relating to a procedure in application of Article 83 of the Euratom Treaty (XVII-001-ANF Lingen) (Only the German text is authentic), O J L 209, 08/08/1990, pp. 27-30.

[137] Commission Decision 92/194/Euratom of 4 March 1992 relating to a procedure in application of Article 83 of the Euratom Treaty (XVII-002-UKAEA Dounreay) (Only the English text is authentic) ,O J L 088 ,03/04/1992 ,pp. 54-58.

[138] Commission Decision 94/955/Euratom of 21 December 1994 relating to a procedure pursuant to Article 83 of the Euratom Treaty (XVII-004-Escuela Técnica Superiorde Ingenieros Industriales de la Universidad Polit¨| cnica de Madrid) (Only the Spanish text is authentic) ,O J L 371 ,31/12/1994 ,pp. 16-17.

[139] Commission Decision 96/671/Euratom of 13 November 1996 relating to a procedure in application of Article 83 of the Euratom Treaty (XVII-05-Jenson Tungsten Ltd, Hemel Hemp-stead) (Only the English text is authentic) , O J L 313 , 03/12/1996, pp. 20-24.

[140] Commission Decision 97/873/Euratom of 12 December 1997 relating to a procedure in application of Article 83 of the Euratom Treaty (XVII-06-Enusa Juzbado) (Only the Spanish text is authentic) ,O J L 354 ,30/12/1997 ,pp. 30-33.

[141] Commission Decision 2006/626/Euratom of 15 February 2006 pursuant to Article 83 of the Treaty establishing the European Atomic Energy Community. A summary of the key provisions of the Decision are set out below, without prejudice to the full effect of the Decision itself (notified under document number C (2006) 412) ,O J L 255 ,19/09/2006 ,pp. 5-6.

[142] Commission Recommendation of 11 February 2009 on the implementation of a nuclear material accountancy and control system by operators of nuclear installations (notified under document number C (2009) 785) , OJ L 041 , 12/02/2009, pp. 17-23.

[143] Commission Regulation (Euratom) No 302/2005 of 8 February 2005 on the application of Euratom safeguards, O J L 054 , 28/

02/2005, pp. 1-71.

[144] Commission Recommendation (notified under document number C(2005) 5127) of 15 December 2005 on guidelines for the application of Regulation (Euratom) No 302/2005 on the application of Euratom safeguards, O J L 028, 01/02/2006, pp. 1-85.

[145] Council decision 80/565/Euratom of 9 June 1980 approving the conclusion by the Commission of the International Convention on the physical protection of nuclear material, O J L 149, 17/06/1980, p. 41.

[146] Commission Agreement between the Kingdom of Belgium, the Kingdom of Denmark, the Federal Republic of Germany, Ireland, the Italian republic, the grand Duchy of Luxembourg, the Kingdom of the Netherlands, the European Atomic energy Community and the International Atomic Energy Agency in the implementation of Article III (1) and (4) of the Treaty on the non-proliferation of nuclear weapons (78/164/Euratom), O J L 051, 22/02/1978, pp. 1-26.

[147] Commission Additional Protocol to the Agreement between the Republic of Austria, the Kingdom of Belgium, the Kingdom of Denmark the Republic of Finland, the Federal Republic of Germany, the Hellenic Republic, Ireland, the Italian Republic, the Grand Duchy of Luxembourg, the Kingdom of the Netherlands, the Portuguese Republic, the Kingdom of Spain, the Kingdom of Sweden, the European Atomic Energy Community and the International Atomic Energy Agency in implementation of Article III(1) and (4) of the Treaty on the Non-proliferation of Nuclear weapons (notified under document number COM(1998) 314). (1999/188/Euratom), O J L 67, 13/03/1999, pp. 1-44.

[148] Council decision 77/270/Euratom of 29 March 1977 empowering the Commission to issue Euratom loans for the purpose of

contributing to the financing of nuclear power stations, O J L 088,06/04/1977,pp. 9-10.

[149] Council decision 94/179/Euratom of 21 March 1994 amending decision 77/270/Euratom, to authorize the Commission to contract Euratom borrowings in order to contribute to the financing required for improving the degree of safety and efficiency of nuclear power stations in certain non-member countries, O J L 084,29/03/1994,pp. 41-43.

[150] Regulation (EURATOM) No 3 implementing Article 24 of the Treaty establishing the European Atomic Energy Community (on security gradings and the security measures to be applied to information acquired by the Community or communicated by Member States which is covered by Articles 24 and 25 of the Treaty establishing the European Atomic Community), O J L 017,06/10/1958,pp. 406-416.

[151] EAEC Council Directive on freedom to take skilled employment in the field of nuclear energy, O J L 057, 09/07/1962, pp. 1650-1652.

[152] Council Regulation (Euratom) No 549/2007 of 14 May 2007 on the implementation of Protocol No 9 on Unit 1 and Unit 2 of the Bohunice V1 nuclear power plant in Slovakia to the Act concerning the conditions of accession to the European Union of the Czech Republic, Estonia, Cyprus, Latvia, Lithuania, Hungary, Malta, Poland, Slovenia and Slovakia, O J L 131,23/05/ 2007, pp. 1-4.

[153] Council Regulation (EC) No 1990/2006 implementation of Protocol No 4 on the Ignalina nuclear power plant in Lithuania to the Act of accession of the Czech Republic, Estonia, Cyprus, Latvia, Lithuania, Hungary, Malta, Poland, Slovenia and Slovakia '(R)Ignalina Programme', O J L 411,30/12/2006,pp. 10-17.

[154] Corrigendum to Council Regulation (EC) No 1990/2006 of 21

December 2006 on the implementation of Protocol No 4 on the Ignalina nuclear power plant in Lithuania to the Act of Accession of the Czech Republic, Estonia, Cyprus, Latvia, Lithuania, Hungary, Malta, Poland, Slovenia and Slovakia '(R) Ignalina Programme', O J L 027, 02/02/2007, pp. 7-10.

[155] Commission Recommendation No 2006/851/Euratom of 24 October 2006 on the management of financial resources for the decommissioning of nuclear installations, spent fuel and radioactive waste, O J L 330, 28/11/2006, pp. 31-35.

[156] Council Regulation (Euratom) No 647/2010 of 13 July 2010 on financial assistance of the Union with respect to the decommissioning of Units 1 to 4 of the Kozloduy Nuclear Power Plant in Bulgaria (Kozloduy Programme), O J L 189, 22/07/2010, pp. 9-11.

[157] Council Directive 2011/70/Euratom of 19 July 2011 establishing a Community framework for the responsible and safe management of spent fuel and radioactive waste, O J L 199, 02/08/2011, p. 54.

C. 其他文件

[1] Council of the European Communities, Council Resolution of 17 Septemper 1974 concerning a new energy policy strategy for the Community, 09/07/1975.

[2] European Commission, the Development of an Energy Strategy for the Community, COM (81) 540 final, 02/10/ 1981.

[3] Council Resolution of 25 July 1983 on framework programme for Community research, development and demonstration activities and a first framework programme for 1984-1987, 04/08/1983.

[4] European Commission, Completing the Internal Market —White Paper from the Commission to the European Council, COM (85) 310 final, 14/6/1985.

[5] Council of the European Communities, Council Resolution of 16 September 1986 Concerning New Community Energy Policy Objectives for 1995 and Convergence of the Policies of the Member States,25/09/1986.

[6] Council of the European Communities, Council Resolution of 26 Novermber 1986 on a Community Orientation to Develop New and Renewable Energy Sources,86/C316/01,09/12/1986.

[7] European Commission, the Internal Energy Market, COM (88)238 final,02/05/1988.

[8] Commission, Energy and the Environment, COM (89)369final,08/02/1990.

[9] European Commission, A Community Strategy to Limit Carbon Dioxide Emission and to Improve Energy Efficiency, COM (92) 246,01/06/1992.

[10] European Commission, Green Paper: an Energy Policy for the European Union, COM (94)659final,23/02/1995.

[11] European Commission, White Paper: an Energy Policy for the European Union, COM(95)682,13/12/1995.

[12] Council of the European Union, Council Resolution of 8 July 1996 on the White Paper "an Energy Policy for the European Union", 01/08/1996.

[13] European Commission, Energy for Future: Renewable Sources of Energy-Green Paper for a Community Strategy, COM (96) 576 final,20/11/1996.

[14] European Commission, the Energy Dimension of Climate Change, COM (97)196 final,14/05/1997.

[15] European Commission, Energy for Future: Renewable Sources of Energy-White Paper for a Community Strategy and Action Plan, COM (97) 599final,26/11 /1997.

[16] Communication from the Commission to the European Council on a partnership for integration: a strategy for integrating the environ-

ment into EU policies (Cardiff-June 1998), COM (1998) 333, 27/05/1998.

[17] Communication from the Commission to the Council and the European Parliament, Climate change-Towards an EU post-Kyoto strategy, COM (98)353 final, 03/06/1998.

[18] Communication from the Commission to the Council and the European Parliament, Preparing for implementation of the Kyoto Protocol, COM (99)230 final, 19/05/1999.

[19] European Commission, The Action Plan to Improve Energy Efficiency in the European Community, COM (2000) 247 final, 26/04/2000.

[20] European Commission, Towards a European Strategy for the Security of Energy Supply, COM(2000) 769 final, 29/11/2000.

[21] Commission Communication, "A Sustainable Europe for a Better World: A European Union Strategy for Sustainable Development" (Commission proposal to the Gothenburg European Council), COM(2001)264 final, 15/05/2001.

[22] Proposal for a Directive of the European Parliament and of the Council on the energy performance of buildings, COM (2001) 226 final—2001/0098(COD), O J C 213 E, 31/07/2001,

[23] Report on the implementation of the obligations of the Convention on Nuclear Safety, COM (2001) 568 final-2nd Review meeting of the Contracting Parties, 09/10/2001.

[24] Proposal for a Council Decision approving a Commission Regulation on the application of Euratom safeguards, COM(2002) 0099 final, O J C 227 E, 24/09/2002.

[25] Proposal for a Directive of the European Parliament and of the Council On establishing a framework for the setting of Eco-design requirements for Energy-Using Products and amending Council Directive 92/42/EEC, COM(2003)0453 final, 01/08/ 2003.

[26] Report on the implementation of the obligations under the

Convention on Nuclear Safety-3rd Review meeting of the Contracting Parties, COM(2004) 3742 final, 13/10/2004.

[27] Commission Communication of 9 February 2005 "Winning the battle against global climate change", COM (2005) 35, 21/05/2005.

[28] European Commission, Doing More with Less: Green Paper on Energy Efficiency, COM (2005)265 final, 22/06/ 2005.

[29] European Commission, Communication from the Commission of 13 December 2005 on the review of the Sustainable Development Strategy—A platform for action, COM (2005) 658, 13/12/2005.

[30] Commission working document of 1 June 2004 entitled "Integrating environmental considerations into other policy areas-a stocktaking of the Cardiff process", COM (2004) 394, 28/02/ 2006.

[31] European Commission, Green Paper: a European Strategy for Sustainable, Competitive and Secure Energy, COM (2006) 105 final, 08/03/2006.

[32] Communication from the Commission to the Council and the European Parliament-Prospects for the internal gas and electricity market, COM (2006) 841, 10/01/2007.

[33] Communication from the Commission to the Council and the European Parliament-Biofuels Progress Report-Report on the progress made in the use of biofuels and other renewable fuels in the Member States of the European Union, COM(2006)845 final, 10/01/2007.

[34] Communication from the Commission to the Council and the European Parliament-Renewable energy road map-Renewable energies in the 21st century: building a more sustainable future, COM (2006)848 final, 10/01/ 2007.

[35] Communication from the Commission to the Council and the European Parliament, Green Paper Follow-up Action: Report on Progress in Renewable Electricity, COM (2006) 849 final, 10/

01/2007.

[36] Communication from the Commission to the European Council and the Euro-pean Parliament of 10 January 2007, "An energy policy for Europe", COM(2007)1 final, 10/01/2007.

[37] Communication from the Commission to the Council and the European Parliament, 50 years of the Euratom Treaty, COM (2007)124 final, 20/03/2007.

[38] Report on the implementation of obligations under the Convention on Nuclear Safety-4th Review meeting of the Contracting Parties, COM (2007)4492 final, 01/10/2007.

[39] Communication from the Commission to the Council and the European Parliament concerning the Nuclear Illustrative Programme, COM (2007) 565 final, 04/10/2007.

[40] Communication from the Commission to the European Parliament, the Council, the European Economic and Social Committee and the Committee of the Regions-20-20-20 by 2020-Europe's climate change opportunity, COM (2008) 30, 23/01/2008.

[41] Communication from the Commission, Europe 2020-A strategy for Smart, Sustainable and Inclusive Growth, COM(2010)2020 final, 03/03/2010.

[42] Communication from the Commission on the practical implementation of the EU biofuels and bioliquids sustainability scheme and on counting rules for biofuels, 19/06/2010.

[43] Communication from the Commission to the European Parliament, the Council, the European Economic and Social Committee and the Committee of the Regions of 10 November 2010-Energy 2020 A Strategy for competitive, sustainable and secure energy, COM (2010) 639 final, 10/11/2010.

[44] Communication from the Commission to the Parliament, the Council, the European Economic and Social Committee, and the Committee of the Regions, Energy Infrastructure Priorities for 2020

and beyond-A Blueprint for an Integrated European Energy Network, COM(2010)677 final, 17/11/2010.

[45] Communication from the Commission to the Parliament and Council, Renewable Energy: Progressing towards the 2020 Target, COM(2011)31 final, 31/01/2011.

[46] European Commission, Energy Efficiency Plan 2011, COM (2011) 109final, 08/03/ 2011.

[47] European Commission, Proposal for a Council Directive amending Directive 2003/96/EC restructuring the Community framework for the taxation of on energy products and electricity, Brussels, COM (2011)169 final, 13/04/2011.

[48] The Commission's new Energy Efficiency Directive, MEMO/11/ 440, 22 /06/ 2011.

[49] Proposal for a Directive of the European Parliament and of the Council on energy efficiency and repealing Directives 2004/8/EC and 2006/32/EC, COM (2011)370 final, 22/06/2011.

[50] Proposal for a Council Directive laying down requirements for the protection of the health of the general public with regard to radioactive substances in water intended for human consumption, COM(2011)385 final, 27/06/2011.

[51] Proposal for a Council Directive laying down basic standards for protection against the dangers arising from exposure to ionising radiation, COM (2011)593 final, 29/09/ 2011.

[52] Communication COM/2010/0423 from the Commission to the European Parliament and the Council on medical applications of ionizing radiation and security of supply of radioisotopes for nuclear medicine (of 6 August 2010), 08/07/2010.

[53] Communication from the Commission of 19 April 1996 on illicit trafficking in nuclear materials and radioactive substances, COM (96) 171 final, 19/04/1996.

8. 相关网站

A. 中文网站

[1] 中华人民共和国中央人民政府网址 http://www. gov. cn
[2] 国家发展与改革委员会网址 http://www. sdpc. gov. cn
[3] 中华人民共和国财政部网址 http://www. mof. gov. cn
[4] 中国国土资源部网址 http://www. mlr. gov. cn
[5] 国家能源局网址 http://nyj. ndrc. gov. cn
[6] 中国新能源网网址 http://www. newenergy. org. cn/
[7] 中国资源综合利用协会网址 http://www. carcu. org/

B. 英文网站

[1] European Union(EU): http://europa. eu/index_en. htm
[2] European Commission: http://ec. europa. eu
[3] EURATOM: http://www. euratom. org/
[4] International Atomic Energy Agency (IAEA): http:// www. iaea. org
[5] International Energy Agency (IEA): http:// www. iea. org
[6] World Energy Outlook: http://www. worldenergyoutlook. org
[7] International Gas Union (IGU): http://www. igu. org
[8] New Energy and Industrial Technology Development Organization (NEDO): http://www. nedo. go. jp/english/
[9] Organization of Petroleum Exporting Countries (OPEC): http:// www. opec. org
[10] The Energy Charter Treaty: http://www. encharter. org/index. jsp.
[11] World Coal Institute (WCI): http://www. wci-coal. com
[12] World Energy Council (WEC): http://www. worldenergy. Org
[13] World Meteorological Organization(WMO) http://www. wmo. ch
[14] World Petroleum Council (WPC): http://www. world-petro-

leum. org

[15] Australian Mining & Petroleum Law Ass. : http://www. ampla. org

[16] BP Statistical Review: http://www. bp. com/centres/energy2002

[17] Centre for Energy and Resources Law: http://www. law. unimelb. edu. au/cerl/

[18] Energy Intelligence Group: http://www. energyintel. com

[19] Energy Law Net: http://www. energylawnet. com

[20] Energy and Mineral Law Foundation: http://www. emlf. org

[21] UNCTAD Mineral Resources Forum (MRF): http://www. natural-resources. org/minerals